战略性新兴产业创新机理与管理机制研究
——基于多维视角

武建龙　黄　静　王宏起　著

国家自然科学基金项目（71503061）
国家自然科学基金项目（71473062）
教育部人文社科基金项目（12YJC630238）

科学出版社

北　京

内 容 简 介

    本书以国家创新驱动战略和战略性新兴产业发展为背景，从模块化、产业联盟和创新生态系统等多维视角，揭示战略性新兴产业突破性创新机理、产业自主创新能力提升机理和产业创新生态系统演进机理，系统构建产业突破性创新路径与机制、产业自主创新能力提升路径与机制、产业创新生态系统发展模式与机制，并通过中国智能手机产业、新能源汽车产业、光伏产业、移动通信产业以及黑龙江省风电装备制造业、新材料产业等进行案例分析与实证研究。

    本书可为从事战略性新兴产业创新规划、政府政策制定、创新创业战略设计的专业人士和决策者提供参考，也可用于创新创业管理方向的科研、教学与培训使用。

图书在版编目（CIP）数据

战略性新兴产业创新机理与管理机制研究：基于多维视角 / 武建龙，黄静，王宏起著. —北京：科学出版社，2018.6

    ISBN 978-7-03-056833-5

    Ⅰ. ①战…   Ⅱ. ①武… ②黄… ③王…   Ⅲ. ①新兴产业–产业发展–研究–中国   Ⅳ. ①F279.244.4

    中国版本图书馆 CIP 数据核字（2018）第 048332 号

责任编辑：李 莉 / 责任校对：贾娜娜
责任印制：吴兆东 / 封面设计：无极书装

科 学 出 版 社 出版
北京东黄城根北街 16 号
邮政编码：100717
http://www.sciencep.com

北京虎彩文化传播有限公司 印刷
科学出版社发行 各地新华书店经销
*
2018 年 6 月第 一 版   开本：720 × 1000 1/16
2018 年 6 月第一次印刷   印张：14 1/4
字数：287 000
定价：98.00 元
（如有印装质量问题，我社负责调换）

前　　言

　　2008 年的全球金融危机催生了新一轮的科技革命和产业革命，各国政府着眼于未来全球竞争，明确提出了新兴产业的发展规划与战略措施。我国于 2010 年发布《国务院关于加快培育和发展战略性新兴产业的决定》，确立节能环保、生物、高端装备制造等七大产业为战略性新兴产业，并明确提出："推动要素整合和技术集成，努力实现重大突破""掌握一批关键核心技术，在局部领域达到世界领先水平"。可见，战略性新兴产业以技术变革为基础和战略使命，有效地推进战略性新兴产业创新，是我国转变经济发展方式、实现跨越式发展、缩短与发达国家的差距和构筑国际竞争新优势的重要战略举措。

　　战略性新兴产业是新兴产业和新兴技术的深度融合，对我国社会经济发展具有重要的战略意义，目前我国战略性新兴产业处于发展初期，但未来势必会成长为支柱性、主导性产业，成为我国经济的中流砥柱，因此，要积极推进新兴技术创新，促进战略性新兴产业快速发展。

　　模块化思想对于产业结构变革具有革命性的意义，当今的产业已经进入模块化设计、模块化生产、模块化消费的大发展时期。核心技术的"空心化"是我国战略性新兴产业跨越式发展所面临的主要障碍，模块化结构产业发展所具有的技术平台"跳跃式"发展特点和技术平台"黑箱化"特征，使发展中国家产业技术更容易陷入"引进→落后→再引进→再落后"的创新困境。因此，运用模块化思想审视战略性新兴产业技术创新规律，力争在产业核心技术上实现重大突破，通过营造局部创新优势拉动整个产业的升级与跨越式发展，具有重要的战略意义。

　　作为一种新型的产业组织形式，产业联盟必然成为我国快速提升战略性新兴产业自主创新能力的重要战略手段。自 2008 年，科学技术部等六部门联合发布《关于推动产业技术创新战略联盟构建的指导意见》以来，国家及各省（自治区、直辖市）根据产业创新需求，相继在各个新兴技术领域成立产业联盟，截至 2017 年，国家级试点和重点培育的产业联盟达 200 家之多，省级和国家行业协会级试点产业联盟数以千计，在带动战略性新兴产业成长方面发挥了积极作用。产业联盟成为国家和区域技术创新工程建设的重要载体，更是提升我国战略性新兴产业自主创新能力的必然选择。相应地，如何以产业联盟作为政府产业调控与引导的着力点，将产业联盟创新优势转化为战略性新兴产业的自主创新能力，亟待探究科学的规律和有效的管理机制，从而为发展产业联盟、推动战略性新兴产业自主创新提供有效支持。

以苹果的巨大成功和硅谷的持续领先为标志，创新理念发生了深刻的变革，即从工程化、机械式的创新体系迈向生态化、有机式的创新生态系统。早在 2003 年的美国总统科技顾问委员会的《构建国家创新生态系统，信息技术制造业和竞争力》报告中就指出，美国的繁荣和领先是基于一种新的体系——创新生态系统，2013 年欧盟《都柏林宣言》部署的新一代创新政策也聚焦于创新生态系统。为此，我国也积极关注与探索创新生态系统，2012 年科学技术部、上海市人民政府共同举办的"浦江创新论坛"以"产业变革与创新生态"为主题，探讨创新生态系统建设的挑战与路径。创新生态系统作为当前和未来创新的新范式，得到了理论界和实践界的普遍认可，而且其核心理念也开始从企业、国家层次逐步向产业层次拓展，这为我国战略性新兴产业创新提供了新思路与新方向——发展产业创新生态系统。

因此，本书从模块化、产业联盟以及创新生态系统等多维视角出发，揭示战略性新兴产业突破性创新机理、产业自主创新能力提升机理以及产业创新生态系统演进机理，系统构建产业突破性创新路径及管理机制、产业自主创新能力提升路径及管理机制、产业创新生态系统发展模式与管理机制；选择智能手机、风电装备、新能源汽车、新材料、移动通信等战略性新兴产业领域进行案例分析与实证研究。

本书是在国家自然科学基金项目"产业联盟创新生态系统演进机理与升级路径研究"（71503061）、"区域科技资源共享平台生态化演进机理、集成服务模式与管理方法研究"（71473062）和教育部人文社科基金项目"基于模块化的战略性新兴产业突破性技术创新路径与管理方法研究"（12YJC630238）资助下，研究战略性新兴产业创新机理与管理机制。本书由武建龙负责全书的设计和统稿，黄静负责第 10 章和第 11 章撰写，王宏起负责第 7 章撰写，其余部分由武建龙负责撰写。

战略性新兴产业创新管理是一项极其复杂的系统工程，由于作者水平有限，书中难免会有不足之处，敬请广大读者批评指正。

武建龙

2017 年 12 月 15 日

目　　录

第1篇　模块化管理篇

第1篇　模块化管理篇

第1章　基于模块化的战略性新兴产业突破性创新机理

1.1　战略性新兴产业突破性创新内涵及分类

1.1.1　战略性新兴产业突破性创新相关概念界定

1. 战略性新兴产业内涵

根据《国务院关于加快培育和发展战略性新兴产业的决定》（2010年）的表述[1]，战略性新兴产业是以重大技术突破和重大发展需求为基础，对经济社会全局和长远发展具有重大引领带动作用，是知识技术密集、物质资源消耗少、成长潜力大、综合效益好的产业。可见，战略性新兴产业是新兴科技、战略性产业和新兴产业深度融合的产业，主导国民经济和社会发展全局，对经济可持续发展和国家安全具有重大和长远影响。

2. 战略性新兴产业突破性创新内涵

依赖于对现有产品、服务或工艺进行调整、改良和改进缓慢进行的渐进性创新已经不适合战略性新兴产业创新发展需求，战略性新兴产业突破性创新是跨越原有技术积累另辟蹊径的创新，能够通过突破产业基础技术和经济发展的均衡格局，赢得国际市场份额和有利地位。

按照创新强度的不同，技术创新可以分为渐进性创新与突破性创新，其中突破性创新是通常会导致整个产业的完全改变，并最终成为新产业旗帜的创新[2]。战略性新兴产业是新兴技术与新兴产业深度融合并通过新兴技术重大变革驱动的产业，因此，战略性新兴产业突破性创新是指深刻影响战略性新兴产业长期持续快速发展的一系列关键核心、共性技术的创新。结合我国产业发展基础和创新型国家建设要求，战略性新兴产业肩负着突破制约产业自身发展的技术瓶颈和发达国家技术创新垄断的双重使命。我国战略性新兴产业突破性创新有两层含义：第一，战略性新兴产业通常是全球范围内新兴起且具有巨大发展潜力的产业，产业技术发展存在不确定性，国内外产业均处于发展初期，战略性新兴产业突破性创新就是要率先攻克制约该产业发展的技术瓶颈；第二，目前的新兴产业与新兴技术革命仍然兴起于发达国家，尽管我国战略性新兴产业是在高新技术产业发展基础上的进一步"拔高"，这些产业在我国具备一定的技术优势，然而在发达国家发展得更好，只是相对于传统产业，我国与发达国家的技术差距较小[3]，因此，战略性新兴产业突破性创新还要突破发达国家的技术围攻，实现技术赶超[4]。

1.1.2　战略性新兴产业技术创新模块化特征及作用

1. 战略性新兴产业技术创新模块化及突破重点

模块化是指将某些复杂系统按照一定的规则分解成若干相互联系的半自律系统并加以重新整合的过程[5]。模块化理论作为管理复杂事物的一整套规则，已经上升到方法论的高度，其主要思想观点为：①一些复杂系统按照一定的架构规则可以分解成具有相对独立性的一系列功能模块；②管理模块化系统的核心规则是同一模块的"背对背"竞争和不同模块间"面对面"协作；③架构规则信息明晰化与有效传递以及模块内隐性知识的流动与整合，成为模块化系统管理重点。事实上，模块化思想最早就是基于技术层面提出的[6]，迎合了信息经济与全球化背景下科技经济发展要求，更好地解释当前的产业横向一体化、产业融合、新兴产业衍生等经济现象，模块化的理论思想和实践更是带来了一个全新的技术创新时代，催生了创新模式的升级。战略性新兴产业是新兴产业与新兴技术的深度融合并基于新兴技术重大突破衍生而成的产业，技术复杂性、多领域交叉融合性，促使新一代信息技术、新能源汽车、高端装备制造等战略性新兴产业领域技术创新及突破重点更倾向于模块化特征。

（1）产业技术构成模块化。一般地，战略性新兴产业技术可以分为功能模块技术和架构规则技术，其中功能模块技术是实现系统特定功能的内部知识集，根据功能重要性及技术水平，功能模块技术又分为关键模块和外围模块；架构规则技术则是关于技术系统整体的设计、结构和集成技术，由结构技术、接口技术和技术标准等构成，战略性新兴产业涉及多领域技术交叉融合，架构规则技术对战略性新兴产业创新的整合作用越来越强。因此，产业技术构成模块化导致了产业技术系统层级化，战略性新兴产业突破性创新就是要突破关键模块技术和变革产业架构规则。

（2）产业技术创新链模块化。战略性新兴产业技术深度、宽度都很高，相应地，产业技术创新链也必须具备一定的长度和宽度，即基础、应用、产业化多环节创新协作，并涉及多领域技术创新链交叉融合。因此，战略性新兴产业技术创新链进行了纵向和横向模块化分解与集中，呈现出模块网络化链状结构。由于产业技术层级化的作用，战略性新兴产业技术创新链聚焦于核心环节，并存在主要链条和辅助链条之分。战略性新兴产业突破性创新就是占据产业技术创新链的核心环节和主要链条，并推动产业技术创新链持续升级和向高端跃迁。

（3）产业技术创新行为模块化。模块化背景下战略性新兴产业创新系统属于半自律系统，不同模块技术创新活动独立性增加。通常在市场竞争环境下，无论是模块技术还是架构技术，都有可能同时被多个主体重复开发，"背对背"竞争压力很大，而"面对面"合作较为松散。因此，战略性新兴产业突破性创新就是通过"背对背"竞争激发创新动力，以及"面对面"合作整合优势创新资源进行创新协同，进而实现产业技术重大突破。

（4）产业技术创新组织模块化。产业技术构成模块化决定了产业创新组织模块化，对应于产业技术构成模块化划分，产业技术创新组织分为架构规则创新主体（模块集成商）、关键模块创新主体（关键模块供应商）和外围模块创新主体（外围模块供应商）等模块化组织。产业技术创新组织模块化分解、协同以及集成过程中，各类松散型模块网络化创新组织（如产业联盟、创新型集群）在战略性新兴产业中大量涌现。因此，战略性新兴产业突破性创新就是要在"背对背"竞争和"面对面"合作过程中形成更多模块集成商和关键模块供应商，并通过模块网络化组织有效治理提升产业核心技术突破能力。

2. 模块化对战略性新兴产业突破性创新的影响

（1）正向促进作用。第一，突出了产业复杂技术系统的创新重点。战略性新兴产业技术创新难度和复杂度较高，模块化背景下产业技术创新属于典型的层级化分工，一国可以根据自身创新优势，选择制约产业发展的核心架构规则技术或关键模块技术进行重点突破。第二，最大限度地整合技术创新资源。正如熊彼特所强调的，"创新就是生产要素的重新组合"，模块化有助于整合技术创新资源，促进产业突破性创新。首先，产业技术模块独立性增强，模块间组合的灵活性提高，通过模块分割、替代、扩展、排除、归纳、移植等模块组合方式，可以充分利用原有模块技术或产业通用模块技术实现产业重大技术变革，战略性新兴产业突破性创新也就变成了少数专有模块的突破或模块组合规则变革；其次，战略性新兴产业通常是多领域技术交叉融合，模块化使得跨产业领域技术融合简化为模块技术间规范化的界面管理，有助于将具有相对独立性、涉及多领域的模块技术进行标准化组合[7]，从而实现产业突破性创新；最后，具有创新性的知识技能被"封存"在模块内，使得这些模块技术在"面对面"合作交易中可较好地规避创新"外溢"，客观上降低了发达国家对发展中国家的技术封锁，使得我国战略性新兴产业可以在全球范围内有效地整合模块技术开展突破性创新。第三，增强创新动力，提升创新速度。战略性新兴产业突破性创新就是围绕同一关键技术模块"背对背"竞争和不同模块间"面对面"合作的过程，其中，"背对背"竞争遵循"赢者通吃"的原则,激发了产业创新主体的积极性,为在竞争中脱颖而出就需要加速研发更具创新性的关键技术模块;"面对面"合作则使得承担不同功能的关键技术模块以及架构规则创新的模块化组织进行创新协同,从而快速实现产业重大技术变革。

(2)负向制约作用。第一,创新边缘化风险增加。首先,模块化知识技能的内隐性"封存"不容易形成创新扩散,增加了我国战略性新兴产业通过引进消化吸收再创新实现技术突破的难度,更容易陷入"引进→落后→再引进→再落后"的怪圈;其次,产业技术创新模块化造成了多维层级性创新分工,我国战略性新兴产业被"锁定"在外围模块创新的风险增加,核心技术"空心化"问题加剧。第二,创新竞争压力加大。"背对背"锦标赛式的竞争也会发生在我国产业内部,这种激烈竞争造成了创新资源大量浪费,而发达国家的模块集成商则可以"坐收渔翁之利"。事实上,同发达国家建立的"面对面"创新合作关系,反而成为制约我国战略性新兴产业挑战发达国家创新核心地位的强大阻力,因为这些处于创新优势地位的"友好"合作伙伴是形成"剪刀差"的真正竞争对手。第三,并非在同一"起跑线"。战略性新兴产业本来在我国和发达国家都处于发展初期,然而模块化无形之中加大了这种技术创新差距,这是因为发达国家可以更好地整合已有技术模块,不单是功能整合,更是隐性知识技能的整合。在同一发展阶段的产业,我国与发达国家的产业技术创新能力存在差距,而产业突破性创新往往建立在更强大的创新能力基础上。

1.1.3　战略性新兴产业突破性创新分类

战略性新兴产业突破性创新按照不同的分类标准包括不同的内容,从创新主体行为角度划分,包括模块供应商突破性创新、模块集成商突破性创新以及模块供应商和模块集成商合作突破性创新三类。从技术内容创新角度划分,包括核心模块突破性创新和架构规则突破性创新,见表1-1。

表1-1　战略性新兴产业突破性创新分类

划分标准	具体内容	主要特点
创新主体行为角度	模块供应商突破性创新	模块供应商是相对独立的半自律的子系统,具有一定的自由度,要按照模块集成商的架构规则独立创新;"面对面"合作和"背对背"竞争促进模块集成商知识、技术的协同和独立突破性创新;保留核心技术秘密和核心竞争优势
	模块集成商突破性创新	设计模块间相互联系的架构规则,负责最终检测和创造性地集成各模块;兼顾生产尖端、垄断技术的核心模块,包括基础研发、概念设计、功能设计和成品组装、系统集成与升级等产业核心价值环节;通过不断创新架构规则和有效集成各创新功能模块来实现整体突破性创新

划分标准	具体内容	主要特点
创新主体行为角度	模块供应商和模块集成商合作突破性创新	模块供应商和模块集成商合理协调沟通，同时进行突破性创新，有效缩短创新周期，提高创新水平降低研发风险与成本、获得更多的知识技术
技术内容创新角度	核心模块突破性创新	突破关键核心技术是实现核心模块突破性创新最重要的内容
	架构规则突破性创新	突破模块间相互联系的界面、接口和标准；创造性地集成各个突破性创新的功能模块

1.2　战略性新兴产业突破性创新影响因素

战略性新兴产业自主创新的关键战略点是突破性创新，而影响战略性新兴产业突破性创新受不同层面和不同维度因素的综合影响，本书主要从宏观因素和产业因素两个层面辨识此类关键因素。

1.2.1　宏观因素分析

对战略性新兴产业突破性创新产生重大影响的宏观因素，可以从政治环境因素、经济因素、社会因素和技术因素四个方面展开分析，这也是宏观因素分析的重要维度。

1. 政治环境因素

政治环境因素主要是指影响我国战略性新兴产业展开突破性创新的国家发展规划、国家"双创"战略、政策行业管制、知识产权保护制度和国家政治地位以及与其他国家政治关系等。

（1）国家发展规划。国家为实现一定的经济和社会目标会通过相关政策干预产业发展，近年来国家重视战略性新兴产业发展，颁布了许多对产业发展有利的政策，为产业发展提供了有益的政策支持。

（2）国家"双创"战略。大众创业、万众创新（"双创"）是国家基于转型发展需要和国内创新潜力提出的重大战略，战略性新兴产业作为新兴技术、新兴产业和新兴业态的有机融合，必然是"双创"政策的最大受益者。

（3）政府行业管制。我国政府将坚定"放松管制、加强监管"的方向不动摇，致力于减少对微观活动的行政干预，有助于提升市场主体的创新活力。

（4）知识产权保护制度。战略性新兴产业是知识密集型、技术密集型产业，知识产权保护对产业创新尤为重要，完善相关法律能有效地维护企业知识产权，促进产业突破性创新。

（5）国家政治地位以及与其他国家政治关系。我国综合国力逐步提升，"走出去"战略不断深入，"一带一路"倡议稳步推进，有助于我国战略性新兴产业通过整合国内外优势资源开展重大技术创新。

此外，政府行政审批权改革、政府职能转变以及各种法律的修改等因素都会促进战略性新兴产业展开突破性创新活力。

2. 经济因素

经济因素主要是指影响产业创新的财政政策、货币政策、市场机制、产业结构调整、经济周期性变化等因素。

（1）财政政策。国家根据稳定时期政治、经济和社会发展状况和预期要达到的目标，利用财政支出和税收政策来综合调节市场总需求，同时国家和地方政府配套出台致力于推进战略性新兴产业创新与发展的税收政策。此外，政府采购也是重要因素，政府采购内容、采购规模、采购方式等代表政府的行为本质和政策导向，政府对本国高端技术产品的采用有助于扩大市场规模，推动产业突破性创新。

（2）货币政策。政府通过控制货币供给和调控利率等方式影响经济发展状况的各项措施，我国政府坚持实施积极的财政政策和稳健的货币政策。

（3）市场机制。价格、供求、竞争和风险等要素以市场体系为中介相互联系、相互协调和相互作用机理，市场机制的建立健全有助于进一步破除传统产业垄断地位，推动更多新兴产业创新与发展。

（4）产业结构调整。调整和建立合理的产业结构促进经济和社会的发展，改善人民物质文化生活水平是当今世界各国发展经济的重要课题。我国战略性新兴产业中有很大一部分产业是由传统产业升级而来的，极大地促进了我国产业结构调整和升级。

（5）经济周期性变化。经济周期一般分为衰退、谷底、扩张和顶峰四个阶段。经历 2008 年世界经济危机的震荡后，世界经济已进入后危机时代，机遇和挑战并存。我国应积极把握世界发展新兴产业的契机，抢占新一轮世界政治经济竞争制高点。

影响战略性新兴产业突破性创新的经济因素有很多，针对具体的产业可能还涉及市场分布、国民生产总值变化趋势、税率、消费价格指数和生产价格指数水平以及政府预算赤字等经济因素。

3. 社会因素

社会因素主要是指社会责任、人口教育水平、文化氛围等相关因素。

（1）社会责任。生存、发展、获利是企业在不同发展阶段追求的不同目标，企业除追求利润外还要积极地承担自己的社会责任，战略性新兴产业领域的相关企业在获得经济效益的同时也要勇于承担自己的社会责任，努力回馈社会。

（2）人口教育水平。研发人员、销售人员的受教育程度影响创新性技术产品的产出和销售水平，高水平的管理者也能促进整个产业发展，与此同时，消费者的受教育水平也直接影响其接受创新性技术产品的能力[8]。

（3）文化氛围。突破性创新具有市场不确定性、组织不确定性和资源不确定性且具有高风险性，要求企业要有尊重知识、尊重人才的创新文化，容忍创新失败的文化环境。

除上述主要社会因素外，产业发展还受企业家精神、创新性技术产品受众的价值观和生活方式、公众道德观念等具体因素的影响。

4. 技术因素

战略性新兴产业发展的关键因素是核心技术突破性创新，包括技术革新、技术进步和国家创新政策等。

（1）技术革新。虽然我国战略性新兴产业处于发展初级阶段，但与发达国家差距不大，想要和发达国家处于同一水平甚至赶超发达国家需要突破核心技术。

（2）技术进步。产业技术标准由掌握核心技术的国家和企业制定，战略性新兴产业是知识密集型、技术密集型产业，前沿的技术能有效地带动产业发展，我国战略性新兴产业的发展想要不受制于人就必须通过突破性创新实现技术进步，占据制定行业标准的主导地位。

（3）国家创新政策。国家创新政策是维系和促进技术创新的保障因素，直接影响产业技术创新水平。

此外，技术创新投入、信息革命、产业整体技术水平和技术资源等因素也会影响战略性新兴产业展开突破性创新。

1.2.2　产业因素分析

波特在《国家竞争优势》一书中从产业层面指出，产业的竞争优势取决于四大类因素：生产要素，需求条件，相关及支持产业，企业战略、结构和同行竞争，这些因素之间是相对独立又能系统性地组合成产业优势的钻石体系。此外，机遇和政府也在其中发挥重要的作用。本节借鉴"钻石模型"，从产业层面分析影响战略性新兴产业突破性创新的主要因素。

1. 产业影响因素逻辑关系

在分析和比较战略性新兴产业突破性创新发展过程的基础上，结合"钻石模型"，归纳出影响战略性新兴产业突破性创新的产业因素及其相互关系，具体如图 1-1 所示。

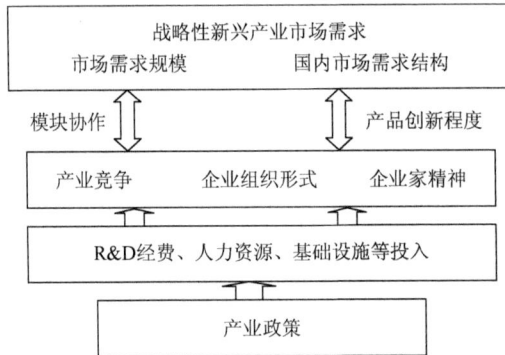

图 1-1　战略性新兴产业突破性创新影响因素的作用关系

R&D 为研究和发展（research and development）

产业政策层面，战略性新兴产业是在政府政策引导下产生和发展的产业，其突破性创新需要政府政策的引导和规划，政府政策在产业发展过程中，尤其在产业发展初级阶段发挥着无可取代的作用。

产业基础投入层面，也就是广义的生产要素，主要包括 R&D 经费、人力资源、基础设施等投入，是战略性新兴产业突破性创新的基础。

产业内企业层面，主要是指产业结构特征，包括产业竞争、企业组织形式和企业家精神等内容。产业竞争压力可以提高竞争者的突破性创新能力，企业组织形式影响创新是否能顺利展开，而具有强烈的冒险、成就欲望的企业家能促进企业开展创新活动。

产业市场需求层面，包括国内市场需求结构、市场需求规模等方面内容。全球模块化变革背景以及战略性新兴产业的技术密集型、资本密集型、知识密集型特征，要求模块供应商和集成商之间有效协调合作，创新性技术产品同样也需要国际市场共同消化和吸收。

2. 修正后的"钻石模型"

为了明确地说明各影响因素之间的关系，本书构建了修正后的"钻石模型"如图 1-2 所示。

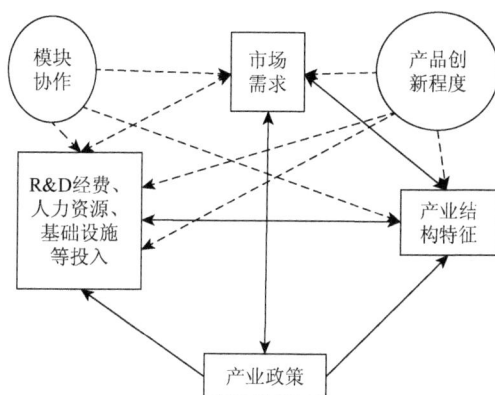

图 1-2   战略性新兴产业突破性创新修正后的"钻石模型"

战略性新兴产业突破性创新受生产要素，需求条件，相关及支持产业，企业战略、结构和同行竞争，模块企业协作和产品创新程度等因素的影响。除此之外，还有赖于影响创新各因素之间的协同作用，最大限度地发挥各创新要素的贡献，最终实现整个产业突破性创新。

1.3 战略性新兴产业突破性创新竞合博弈分析

1.3.1 模块间创新竞合关系分析

战略性新兴产业突破性创新过程涉及的主体包括模块集成商和模块供应商。模块供应商之间以及模块供应商与模块集成商之间均存在着合作和竞争两种情形。

创新主体之间通力合作是实现战略性新兴产业突破性创新的关键，这是不可争辩的事实。然而在市场机制下的创新主体都以自身利益最大化为根本目的，也会在利益争夺过程中产生竞争。重叠和替代就意味着竞争，在开展突破性创新过程中，一些模块供应商提供的功能和服务具有相似性和可替代性，彼此的竞争是全方位的，稍不留意就可能被竞争对手淘汰。所以，模块供应商之间最容易采取的是以增强自身竞争力为主的竞争创新策略。竞争者往往会采取加大研发投入、加强研发力度、差异化创新、提高劳动生产率等方式来提高自身竞争力，形成模块供应商之间的横向竞合关系。模块集成商和模块供应商之间的地位并不对等，模块供应商要严格按照模块集成商设计的架构规则展开创新活动，如果模块供应商的创新能力较弱就会被"优胜劣汰"的规则淘汰。如果模块供应商采取和模块集成商合作创新策略，既能避免被模块集成商淘汰还能增强自己的竞争优势，但是模块供应商升级为模块集成商的过程中，会与在位的模块集成商形成纵向竞合关系[9]。

1.3.2　创新竞合博弈要素分析

选择古诺模型来描述模块供应商间的横向竞合博弈；用斯坦克尔伯格模型来阐明模块集成商和模块供应商间的纵向竞合博弈。

1. 模块供应商间的横向竞合博弈要素分析

当仅有两个模块供应商企业，企业 1 和企业 2，假设两个企业都是理性的，非常了解对方采取的策略，二者之间的博弈是完全信息静态博弈，选择古诺模型来分析二者间的博弈行为，其结论同样适用于多个模块供应商间的博弈情形。在构建模型之前，首先要确定博弈活动的基本要素：博弈参与者、策略、支付函数和信息[10]。

（1）博弈参与者。提供相同或类似产品的模块供应商企业 1 和企业 2，只含两个博弈参与者称为"两人博弈"。

（2）策略。模块供应商间选择的行为包括（竞争创新，合作创新）、（合作创新，竞争创新）、（合作创新，合作创新）、（竞争创新，竞争创新）四种。

（3）支付函数。博弈参与者的收益，是参与者采取策略的函数，用利润 $\pi_i(q_1, q_2)$ 衡量，其中，$i = 1, 2$。

（4）信息。博弈双方对彼此采取策略情况的了解程度，对彼此采取的策略完全了解，称为完全信息博弈，反之则称为不完全信息博弈，假设完全了解彼此信息，是完全信息博弈。

在完全信息博弈情况下，两家企业都会根据对方的产量选择能给自己带来最大利益的产量。设定模块供应商企业的产量分别为 q_1, q_2，$\{q_i \in [0, \infty),\ i = 1, 2\}$，利润函数 π_i 是关于产量 q_i 的函数，两个企业之间只能进行一次有效的竞争博弈。市场需求为 $Q(Q = q_1 + q_2)$，均无固定成本，边际成本相同且不变为 c，q_i 为市场均衡产量。市场逆需求函数 $P(Q) = a - Q = a - (q_1 + q_2)$ 且 $(a > c)$，a 为一个常数，代表商品的最高需求量。

2. 模块集成商和模块供应商间的纵向竞合博弈要素分析

模块供应商之间地位相对平等，而模块集成商和模块供应商之间地位相对不平等，假设模块供应商了解模块集成商的策略后再做出自己的决策，二者之间信息不对称，选择斯坦克尔伯格模型研究模块集成商和模块供应商之间的纵向竞合博弈。模块集成商是领导者，模块供应商是跟随者，跟随者要根据领导者的策略选择应对策略，博弈活动的基本要素仍是博弈参与者、策略、支付函数和信息[10]。

（1）博弈参与者。一个模块集成商企业 1 和 $n(n>2)$ 个模块供应商企业 2。

（2）策略。和模块供应商间的策略一致，也是四种策略。

（3）支付函数。模块集成商无固定成本，只有单位可变成本 c_0，创新逆需求函数为：$p_0 = a - q_0$（p_0 和 q_0 分别为价格和产量），利润用 π_0 来表示。各模块供应商均无固定资产投入只有一样的单位可变成本 c 且每个模块供应商的生产规模和创新过程都相同，价格用 $p_i \{ p_i \in [0, \infty), i = 1, 2, \cdots, n \}$ 表示，产量用 $q_i (i = 1, 2, \cdots, n)$ 表示，市场需求总量为 $Q \left(Q = \sum q_i \right)$，如果投入和产出是一对一的关系，那么 $Q = \sum q_i = q_0$，市场逆需求函数可表示为 $p = b - Q (b > c = c_0)$，模块供应商企业的利润表示为 $\pi_i (i = 1, 2, \cdots, n)$。

（4）信息。$n+1$ 个企业完全信息博弈。

1.3.3　产业突破性创新竞合博弈模型

1. 模块供应商间竞合博弈模型

首先假设两个模块企业均选择竞争创新策略，两个模块企业的利润函数可以表示为

$$\pi_i = [P(Q) - c] q_i = [a - c - (q_1 + q_2)] q_i \tag{1-1}$$

通过对两个模块企业利润函数求一阶导数，可得到两个模块企业获得最大利润时的产量：

$$\frac{\partial \pi_1}{\partial q_1} = a - c - (q_1 + q_2) - q_1 = 0$$

$$\frac{\partial \pi_2}{\partial q_2} = a - c - (q_1 + q_2) - q_2 = 0$$

得 $q_1 = \dfrac{1}{2}(a - c - q_2)$，$q_2 = \dfrac{1}{2}(a - c - q_1)$。

联立两方程得到方程的解 (q_1, q_2) 为

$$q_1 = q_2 = \frac{1}{3}(a - c)$$

企业的利润为：

$$\pi_i = (a - c - q_1 - q_2) q_i$$

$$\pi_1 = \pi_2 = \frac{1}{9}(a - c)^2$$

然后假设两个模块企业都选择合作创新策略，其产量相同$(q_1 = q_2)$均为$\frac{1}{2}Q$，此时两个模块企业的利润函数为

$$\pi_i = (p-c)q_i = (a-c-q_1-q_2)q_i \tag{1-2}$$

对利润函数求一阶导数，得两个模块企业此时的最佳产量：

$$\frac{\partial \pi_1}{\partial q_1} = a-c-2q_1-2q_2 = 0$$

$$\frac{\partial \pi_1}{\partial q_2} = a-c-2q_2-2q_1$$

得$q_1 = q_2 = \frac{1}{4}(a-c)$。

此时，两个模块企业的利润相同$(\pi_1 = \pi_2)$均为$\frac{1}{8}(a-c)^2$。

再假设两个模块企业选择合作创新策略，而企业 1 违约选择竞争创新策略，企业 2 仍选择合作创新策略，此时企业 2 的产量仍为二者协议产量，即$q_2 = \frac{1}{4}(a-c)$，企业 1 在完全清楚企业 2 选择策略的情况下，选择能够产生利润最大化的产量。此时，企业 1 的利润函数可表示为

$$\pi_1 = (a-c-Q)q_i = \left[a-c-\frac{1}{4}(a-c-q_1)q_1 \right]$$

$$\frac{\partial \pi_1}{\partial q_1} = \frac{3}{4}(a-c)-2q_1 = 0$$

$$q_1 = \frac{3}{8}(a-c)$$

那么企业 1 和企业 2 的利润分别为

$$\pi_1 = \frac{3}{8}(a-c)\left[a-\frac{3}{8}(a-c)-\frac{1}{4}(a-c)-c \right] = \frac{9}{64}(a-c)$$

$$\pi_2 = \frac{3}{32}(a-c)^2$$

同理可得企业 1 遵守合约，而企业 2 违约时的结果。

通过分析可得两个模块企业间完全信息静态竞合博弈时的产量和收益情况，具体见表 1-2 和表 1-3。

表 1-2　完全信息静态博弈时两个模块企业的产量

企业	创新策略	企业 2	
		合作	竞争
企业 1	合作	$\frac{1}{4}(a-c), \frac{1}{4}(a-c)$	$\frac{1}{4}(a-c), \frac{3}{8}(a-c)$
	竞争	$\frac{3}{8}(a-c), \frac{1}{4}(a-c)$	$\frac{1}{3}(a-c), \frac{1}{3}(a-c)$

表 1-3　完全信息静态博弈时两个模块企业的利润

企业	创新策略	企业 2	
		合作	竞争
企业 1	合作	$\frac{1}{8}(a-c)^2, \frac{1}{8}(a-c)^2$	$\frac{3}{32}(a-c)^2, \frac{9}{64}(a-c)^2$
	竞争	$\frac{9}{64}(a-c)^2, \frac{3}{32}(a-c)^2$	$\frac{1}{9}(a-c)^2, \frac{1}{9}(a-c)^2$

由表 1-3 可知，当企业 1 采取竞争创新策略而企业 2 采取合作创新策略时，二者博弈的唯一纳什均衡结果为（竞争创新，竞争创新）。两个模块企业间的博弈过程构成了一个"囚徒困境"。当二者都选择合作创新策略或竞争创新策略时，收益都相同，合作时都是 $\frac{1}{8}(a-c)^2$，竞争时都是 $\frac{1}{9}(a-c)^2$，很明显都合作的收益大于都竞争的收益，但是出于趋利避害的本能，企业一般不会选择获益较大的合作创新策略。

2. 模块集成商和模块供应商间竞合博弈模型

首先假设当模块集成商选择竞争创新策略，模块供应商选择合作创新策略，模块集成商将架构规则量化为价格，模块供应商确定购买数量。模块供应商 i 的利润函数为

$$\pi_i = (p-c-p_0)q_i = (b-c-Q-p_0)q_i \tag{1-3}$$

$$\frac{\partial \pi_1}{\partial q_1} = \frac{\partial\left[\left(b-c-p_0-\sum q_k\right)q - q_i\right]}{q_i}$$

$$Q = \frac{n}{(n+1)}(b-c-p_0)$$

同理可得模块供应商 i 的购买数量为

$$q_i = \frac{1}{(n+1)}(b-c-p_0)$$

模块集成商企业的利润函数为

$$\pi_0 = (p_0 - c_0)Q = \frac{n}{(n+1)}(b - c - p_0)$$

模块集成商企业最优定价为

$$p_0 = \frac{1}{2}(b - c - c_0)$$

模块供应商企业 i 的产量为

$$q_i = \frac{b - c - c_0}{2(n+1)}$$

模块集成商企业卖出的产品总量为

$$Q = \frac{n(b - c - c_0)}{2(n+1)}$$

模块供应商企业创新性技术产品的市场价格为

$$p = \frac{nb + 2b + nc + nc_0}{2(n+1)}$$

模块集成商企业的利润为

$$\pi_0 = \frac{n(b - c - c_0)^2}{4(n+1)}$$

模块供应商企业 i 的利润为

$$\pi_i = \frac{(b - c - c_0)^2}{4n(n+1)^2}$$

产业创新过程中的总利润为

$$\pi = (n^2 + n + 1)(b - c - c_0)^2 / 4(n+1)^2$$

通过分析可以得到结论：在博弈过程中当模块供应商企业和模块集成商企业均采取竞争创新策略时，模块集成商企业就会获得"先动优势"，获得的利润也明显大于模块供应商企业。且模块供应商企业的数量越多，竞争就越激烈，每个模块供应商企业获得的利润就会越低，这迫使模块供应商企业不断地进行突破性创新。

然后假设模块集成商企业采取竞争创新策略，模块供应商企业采取合作创新策略，模块供应商企业的总利润函数为

$$\pi = (p - c - p_0)Q = (b - p_0 - c)Q - Q^2 \tag{1-4}$$

模块供应商企业的订货量为

$$Q = \frac{1}{2}(b - c - p_0)$$

模块集成商企业的利润函数为

$$\pi_0 = (p_0 - c_0)Q = \frac{1}{2}(p_0 - c_0)(b - p_0 - c)$$

则模块集成商企业的价格决策为

$$p_0 = \frac{1}{2}(b - c + c_0)$$

模块供应商企业的购货总量为

$$Q = \frac{1}{4}(b - c - c_0)$$

模块集成商企业的利润为

$$\pi_0 = \frac{1}{8}(b - c - c_0)^2$$

模块供应商企业的利润为

$$\pi_i = \frac{1}{16}(b - c - c_0)^2$$

很明显，当模块集成商采取竞争创新策略，而模块供应商之间采取合作创新策略时，整个产业的突破性技术水平将会更高。

再假设模块集成商企业与模块供应商企业采取合作创新策略时，把模块集成商企业和模块供应商企业的利润函数相加得到

$$\pi_t = (p - c - c_0)Q$$

模块集成商企业和模块供应商企业采取合作创新策略，中间产品的产量成为主要的决策变量。

当 $\dfrac{\partial \pi_t}{\partial Q} = 0$ 时，可以求得

$$Q = \frac{1}{2}(b - c - c_0)$$

中间产品的定价为

$$p_0 = a - \frac{1}{2}(b - c - c_0)$$

最终创新性技术产品价格为

$$p = b - Q = b - \frac{1}{2}(b - c - c_0) = \frac{1}{2}(b + c + c_0)$$

产业创新链上的总利润为

$$\pi_t = \frac{1}{4}(b - c - c_0)^2$$

则每个参与创新活动的模块企业利润为

$$\pi_i = \frac{(b - c - c_0)^2}{4(n+1)}$$

通过分析可以发现，在模块供应商和模块集成商之间的博弈过程中，模块供应商和模块集成商之间采取合作创新策略时，产业的突破性创新效益最大。

3. 竞合博弈结果

通过分析可知，模块供应商间及模块供应商和模块集成商间，都会面临（竞争创新，合作创新）、（竞争创新，竞争创新）、（合作创新，竞争创新）、（合作创新，合作创新）四种选择，选择不同的策略就要接受不同的结果，而每个参与主体出于趋利避害的本能，会选择对自己最有利的策略，而对于产业突破性创新整体而言只有选择（合作创新，合作创新）策略，才能实现产业整体利益最大化。

1.4　战略性新兴产业突破性创新机理

案例研究方法决定了研究对象选择理论抽样而不是概率抽样，即依据案例的特殊性和典型性进行选择[11]。选择我国手机产业作为研究对象的理由是：①手机产业是典型的模块化产业，而且是在跨国公司主导下进行模块化创新分工之后在我国兴起，我国手机产业技术创新史成为模块化背景下中国战略性新兴产业技术创新突破的缩影；②手机产业是信息产业重点领域，代表了我国乃至全球战略性新兴产业技术发展的方向，而且智能手机已列入我国战略性新兴产业重点领域及产品目录；③手机产业兴起于 20 世纪 90 年代，正值我国确立市场经济体制，我国手机产业是典型的竞争性行业，其技术创新突破规律更具普适性；④我国手机产业技术创新与可持续发展是理论界、实践界以及政府部门一直关注的焦点，客观上提高了研究数据的可获得性。为此，本书在选择具体研究对象时采用了嵌入性案例研究策略，即对我国手机产业从兴起到现在的技术创新演变史进行整体性研究，并选择不同发展阶段及其典型企业技术创新情况进行分析与比较，从而揭示我国战略性新兴产业技术创新突破规律[12]。

我国的手机产业自 1998 年开始兴起，到目前已经历了三个阶段，分别为：国产品牌机、"山寨"机和智能机，尽管三类手机有时候共存，但是在我国手机产业不同发展期的创新主导地位不同。

1.4.1　产业创新机会

产业技术模块化是知识经济时代全球化分工的深化，而发达国家主导的产业核心技术模块集成、模块化分解以及模块架构重构则为我国战略性新兴产业技术创新突破开启了"机会窗口"。

1. 核心技术模块集成降低创新壁垒

一般地，战略性新兴产业涉及的核心技术模块数量较多，无论是核心技术模块开发还是核心技术模块有效集成，都需要更高的知识技能水平和创新投入，一些跨国公司将核心技术模块集成并转让给我国，客观上为我国战略性新兴产业技术学习与模仿降低了创新壁垒，这是因为原有的核心技术模块及架构规则知识已由跨国公司"封存"到集成后的新模块部件或产品内部一并进行出售，由于市场传递产品比传递知识更有效，我国产业界只需要掌握新模块部件或产品内部的功能和接口标准即可进行其他配套技术创新。

两次核心技术模块集成极大地降低了我国开展手机产业技术创新所需的知识技能，Wavecom 通过基频、中频和射频技术等核心技术模块集成，将手机技术创新要求的知识技能降到我国代工企业可以胜任的水平，TCL、中电赛龙等手机厂商和手机设计公司在此集成方案上可以不断开展"外观导向"的创新；同样，台湾联发科技股份有限公司（Media Tek.Inc，MTK）的"交钥匙"方案将芯片、软件以及其他技术模块进行全方位集成，将研发和生产手机所需的大量知识集成为一个"黑箱"[13]，不仅降低了创新所需的知识壁垒，而且还降低了创新投入壁垒，使得天语这样的手机销售代理商甚至是一批小作坊都可以购买 MTK 的集成方案以及外围元器件"搭建"新机型。

2. 外围模块化分解拓展创新空间

在手机产业全球扩张过程中，一方面，随着手机产业技术逐步成熟，产业技术模块化程度不断提高，涵盖的技术模块数量增多；另一方面，由于中低档市场对手机外形、花样等需求要高于对新性能需求，尽管部分核心技术模块重回大规模集成化生产以降低成本，而在外形设计等环节的模块横向分工却不断细化，为我国手机产业开展外围模块技术创新提供了空间。国产品牌机阶段，在芯片集成和手机制造环节之间衍生出大量的手机设计公司，同时一大批专门为品牌厂商进行代工的企业涌现，形成了产品工业设计、制造工艺改进的产业创新链。进入"山寨"机阶段，模块化创新分工进一步精专，手机产业配套创新链涵盖了液晶屏、耳机、电池、充电器、手写笔、摄像头等一系列外围模块，甚至防尘网都有专业开发商。

3. 模块架构重构削弱跨国公司传统创新垄断优势

产业模块技术架构变革会影响整个产业发展，这是不连续创新催生新兴技术与新兴产业的过程，更是打破原有产业创新格局的过程。首先，模块架构创新会使原有的一些核心技术模块变为外围模块甚至被替代，并且通常还会引入其他领域的新技术模块，使拥有传统技术优势的跨国公司的垄断地位可能被削弱。其次，产业核心技术模块架构重构时经常会多种架构规则并存，与原有产业技术创新优势相比，跨国公司在新技术架构下的创新优势积累时间较短，我国与跨国公司的差距较小。最后，核心架构创新推动跨领域技术模块交叉融合，可能会使我国其他技术领域的比较优势得以发挥，从而形成多领域综合优势。苹果、三星等引领的智能机模块架构颠覆了诺基亚、摩托罗拉等的长期垄断地位，并为我国手机产业技术赶超开启了"机会窗口"，使以华为为代表的非传统手机厂商在通信、网络、计算机领域的技术创新优势在智能机产业中得到有效发挥，而且有更多机会探索更具创新性的核心架构，并获得芯片、操作软件等核心模块的独创技术。

基于以上三个方面的分析论证得出命题一：跨国公司主导的新兴产业技术创新模块化动态变革，为我国战略性新兴产业技术创新开启了"机会窗口"，具体地，核心技术模块集成降低创新壁垒，外围模块化分解拓展创新空间，模块架构重构削弱跨国公司传统创新垄断优势。

1.4.2 产业创新困境

跨国公司凭借核心技术模块及架构成为全球产业创新链的"系统整合者"（system integrators），对产业创新链上其他模块化活动进行更大力度的控制[14]，使我国战略性新兴产业技术创新更容易掉进跨国公司的模块化"陷阱"。

1. 核心技术模块集成造成创新边缘化

跨国公司对多个核心技术模块进行集成后，将原有核心技术模块相对显性的接口、界面知识以及联系规则也一并内化为新集成模块内的知识，集成的模块越多，越多的显性知识被内隐化，使得我国学习这些知识的难度提高。另外，核心技术模块集成为跨国公司占据产业创新链上更多核心环节竖起了高高的"防火墙"，并将我国产业完全"锁定"在外围模块创新[15]，而且随着核心技术模块集成范围越广，创新边缘化风险越大。

基于 Wavecom 的集成方案，将 TCL、中电赛龙等手机厂商以及设计公司限制在"外观导向"的工业设计以及工艺创新，而 MTK 推出"交钥匙"方案之后，品牌机时代的中电赛龙、德信无线等大型手机设计公司反而纷纷倒闭或转产，取而代之的则是仅从事手机外形设计和"抄板"等业务的小型设计公司，而且制造环节的创新也变为小作坊的"搭积木"活动。尽管"山寨"机技术水平和复杂度总体上比以前的国产品牌机高，但是随着手机芯片这一关键部件的集成度越来越高，通过渐进革新来进行芯片创新的可能性更小，我国手机产业创新逐步被边缘化。

2. 外围模块化创新加剧创新同质化

我国产业热衷的外围架构与模块创新，并不能形成差异化优势。首先，外围技术模块含有的内隐性知识较少，技术创新保护壁垒相对较低，创新成果很容易在产业内快速扩散；其次，外围模块化创新对产业主流产品的差异化与功能提升作用有限。

事实上，在国产品牌机阶段，以 TCL 为代表的手机厂商热衷于外观、颜色甚至配饰的设计，"外观导向"的创新格局难以竖起高技术壁垒，潜在进入者大量涌入，恶性竞争严重，最终连最基本的产品质量都无法保证，更不要说技术改进。进入"山寨"机阶段，其创新更多为通过外围技术模块及其组合来模仿市场上流行的品牌机的功能与外形，由于整个行业没有技术壁垒和知识产权保护，无论是外围功能模块开发还是整机设计（外围架构技术），一旦成功就在产业内迅速扩散，这种野蛮的疯长和无序的竞争导致整个行业竞争由低成本创新演变成价格战，行业的平均利润率由 2005 年的超过 25%下降到 2010 年的不足 7%[16]。

3. 模块化变革引发产业创新风险

模块化创新有时会由于解构已建立的组合原理和技术部件的需要，而出现模块化、模块化集成以及模块化重构的往复。核心技术模块集成、核心架构重构等产业技术模块化变革，对于作为主导者的跨国公司而言，是长期的技术与能力积累而发生的质变，然而对于我国产业则是突发性的被动变革，会对我国产业刚刚积累的产业技术创新优势进行破坏。

首先，跨国公司展开新一轮的技术创新模块化变革，使得我国战略性新兴产业与发达国家逐渐缩小的技术差距又一次被拉大。在国产品牌机后期，TCL 等手机厂商试图降低对 Wavecom 集成方案的依赖，着手在 3G 领域使用高通的芯片组进行手机核心架构自主开发，然而仅在发展之初，就由于 MTK 的"交钥匙"方案而夭折；智能机的出现，对"山寨"机进行毁灭性打击的同时，使我国手机技术与世界顶级水平的差距在短期内迅速拉大。

其次，对于已经建立起一定创新能力的企业而言，在应对产业技术模块化被动变革时反而会面临更多的"核心"刚性的困扰，因此在我国手机产业技术发展历程中，几乎每一个发展阶段的代表性手机厂商都是"昙花一现"。

最后，模块化变革引发产业创新链的大范围调整，造成很高的创新沉没成本[17]，如国产品牌机时代的手机设计公司在底层指令交换、调频等应用软件开发已具有一定的能力，然而 MTK 的"交钥匙"方案迫使这些设计公司纷纷倒闭或转产；又如智能机涵盖了手机、网络、计算机等相关技术模块，但并没有更多地整合"山寨"机的配套创新链，使得原先产业的大量创新投入沉没。

基于以上三个方面的分析论证得出命题二：跨国公司主导的全球模块化动态变革也给我国战略性新兴产业创新设置了"陷阱"，即核心技术模块集成造成创新边缘化，外围模块化创新加剧创新同质化，模块化变革引发产业创新风险。

1.4.3　产业创新突破规律

我国新兴产业技术创新突破必然是创新能力与技术共同突破的过程，创新能力提升是基础，而技术突破是目的[6]。从我国手机产业技术创新经历的三阶段演变史可知，面对充满新的机遇与挑战的模块化动态背景，战略性新兴产业创新能力提升和技术突破遵循了以下发展路径，如图 1-3 所示。

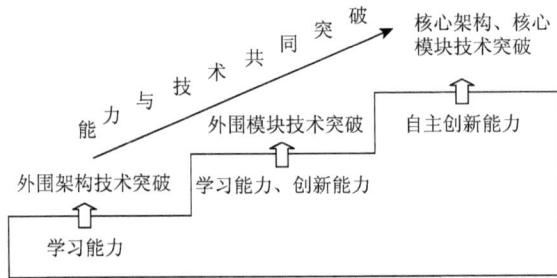

图 1-3　我国战略性新兴产业技术创新突破路径示意图

1. 学习能力提升与外围架构技术突破

无论是哪一层级的技术突破，都是以产业技术学习能力提升为基础的，且技术模块越多，技术越复杂，技术学习所需投入更多、时间更长、不确定更大。模块化集成实质上就是将原先一系列核心技术模块及其连接的架构规则一并内化为新集成模块内的知识技能，一方面，降低了我国战略性新兴产业技术学习能力的基本要求，引进集成模块之后，只需要学习少量的相对显性的模块界面、接口和标准知识就可以进行产品外观设计与组装；另一方面，也需要长期积累更多的知识技能才能明确模块内的所有知识，新集成模块内的知识技能学习所需时间必然大幅度增加[18]，因此，学习能力提升和技术突破一并被限定在外围层次。

由 Wavecom 的集成方案到 MTK 的"交钥匙"方案，核心技术模块集成范围大幅度提升，将手机产业技术创新的知识壁垒降到我国手机代工企业甚至是小作坊可以胜任的水平，并且有利于我国手机产业集中力量对外围架构技术进行系统学习；到了"山寨"机时代，我国手机产业技术学习能力大幅度提升，快速、低成本模仿成为天语手机最重要的创新优势，新机型推出周期仅是品牌机的 1/5～1/3。当然，核心模块一再集成，进一步加大了我国手机产业学习核心技术模块及其连接知识（核心架构技术）的难度，如到了品牌机后期，TCL 等试图基于高通的芯片组构建自己的核心技术架构，但其手机技术性能与质量难以保证，甚至到了 2005 年 TCL 和阿尔卡特合资成立手机研发公司，仍在继续第一次模块集成后的模块化解构性知识技能学习。

2. 学习能力、创新能力提升与外围模块技术突破

模块化分工越精细，每一模块含有的知识相对越少，这有利于我国模块供应商专注于模块内的知识技能，可以在较短时间内完成相关知识技能学习，并可以具备一定的模块性能模仿、改进甚至增加新功能等方面的创新能力。随着手机产业技术成熟，外围模块不断分解，使得我国手机模块供应商专注于外围模块技术的专业化学习与创新，并由学习能力提升转向创新能力培育。这在"山寨"机时代最为典型，在我国建立了涵盖所有外围模块技术的手机产业配套创新链，不仅具有国外品牌机或高端产品才具有的双卡双待、超长待机、超大屏幕等功能模块，并且依据不同需求偏好增设了验钞机、手电筒等技术模块，支撑"山寨"机的多样化创新。当然，核心技术模块集成基础上的外围模块创新也极易造成知识技能在产业内快速扩散，"搭便车"现象严重，创新动力不足，不利于产业学习能力向创新能力快速转化，无论是 TCL 等品牌机的"假拉高、真炒作"，还是"山寨"机的无成本模仿，最终都是由于创新能力不足而止步于外围模块创新。

3. 自主创新能力提升与核心架构、核心模块技术突破

通过将重点放在核心架构上，同时在部件层次聚焦和加强少数几个关键的子系统部件这种方式可以拥有良好的创新能力，从而支撑产业技术重大突破。主导战略性新兴产业技术发展的核心技术架构变革，削弱甚至颠覆跨国公司的传统技术垄断优势，并增加未来技术创新不确定性，在客观上使我国战略性新兴产业与发达国家基本可以在"同一起跑线"上开展全新的架构规则及功能模块知识技能开发竞赛，并有效地集成我国多领域的特色性知识技能，有助于我国战略性新兴产业在"新框架规则"下快速提升自主创新能力，实现重大技术突破。例如，苹果、三星的智能机技术模块架构颠覆了摩托罗拉、诺基亚等的技术垄断地位，有助于以"中华酷联"（中兴、华为、酷派、联想）为代表的中国企业基于通信、网络、计算机等领域独特知识技能提升智能机产业自主创新能力。当然，跨国公司主导的模块化变动对我国战略性新兴产业技术创新来说是"被动的"和"不连续的"，不利于原有产业知识技能的有效"继承"，如智能机的出现使"山寨"机厂商大面积倒闭，像天语这样能够从"山寨"机向智能机成功转型的企业寥寥无几。总之，模块架构重构使智能机涉及的通信、网络、计算机等领域的知识技术能够进行有效融合，快速提升自主创新能力，从而支撑华为等我国智能机厂商

不仅可以从事核心架构创新，而且还可以对芯片、操作系统等核心模块进行重点突破。

基于以上三个方面的分析论证得出命题三：面对模块化动态背景带来的新创新机会与困境，我国战略性新兴产业技术创新突破是创新能力与技术共同突破的过程，随着由学习能力向创新能力不断提升，依次实现外围架构技术突破、外围模块技术突破以及核心架构、核心模块技术突破。

1.4.4　产业政策规制的影响机理

在我国手机产业的三个创新阶段，政府均出台了一些政策规制，并在模块化动态背景下对手机产业技术创新机会、创新困境以及创新突破产生了重要影响（表1-4）。

表 1-4　产业政策规制对我国手机产业创新的影响

政策规制颁布时间及名称	政策规制要点	对创新机会的影响	对创新困境的影响	对创新突破的影响
1998 年手机"牌照制度"	持信息产业部发放"许可证"才能在中国境内生产手机	限制跨国公司大量涌入，促进其模块、架构技术转让	热衷"外观导向"创新，制度保护下创新动力不足	为我国手机企业技术学习与能力积累赢得时间
2005 年起由"审批制"改为"核准制"	企业注册资本为 2 亿元以上，并具备一定的研发和生产能力	跨国公司涌入，国产品牌机创新"机会窗口"关闭，并使"山寨"机创新游离于政策之外	加剧国产品牌机创新边缘化和同质化困境	阻碍了国产品牌机由学习能力向创新能力提升，使得国产品牌机核心架构创新失败
2005 年以来不断开展"山寨"机"整治"运动	不间断地打击偷税漏税、侵犯知识产权的行为	—	一定程度上防止创新同质化问题	客观上有助于"山寨"机外围模块技术创新能力提升
2007 年起开始实施"报备制"	企业注册资本降到 2000 万元，要求入网检测	顺应了第二次模块化集成降低创新投入壁垒	—	一些"山寨"机"漂白"，入网检测费高、耗时长等阻碍小批量、速度快的"山寨"式创新
2012 年智能机成战略性新兴产业重点领域、产品	产业政策、创新政策共同推进，并进行战略规划引导	强化我国智能手机多领域技术模块的综合优势	明确创新重点与方向，降低创新风险	引导并支持我国智能机加强芯片和操作系统等核心模块的自主创新能力提升与技术突破

总的来说，"牌照制度"对我国手机产业技术兴起起到了保护作用，而"牌照制度"的逐步放开又使得跨国公司涌入、本土企业同质化竞争严重；尽管"核准制""报备制"降低了准入壁垒，但仍然将绝大多数"山寨"机排除在政策之外，难以支撑"山寨"机技术转型升级；值得一提的是智能机发展上升到国家战略，对智能机产业技术创新产生了积极影响。鉴于此，可得出命题四：跨国公司主导的模块化动态变革引发我国战略性新兴产业技术创新机会、创新困境以及实现创新突破路径的传导过程中，我国产业政策规制可以发挥重要的中介调节作用。

1.4.5 产业突破性创新机理关系模型

以我国手机产业技术创新历程为例，通过对跨国公司主导的技术创新模块化动态背景下我国战略性新兴产业创新面临的创新机会、创新困境以及创新突破的系统分析可知，跨国公司推动的技术创新模块化通过开启创新"机会窗口"和设置模块化"陷阱"来对我国战略性新兴产业技术创新突破产生双重影响，为此，我国产业通过创新能力持续提升来推动技术不断突破，在此影响作用传导过程中产业政策规制起到了重要的调节作用，基于此逻辑关系构建模块化动态背景下我国战略性新兴产业突破性创新机理的关系模型如图1-4所示。

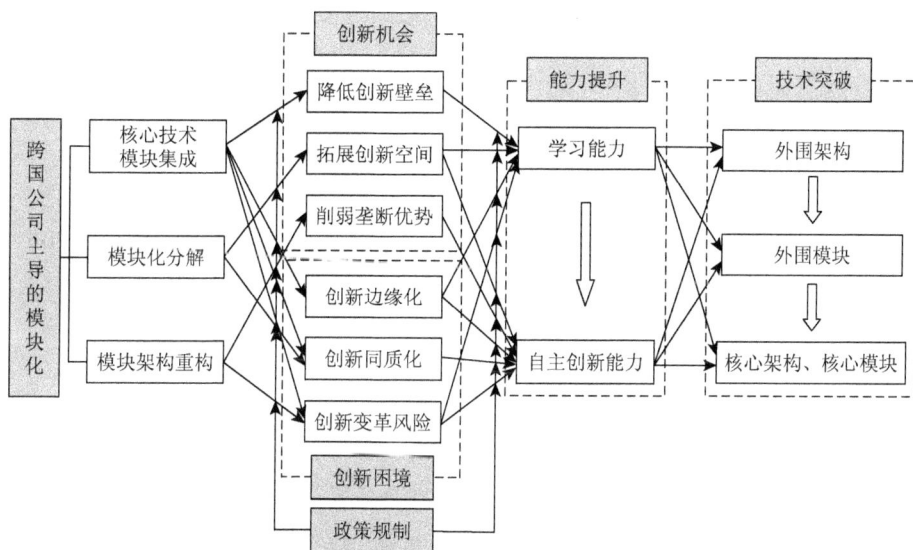

图1-4 模块化动态背景下我国战略性新兴产业突破性创新作用关系模型

1.5 战略性新兴产业突破性创新动态演化规律

战略性新兴产业突破性创新也具有一般产业的"演化性"，会随着生产力水平和技术水平的不断提高而不断从低级水平向高级水平发展演化，突破性创新是战略性新兴产业发展的关键。

事物以特定的方法发展，经历所有程序、阶段、步骤，最终达到某种预期目标的一系列活动被称作过程。战略性新兴产业突破性创新演化过程是各种方法集经过一定时期的叠加形成的一种类似于通道或路径的轨迹，是多种复杂因素相互协同、共同作用的过程。战略性新兴产业突破性创新是各种驱动要素相互协同、共同作用的结果，但在产业发展不同阶段，某一种或几种驱动要素会有重要的影响作用，其他要素会随着产业的演化发展而不断发展。在产业初创期，产业基础支撑和政府政策是关键，而在成长期产业突破性创新能力和市场需求能力是关键，成熟期政府产业政策和技术成熟度成为重中之重。战略性新兴产业模块化创新过程中的参与主体要根据产业演化的不同特点制定相应的策略，提高四个要素的作用，加快产业突破性创新，促进产业结构发展和升级，具体如图 1-5 所示。

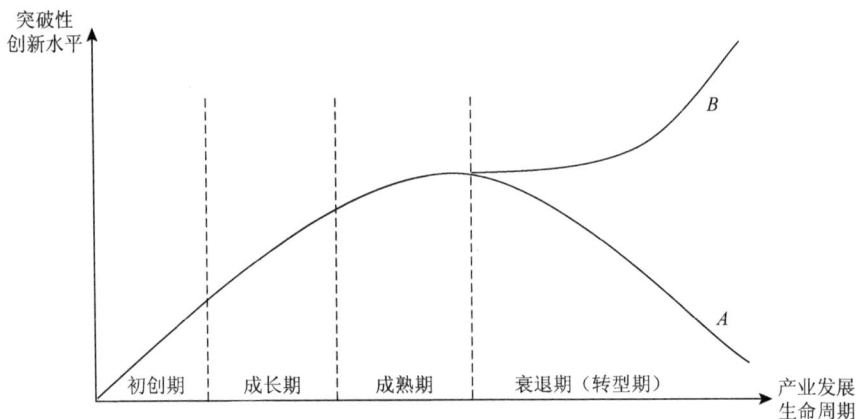

图 1-5 战略性新兴产业突破性创新动态演化规律

曲线 A 为产业衰退轨迹，曲线 B 为产业转型轨迹

图 1-5 中，横轴表示产业发展生命周期，纵轴表示突破性创新水平。1.2 节从宏观角度和产业角度研究了产业突破性创新的影响因素，影响因素在产业发展的不同阶段发挥不同作用，会自发的从无序向有序状态发展。

（1）初创期。此时产业刚刚起步，突破性创新能力还不是很强，创新性技术产品的接受者较少，市场拓展能力较弱，面临着巨大的市场不确定性、技术不确定性和组织不确定性，但是已经获得外围模块关键技术的突破，加上强有力的政府产业政策、强大的采购规模、相关产业和基础设施的完善等促进产业向核心模块突破性创新进发。

（2）成长期。此时产业已经实现核心模块突破性创新，产业市场已初具规模，确定了产业主导设计范式，产业突破性创新性技术产品较成熟，创新性技术产品成本下降，产业创新模式、创新能力、创新工艺和流程已较为成熟，总之具有成熟的突破性创新能力和广阔的市场需求，需要向架构规则突破性创新进发。

（3）成熟期。此时产业已实现架构规则突破性创新，形成了完整的产业价值链，确定了产业技术体系和标准体系，产业突破性创新能力较为成熟，产业市场需求规模稳定，但是产品同质化竞争也越来越激烈，要保持产业标准制定权需要国家产业政策的规划和指导，完善配套产业发展设施，重新划分产业各功能模块，实现新核心模块的突破性创新。

（4）衰退期（转型期）。此时产业实现新核心模块突破性创新，市场竞争会愈演愈烈，不断地撼动产业技术标准制定权地位，新的产品和技术不断涌现，产业要积极地寻求新的关键技术和架构规则的突破性创新，向下一个产业发展周期涌进。

1.6　本　章　小　结

本章首先界定了战略性新兴产业突破性创新内涵、模块化特征以及分类，从宏观和产业层面分析了战略性新兴产业突破性创新影响因素，采用竞合博弈模型分析产业突破性创新主体间协作关系，研究模块化背景下我国战略性新兴产业突破性创新的创新机会和创新困境，揭示产业技术创新、能力提升的协同突破规律，剖析产业政策规制对产业突破性创新引导作用，构建模块化背景下我国战略性新兴产业突破性创新机理关系模型，揭示产业突破性创新动态演化规律。本章从模块化视角揭示我国战略性新兴产业突破性创新机理研究，可为后续的产业创新突破路径、机制设计提供理论依据。

第2章　基于模块化的战略性新兴产业突破性创新路径

2.1　战略性新兴产业突破性创新路径内涵与设计思路

战略性新兴产业突破性创新路径是指通过对核心模块或架构规则进行局部或整体突破性创新，最终实现产业整体突破性创新的战略导向，是指实现产业重大技术突破的起点、方向、重点、过程以及方法手段的总称。

战略性新兴产业突破性创新路径是各种知识流、要素流和功能模块相互协同的复杂过程，为了使设计的路径能够促进战略性新兴产业突破性创新快速发展，提高产业创新的效率和水平，需要遵循以下设计思路。

（1）要遵循战略性新兴产业突破性创新机理。战略性新兴产业突破性创新路径设计要遵循产业发展和创新规律，要能指导战略性新兴产业沿着科学、合理的路径发展，满足战略性新兴产业突破性创新路径发展和升级需要。

（2）要服务于不同战略性新兴产业突破性创新需要。不同战略性新兴产业的技术成熟度和模块化程度差异性较大，发达国家对不同产业的技术封锁和知识产权控制度不尽相同，国内外技术水平和创新能力差距也因产业不同而不同，因此，路径设计要考虑到我国不同的战略性新兴产业领域突破性创新的差异化需求。

（3）要满足战略性新兴产业不同发展阶段的需要。目前我国大多数战略性新兴产业处于发展初创期，将来会走向成长期和成熟期，产业创新路径设计绝不是一劳永逸的，而是一个相互衔接、动态调整、螺旋上升的过程，要注意产业发展各阶段的特点和需求，满足产业在不同发展阶段的发展需要。

（4）要设计跨越不同路径间转化障碍的策略。我国战略性新兴产业发展水平各不相同，但终极目标都是把握世界科技前沿，跻身于世界强国之林，产业发展需要路径升级，而不同的路径需要不同的资源条件和发展环境来支撑，路径升级过程中面临许多障碍，所以要设计跨越路径间转化障碍的相关策略。

（5）采用探索性案例研究思路。战略性新兴产业突破性创新路径研究属于中国情境下的探索性研究，运用模块化理论思想，结合我国战略性新兴产业发展战略，对战略性新兴产业突破性创新路径进行概念性分类构建及理论性描述。当然，对于探究"如何"或是"为何"性质的问题时，案例研究方法由于可以细致地呈现事物复杂性、综合性的多因素作用关系和动态过程，并有助于得到较为全面和整体的理论解释，成为最佳选择。为此，分别选择最具解释性、模块化特征显著的产业领域典型案例，对战略性新兴产业突破性创新路径进行针对性的分析论证。在战略性新兴产业突破性创新路径探讨过程中，无论是理论性描述，还是典型案例解释性论证，都以战略性新兴产业突破性创新路径的基本要素——路径起点、突破方向与重点、突破过程、路径效率边界以及路径适应条件等作为研究分析的主线和考察的重点。

2.2　战略性新兴产业突破性创新路径设计

根据战略性新兴产业突破性创新的内涵及模块化影响，我国战略性新兴产业实现重大技术突破面临最优路径构建问题。从模块化视角来看，战略性新兴产业突破性创新就是要实现影响产业深刻变化的关键模块技术、主导架构规则技术或其共同突破。结合具体产业的技术创新重点和我国产业发展基础，战略性新兴产业突破性创新路径主要有四条：外围模块高端渗透路径、关键模块重点突破路径、架构规则颠覆重构路径和模块-架构耦合升级路径，如图 2-1 所示。由于案例研究方法决定了研究对象的选择采用的是理论抽样而不是概率抽样，为此，对我国模块化特征显著的战略性新兴产业及重点领域突破性创新案例进行筛选，并选定光伏产业、新能源汽车、智能手机和电信设备突破性创新作为典型案例进行分析论证。

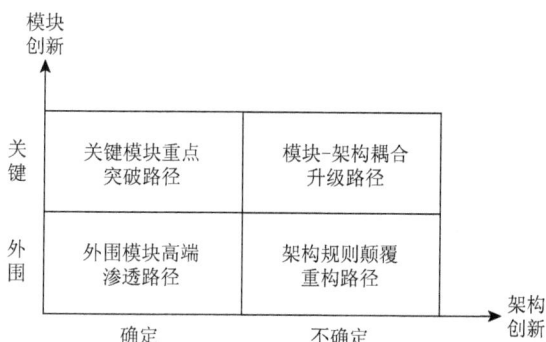

图 2-1　战略性新兴产业突破性创新主要路径

2.2.1　外围模块高端渗透路径

1. 外围模块高端渗透路径描述

外围模块高端渗透路径是指战略性新兴产业突破性创新开始于外围技术模块

创新，并通过技术学习与再创新活动，逐步向关键模块技术乃至主导架构规则攀升，并最终实现产业技术赶超与升级的战略主线。可见，这一路径是后发国家常采用的"外围模块→关键模块"技术赶超战略路径。尽管战略性新兴产业大多处于发展初创期，且技术存在一定的不确定性，但是不能否认发达国家的技术创新优势，尤其是对于兴起于发达国家的产业，我国相对处于创新弱势地位。为此，我国战略性新兴产业首先要作为外围模块供应商，嵌入发达国家主导的产业技术创新模块化网络，并与作为架构规则制定者和关键模块技术拥有者的跨国公司开展合作竞争，充分发挥我国强大的低成本创新优势和大规模工程化能力，持续提升产业技术学习与创新能力，支撑产业沿着全球技术创新链进行纵向和横向的高端渗透，从而升级为关键技术模块乃至架构规则创新的主导者。

2. 我国光伏产业突破性创新

光伏产业是当前新能源革命的焦点，也是我国战略性新兴产业的"领头羊"。光伏产业技术创新链依次涉及硅料、铸锭、硅片、电池片、组件、发电系统等创新环节，具有显著的模块化特征。自2002年我国光伏产业起步于"三头在外"（生产设备国外进口、硅原料国外进口、光伏产品对外出口），并在参与国际分工与合作过程中，从外围模块嵌入并通过产业技术创新链横向渗透和产业技术创新链纵向拓展，实现了重大技术突破。

（1）从外围模块技术嵌入。随着光伏工程化技术成熟以及欧洲太阳能电站项目大规模建设，光伏产业市场迅速扩张，我国从德国、瑞士等引进了成套生产设备及工艺技术，致力于单晶硅电池片生成。由于电池片属于光伏产业链"微笑曲线"的中间环节，此类模块技术也成为我国光伏产业开展创新的最好切入点。为了进一步降低生产成本，一批光伏企业开始涉及硅片切割、电池片生产配套及组件封装等外围模块技术创新，并取得积极成效。

（2）产业技术创新链横向渗透。电池片制造相关外围模块技术创新，使得我国光伏产业具备了一定的技术学习与再创新能力，紧跟国际技术创新步伐，对发达国家太阳能电池技术进行追赶。为此，我国开始强化高性价比光伏电池及制造工艺创新，并取得了多晶硅电池（包含薄膜电池）及组件从产品设计到制造工艺的一系列关键模块技术，如天合光能股份有限公司研发的60片156mm×156mm光伏电池组件，被权威机构德国莱茵TÜV集团认证为全新世界纪录；我国太阳能电池生产线也实现了国产设备与进口设备"混搭"，生产线中的10种主要设备已有6种为性价比相对较高的国产设备。

（3）产业技术创新链纵向拓展。向发达国家主导的"微笑曲线"的两端进军，在引进多晶体硅生产工艺和参与国际电站建设项目的基础上，重点开展高纯度硅料制备技术、聚光太阳能电池及发电系统集成技术等科技攻关，并取得了关

键模块和主导架构技术的突破，如 2012 年高纯度多晶硅产量已满足了我国 50%
光伏电池生产需要，并具备了兆瓦级光伏发电站自主建设能力。

　　总之，我国光伏产业从硅片、电池片以及组件封装等外围模块技术创新入手，
逐步实现高纯度多晶硅制备、高效率电池组以及发电系统集成与应用等重大技术
突破。根据全球决策大本营的调查报告《2010～2015 年光伏技术、产品及成本预
测》，排入全球前 15 名的 8 家中国光伏企业发明专利总量分布也反映出外围模块
高端渗透路径的轨迹，见表 2-1。

表 2-1　国际排名前 15 位的中国光伏企业发明专利申请总量技术时间–领域分布

单位：项

创新时间阶段	高纯度硅料	硅锭	硅片	电池（薄膜电池）	组件	系统集成及光电应用
2003～2007 年	0	0	4	11	7	0
2008～2010 年	0	19	49	106（6）	90	1
2011～2012 年	11	29	28	151（19）	109	12

资料来源：根据中国及多国专利审查信息查询（http://cpquery.sipo.gov.cn/）检索并分类统计

　　通过我国光伏产业技术赶超历程可以看出，我国光伏产业技术突破从某种意
义上是一个中国优势的再现。光伏产业的核心技术主要是工程化技术而不是实验
室技术，而且该产业也不是被跨国公司知识产权高度屏蔽的产业，这都有利于我
国通过外围模块介入并实现大规模应用工程化技术突破。当然光伏产业作为战略
性新兴产业，具有高风险、前沿性、模糊性等技术创新特点，如太阳能电池产品
正向第二代过渡，薄膜电池有望形成新的技术主流，这都要求我国光伏产业进行
持续技术突破，规避在新一轮技术变革中被边缘化。

2.2.2　关键模块重点突破路径

1. 关键模块重点突破路径描述

　　关键模块重点突破路径是指依托优势创新资源，面向制约战略性新兴产业发
展的关键模块技术（如模块化产业的关键核心、共性技术等）进行重点攻关，形
成能够带动产业发展与技术升级的标志性技术创新成果的战略主线。这一路径开
始于产业关键技术模块的不确定性及瓶颈制约，遵循关键技术模块带动产业技术
升级的战略导向，主要是在"背对背"锦标赛式的竞争机制作用下，参与创新的
模块化组织选择关键技术模块进行重点研发，形成模块技术多样性创新局面，并
通过"赢者通吃"规则优选具有核心地位的关键模块技术。在此创新过程中，产
业技术路线图和产业技术创新战略规划对整个产业关键模块技术创新活动的引导

与调控有助于集中优势创新资源进行重点突破，并可以有效防范"一哄而上"的混乱创新局面。

关键模块重点突破路径是发达国家在以往产业发展过程中常采用的技术创新路径，强调技术原创性，有赖于强大的技术创新能力和雄厚的产业基础。对于一些战略性新兴产业，其产品形态与功能已经确定，相应的技术架构及模块联系规则也较为明确，产业技术升级与发展更多是受制于某些关键技术模块；同时我国与发达国家的产业发展基本同步，技术差距不大，并具备一定的原始创新能力，满足这些条件的战略性新兴产业就可以选择关键模块重点突破路径。

2. 我国新能源汽车突破性创新

面对石油枯竭和环境污染的压力，新能源汽车产业发展备受各国重视。作为模块化技术创新驱动产业，在我国近10年的发展中实现了重大技术突破，是成功采用关键模块重点突破路径的典范。

（1）关键模块技术创新定位。从某种意义上来说，新能源汽车主要是对传统汽车能源动力系统的替代性升级，仍然传承了传统汽车形态及技术模块化特征，技术架构基本固定，其技术焦点就是新能源利用关键技术模块，因此，无论是混合动力还是纯电动汽车，电池技术已成为新能源汽车最为关键的模块技术。为此，我国早在2001年启动的"863"计划电动汽车重大专项，就建立了"三纵三横"的研发布局，而且"纵横交错"的中心就是动力蓄电池。我国2012年投入总额上百亿元的25个新能源汽车产业技术创新工程支持项目，专门支持动力电池项目就有8个，其他17个整车项目中也均涉及电池开发与应用。

（2）关键模块技术多样性创新。国内大型汽车集团联合电池企业以及相关院所构建了承担电池研发、制备及应用的模块网络化创新组织，并致力于不同类型电池技术模块开发，在大型汽车集团主导的模块网络之间形成了"背对背"创新竞争机制，加速了电池技术模块创新，到2007年前后，纯电动、混合动力和燃料电池均取得技术突破，直接助推了三类新能源汽车的相继问世，见表2-2。此后五六年，我国新能源汽车电池模块技术大量涌现，并出现了比亚迪、奇瑞等能够与世界顶级汽车商进行竞争的关键模块创新主体，见表2-3。

表2-2 我国新能源汽车产业龙头企业突破性创新情况

年份	企业	电池模块技术突破	新能源汽车发展
2006	中国第一汽车集团有限公司	大中小型系列混合动力电池技术	红旗混合动力轿车问世，混合动力客车 CA6110HEV 的样车开发完成
2007	上海汽车集团股份有限公司	综合插电技术与燃料电池技术——"电电混合"的新技术	上海牌燃料电池轿车装载国内先进的燃料电池堆、功率密度较大的锂电池和驱动电机，并采用高压储氢系统作为动力燃料源

续表

年份	企业	电池模块技术突破	新能源汽车发展
2007	比亚迪	长期致力于电池技术创新并获得突破,特别是铁电池核心技术	先后推出全新技术的"ET"电动汽车、F3DM 双模电动汽车和 F6DM 混合动力汽车
2007	奇瑞	围绕各类最新关键电池技术模块搭建节能环保汽车创新平台	开发出采用弱混合动力、中度混合动力、燃料电池动力和磷酸铁锂电池的纯电动 4 个系统的新能源汽车

表 2-3　国内外新能源汽车电池技术发明专利数对比　单位:个

机构名称	发明专利数	机构名称	发明专利数
比亚迪	651	丰田	1196
中国科学院大连化学物理研究所	205	通用	644
上海交通大学	189	日产	231
奇瑞	127	本田	160
长安汽车	27	现代	119

资料来源:根据国家知识产权专利检索网(http://www.sipo.gov.cn/zljs)进行逐个检索;检索关键词为申请人(单位名称)＋主分类号(H01M)

（3）关键技术模块主导地位确立。新能源汽车架构规则仅仅界定动力电池技术功能,然而混合动力电池、纯电动电池和燃料电池技术之间也存在"背对背"竞争,这样不利于我国集中产业创新资源与发达国家进行竞争,如日本就重点发展混合动力电池技术,而美国则长期致力于燃料电池开发。为此,我国国务院出台《节能与新能源汽车产业发展规划》和《"十二五"国家战略性新兴产业发展规划》,明确将混合动力电池作为技术过渡方案,以纯电动电池为创新战略取向,而且要求 2015 年动力电池模块比能量达到 150 瓦时/千克以上,而 2020 年则要求达到 300 瓦时/千克以上,这样使得我国新能源汽车电池模块技术创新方向和路线更为明确,从产业层面规避不同动力电池模块技术间的恶性竞争,有利于明确优势创新资源投入方向以及合理布局优先发展领域。

通过我国新能源汽车电池模块技术成功突破可以看出,关键技术模块突破首先要选择处于同一发展阶段的产业,我国新能源汽车技术与发达国家差距不过3～5 年,并不像内燃机技术那样存在 20 多年的技术鸿沟,事实上,我国光伏产业发展之初也存在巨大技术差距,这就是为何同是开展模块技术突破,光伏产业起始于外围模块,而新能源汽车直接攻克关键模块技术。其次产业发展存在关键模块技术制约,新能源汽车就得益于新能源技术和汽车技术交叉融入,并且确实存在新能源应用技术——动力电池这一关键技术模块制约,这也不同于我国光伏产业主要受制于发达国家的技术垄断。

2.2.3 架构规则颠覆重构路径

1. 架构规则颠覆重构路径描述

架构规则颠覆重构路径是指对产业技术架构规则进行重构以及对已有模块技术再集成，进而引起战略性新兴产业整体技术升级以及产业格局变革的战略主线。一些战略性新兴产业发展并不一定伴随着原创性技术难题，支撑产业发展的技术系统中的技术模块在相关领域几乎都是比较成熟的技术，或者说通过渐进性技术创新就可以实现这些模块技术的功能。产业真正面临的是未来主流产品功能形态不明确，产业技术架构和功能模块联系规则需要重新界定，如计算机、手机等产业领域技术升级换代会存在此类创新。因此，要想在这些战略性新兴产业领域实现技术突破，就要紧跟新兴技术潮流，充分发挥"综合意味着再创造"的创新思维，对产业架构规则进行重新认识，抢先设计更具创新性的产业架构规则及技术模块优化组合方案，并围绕技术变革和市场需求进行产业架构规则持续个性化重构。

架构规则技术突破是对原有产业主流技术架构的颠覆和超越，是产业格局变革的原动力，通过引入新的架构规则技术，不仅突破了原有产业的主导技术架构，拓宽了原有模块技术应用范围，而且通常还会引入新兴技术模块，实现多领域技术交叉融合，从而推动整个产业技术系统的跃迁与升级。总的来说，架构规则颠覆重构路径打通了如何集成多领域创新成果完成产业技术变革的通道，并在一定程度上颠覆了产业发展"核心技术"论。当然由于模块技术壁垒较低，需要架构规则持续改进，其创新竞争也相对激烈，并且要求我国产业具备一定的综合集成创新能力。

2. 智能手机架构规则颠覆重构及我国智能手机成功突破

智能手机是新一代移动终端的重点领域，智能手机快速涌现并替代传统手机的过程就是对手机产业领域架构规则颠覆重构的过程。

（1）产业技术架构规则重新界定。智能手机是什么，可以简单地表述为"掌上电脑＋手机＝智能手机"，也就是除了具备手机的通话功能外，还具备了掌上电脑的大部分功能。实际上，智能手机花样百出，很难准确地界定到底是什么或应该是什么，而智能手机架构规则不断改变就是对这一问题的最好回答，这也是智能手机突破性创新的本质所在。

（2）产业技术架构规则变革。智能手机的成功之处就是通过架构规则重新构建，实现计算机、网络通信等领域技术模块有效集成。传统手机主要由基带和射频两大类模块技术组成，而智能手机则在前者基础上加强了应用处理功能或者额外增加了应用处理器模块技术，并引入兼容性极强的操作系统及一系列应用软件。一般地，智能手机通用技术架构及主要技术模块（图 2-2），比传统手机具有更多、更强的综合性处理功能。尤其是 2007 年以来，苹果和三星智能机对诺基亚、摩托罗拉传统垄断的成功挑战，充分反映了手机架构规则整体性变革以及对多领域技术模块有效集成，可以实现整个产业技术变革。例如，三星手机一方面大范围集成最新硬件技术模块；另一方面基于 Google 的 Android 系统开源性优势，将手机作为扩展平台放到一个更广泛的创新生态系统中，提高了智能手机的个性化和应用价值。

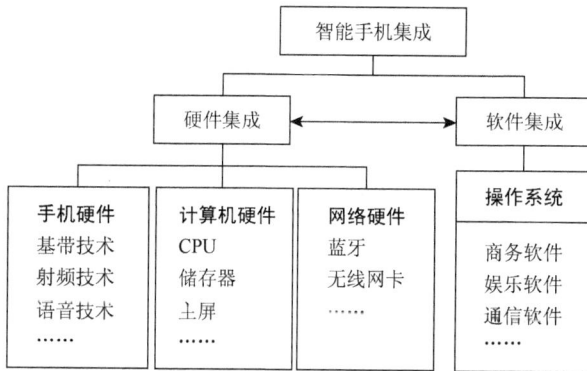

图 2-2　智能手机通用性技术架构及模块构成示意图

（3）我国智能手机成功突破。智能手机对手机产业架构规则的成功颠覆性重构，也突破了我国技术创新思维定式，产业创新并不意味着一定要掌握高尖端技术，更不是越多越好、越先进越好，而是通过不一样的产业架构规则及模块技术集成来创造需求。华为就抓住了智能手机产业的创新本质，在 2012 年一跃成为全球第三大智能手机供应商，其智能手机展现了与众不同的技术架构创新优势（表 2-4）。事实上，智能手机架构规则个性化改变，不仅铸就了"中华酷联"的奇迹，而且也成为曾经的"山寨"手机厂商转型升级以及其他网络、软件公司有效介入的机遇期。智能手机架构规则有助于集成我国多领域技术优势，不仅整合了原有的手机创新资源（如金立、天语等），而且可以集成通信设备（如华为、中兴等）、计算机（如联想等）、网络软件（如小米）等领域顶尖企业的技术优势，以华为为代表的一些非传统手机企业可以大有作为，与早期品牌手机和"山寨"手机相比，我国智能手机产业技术水平与跨国公司的差距在缩小，根据赛诺数据显示，2012 年国产智能手机占据了国内手机市场的 71.7%，而三星、苹果等的份额被压缩到 30% 以下，"中华酷联"（联想、中兴、华为、酷派）智能手机出货量分别列全球第二、第三、第五、第六位[19]。

表 2-4　华为智能手机架构规则突破

手机系列	手机特色	核心架构突破
Ascend P2	在世界手机大会上推出号称世界上最快的智能手机，是目前主流智能手机速度的2～3倍	整个手机架构支持全球领先的 LTE Cat 4 技术，并配置 2 个 Wi-Fi 接收器等
Ascend P1 S	在 CES 展上推出最薄的智能手机 Ascend P1 S，厚度仅为 6.68 毫米，刷新了业界超薄纪录	对手机架构进行全方位紧凑设计，集成了德州仪器 OMAP 4460 双核芯片、Corning 公司的 Gorilla 玻璃以及 Android 4.0 操作系统等
Ascend Mate	在 CES 展上推出全球最大屏智能手机，并且拥有世界顶级水准配置和诸多功能	该架构可以最大限度地集成当前最先进的高清大屏、处理器、内存、摄像头、超大容量电池等技术模块，并跨界融合了其他消费电子产品的诸多功能模块

与光伏产业、新能源汽车相比，智能手机并不更多地受制于关键模块技术瓶颈，而且国内外技术差距不大，然而智能手机作为新兴移动终端，其主流架构以及模块功能、构成不确定成为创新焦点，即通过架构规则技术突破来实现多领域模块技术集成创新和产业技术升级。因此，产业兴起于多领域模块技术交叉融合、产业主流技术架构不确定以及我国产业具备一定的综合集成能力，是开展架构规则创新突破的重要条件。

2.2.4　模块–架构耦合升级路径

1. 模块–架构耦合升级路径描述

一些战略性新兴产业技术突破，需要模块和架构规则技术同时变革，即为模块–架构耦合升级路径，从而对原有产业技术进行升级与替代。和 2.2.1～2.2.3 节的三条路径相比，此路径的技术突破也是最为全面的，不仅要在架构规则下进行关键模块技术突破，而且还要通过架构规则重构来优化集成模块技术。因此，模块–架构耦合升级路径是产业未来主流产品架构规则逐步明晰和关键模块技术逐步突破的过程，具体地，通过结构、接口、界面等架构规则逐步完善与再建，动态确定产业关键技术模块及突破重点；而产业关键技术模块突破反过来也会促进架构规则调整乃至重构。一般地，通过探索性创新获得了一些关键模块技术，并为了促使这些模块有效集成到产业技术系统中，需要对产业架构规则进行重构，最后再按照新的架构规则进行其他关键模块技术突破；当然也有可能先进行产业构架规则概念性设计，再进行关键模块技术创新，总之，这是一个耦合互动和循环往复的过程。选择模块–架构耦合升级路径有助于建立产业整体创新优势，当然产业关键模块技术和架构规则同时突破的成本和风险也很大，因此，此路径通常适用于被发达国家的知识产权和技术标准双重屏蔽的产业，并且要求我国产业具备较为完善的技术创新链和很强的自主创新能力。

2. 面向 4G 的我国电信设备突破性创新

我国电信设备技术由 3G 向 4G 的成功演进就是典型的模块-架构耦合升级过程。电信设备行业是下一代信息网络产业的重点领域，而信息网络技术创新历来强调自主知识产权和国际主流技术标准，因此，我国电信设备行业一方面要强调技术架构、标准等创新，通过架构规则重构整合我国最新的电信设备模块技术，形成电信设备整体解决能力；另一方面要加强关键模块技术创新，强化核心技术对标准话语权的支撑作用，突破发达国家及跨国公司的专利池封锁。我国电信设备商已具备 TD-SCDMA 成套电信设备研发与制造能力，突破了发达国家对电信设备技术长期垄断的格局，同时，面对信息产业技术迅猛发展，我国电信设备行业走上了技术升级换代的创新之路，沿着"TD-SCDMA→TD-HSDPA→TD-HSUPA→TD-HSPA + →TD-LTE"进行架构规则与关键技术模块的耦合互动创新，实现了一系列重大技术突破，具体见表 2-5。

表 2-5　我国电信设备产业技术的模块-架构耦合升级过程

耦合升级过程	TD-SCDMA (3G)	TD-HSDPA (3.5G)	TD-HSUPA (3.5G)	TD-HSPA + (3.75G)	TD-LTE (3.9G, 准 4G)
架构规则技术创新	由我国华为、中兴、大唐等主导的 3G 标准于 2000 年正式确定为国际 3G 标准（R4），电信设备基于 CDMA 技术架构进行创新	3GPP 于 2002 年完成标准（R5），升级到 3.5G 技术架构，2007 年信息产业部发布 20 项标准详细规定了电信设备相关技术功能与测试要求	在 HSDPA 架构基础上加入 HSUPA 上行技术架构，大唐、中兴、华为等设备商参与 3GPP 的标准化（R6）及技术架构方案制定	我国电信设备企业参与 3GPP 的标准（R7）制定，并对接入网络架构进一步优化，整体速度更接近 LTE 速度	以大唐为首，联合国内厂家，提出了基于 OFDM 的 TDD 演进方案，并参与 3GPP 的系统架构、测试等标准的制定（R8\9）
关键模块技术创新	华为、中兴等电信设备供应商从 1995 年就开始 3G 关键技术研发，并获得一系列自主核心专利技术	AMC、HARQ 以及高阶调制（16QAM）等技术突破	物理层混合重传，基于 Node B 的快速调度，和 2msTTI 短帧传输等技术突破	调制技术、天线技术以及物理层等进一步升级	实现 TDD 的双工技术、基于 OFDM 的多址接入技术、基于 MIMO/SA 的多天线技术等突破

通过模块-架构耦合升级的互动过程，进行了电信设备整体技术创新能力积累，并且为从 3G 向 4G 的重大技术变革奠定了基础，TD-LTE 已是业界公认的"准 4G"，大唐、华为、中兴等对电信设备技术构成、接口、测试等架构和标准进行颠覆性重构，成为了国际 4G 标准 LTE-A 的核心内容，并且攻克了 LTE 框架下的一系列关键技术模块，掌握了重要的基础专利，如图 2-3 所示，华为、中兴拥有的基本专利已经达到国际顶级电信设备供应商水平，远高于 TD-SCDMA 标准下入选的基本专利比重。

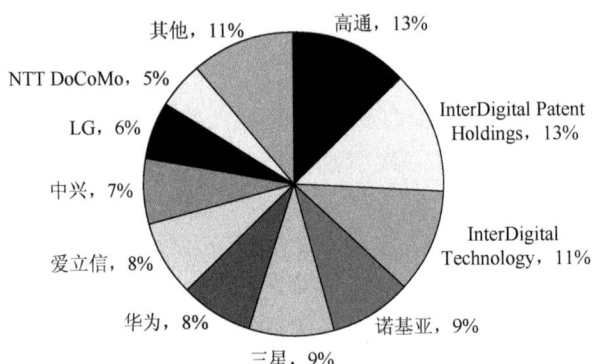

图 2-3　LTE 基本专利的主要拥有者分布图

资料来源：2010 年 11 月 30 日欧洲电信标准组织（European Telecommuications Standards Institute，ETEI）公布的 LTE 标准必须使用的基本专利清单

　　总之，我国电信设备行业不仅和光伏产业一样曾经一度开展技术赶超战略，而且自 TD-SCDMA 被确立为国际三大标准以来，我国电信设备技术基本与国际同步，又与智能手机同样面临着架构规则不确定的困扰，同时面向 4G 的电信设备行业还和新能源汽车一样需要攻克一系列关键模块技术。因此，产业技术被发达国家高度屏蔽，同时面临着架构规则不确定和关键模块技术瓶颈，并要求我国具备很强的自主创新能力，这是选择模块-架构耦合升级路径的关键。

2.2.5　产业突破性创新路径综合比较

　　围绕路径起点、突破方向与重点、突破过程、路径效率边界以及路径适用条件等基本要素，综合比较战略性新兴产业突破性创新路径理论描述及典型案例分析论证可知，对于模块化特征显著的战略性新兴产业，可以通过模块层级化和架构规则明晰化来构建产业突破性创新最优路径，表现为架构规则指引下的模块技术突破或模块技术优化组合基础上的架构规则变革。当然四条路径也存在显著差异性，具体见表 2-6，从而为我国战略性新兴产业选择有效的技术创新突破路径提供重要依据。

表 2-6　战略性新兴产业突破性创新路径比较

路径内容	外围模块高端渗透路径	关键模块重点突破路径	架构规则颠覆重构路径	模块-架构耦合升级路径
路径起点	开始于外围技术模块	开始于产业关键核心技术模块瓶颈	开始于产业相关领域技术模块逐步成熟并开始融合	开始于产业某关键技术模块突破或架构规则概念性设计
突破方向与重点	遵循"外围模块→关键模块"的路径导向，升级为关键模块乃至架构规则的主导者	遵循关键技术模块带动产业技术升级的路径导向，实现制约产业发展的关键技术模块重点突破	遵循"综合意味着再创造"的路径导向，重点关注产业架构规则重构引发多领域技术融合和产业技术整体变革	遵循"关键技术模块突破↔主导架构规则重构"耦合互动的路径导向，实现整个产业主流技术系统的完全升级与替代

续表

路径内容	外围模块高端渗透路径	关键模块重点突破路径	架构规则颠覆重构路径	模块–架构耦合升级路径
突破过程	外围技术模块突破→产业技术创新链横向渗透↔产业技术创新链纵向渗透	关键技术模块创新定位→关键技术模块多样性创新→关键技术模块主导地位形成	产业架构规则重新界定→产业架构规则变革→产业架构规则持续个性化重构	产业关键技术模块突破↔产业架构规则概念化设计→产业关键技术模块系列突破↔产业架构规则完善与升级
路径效率边界	充分发挥我国的"后发优势"以及强大的低成本研发能力;然而技术快速更新可能使得技术学习和能力积累再次被"边缘化"	"背对背"竞争机制促进产业关键共性、核心技术快速攻克;可能出现"一哄而上"的创新混乱局面,造成创新资源分散与浪费	可以通过引入新兴技术模块或综合集成多领域技术模块创新成果实现产业技术整体升级;由于产业模块技术相对成熟,架构规则容易被颠覆或模仿,创新竞争比较激励	产业关键技术模块和架构规则同时突破有助于产业技术全面发展;产业关键技术模块和架构规则同时突破的成本和风险很大,创新突破重点难以把握,"搭便车"现象严重
路径适用条件	不是被发达国家的知识产权高度屏蔽的产业,产业技术与市场相对成熟,我国产业具备一定的技术吸收和大规模工程化能力	国内外产业技术差距较小,产业技术架构及联系规则确定,受制于少数关键技术模块,我国产业具备一定的原始创新能力	产业多领域技术交叉融合,产业模块技术壁垒较低,产业未来主流产品功能形态及架构规则不确定,我国产业具备一定的综合集成创新能力	被发达国家的知识产权和技术标准双重屏蔽的产业,我国具备较为完善的产业技术创新链和很强的自主创新能力

2.3　战略性新兴产业突破性创新路径选择

我国七大战略性新兴产业领域的创新与发展程度各不相同,各有其特点和技术轨迹,每条路径也都需要相应的支撑条件和环境,针对前面设计的四条突破性创新路径,我国战略性新兴产业到底要选择走哪一条发展路径?哪条路径又更适合产业发展的实际需要?需要构建科学的选择指标和选择方法。

2.3.1　产业突破性创新路径选择指标

结合战略性新兴产业突破性创新的影响因素,利用德尔菲法,邀请专家筛选,构建路径选择的指标体系。该指标体系包含产业突破性创新能力成熟度、产业突破性创新市场需求度、产业基础支撑度、产业突破性创新政府支持度 4 个一级指标,10 个二级指标,26 个三级指标,具体见表 2-7。

表 2-7　战略性新兴产业突破性创新路径选择指标体系表

一级指标	二级指标	三级指标	备注
产业突破性创新能力成熟度 A	创新投入能力 A_1	R&D 人员投入强度 A_{11}	
		R&D 经费投入强度 A_{12}	
		技术装备水平 A_{13}	

一级指标	二级指标	三级指标	备注
产业突破性创新能力成熟度 A	创新产出能力 A_2	获得专利数 A_{21}	
		新兴技术产品数 A_{22}	
		新兴技术产品销售收入 A_{23}	
	创新管理能力 A_3	创新机制 A_{31}	
		创新战略 A_{32}	
		创新组织效率 A_{33}	
	创新研发能力 A_4	研发成功率 A_{41}	研发成功数/研发总数
		技术先进程度 A_{42}	
产业突破性创新市场需求度 B	国内市场需求 B_1	新兴技术产品市场占有率 B_{11}	新兴技术产品销量/同类产品总销量
		新兴技术产品市场需求潜力 B_{12}	
	国外市场需求 B_2	新兴技术产品出口额 B_{21}	
		产业内贸易指数 B_{22}	[（进口额–出口额）–|进口额–出口额|] /（进口额 + 出口额）
产业基础支撑度 C	产业发展水平 C_1	产业结构 C_{11}	
		关联产业发展水平 C_{12}	
	产业创新环境 C_2	创新平台水平 C_{21}	
		科技中介服务水平 C_{22}	
产业突破性创新政府支持度 D	基础设施支持 D_1	信息基础设施 D_{11}	
		科研设施 D_{12}	
		教育设施 D_{13}	
	政策支持 D_2	知识产权保护力度 D_{21}	
		政府采购强度 D_{22}	
		税收优惠程度 D_{23}	
		金融支持力度 D_{24}	

1. 产业突破性创新能力成熟度

这是路径选择中首先要考虑的指标，突破性创新具有技术跃迁性和不连续性，只有具备较高技术创新能力水平的产业才有利于开展突破性创新，促进产业跨越式发展，可以利用创新投入能力、创新产出能力、创新管理能力和创新研发能力四个二级指标来反映。

2.产业突破性创新市场需求度

任何产业创新的最终目标都是实现商业化，而市场需求度是衡量产业创新性技术产品商业化是否成功的重要指标，市场需求度强说明产业的商业化实现的较好，将促进产业突破性创新路径的进一步升级，反之则说明产业突破性创新水平有待进一步提高。

3.产业基础支撑度

产业结构和关联产业发展水平代表产业发展水平，创新平台水平和科技中介服务水平代表产业创新环境，大部分战略性新兴产业由传统产业升级而来，产业基础好，新兴产业发展动力足，反之则不足。

4.产业突破性创新政府支持度

战略性新兴产业是我国政府在金融危机背景下提出的，其发展需要政府的政策支持、政府规划指引以及政府基础设施支持。主要选取基础设施支持、政策支持两个二级指标以及信息基础设施、科研设施、教育设施、知识产权保护力度、政府采购强度、税收优惠程度、金融支持力度七个三级指标来测定。

2.3.2　产业突破性创新路径选择方法

1.基于规则的路径选择方法设计思想

选择过程中应注意定性指标和定量指标相结合，理论与实际相结合，既要注意指标的代表性又要注意指标的可获取性，本节基于规则的方法来设计战略性新兴产业突破性创新路径选择方法。

2.基于规则的路径选择标准

根据战略性新兴产业突破性创新路径发展需要的具体条件和路径选择的具体评价指标体系，将每个指标的发展情况设计为优、良、中、差 4 个等级，且设计单指标 20 分制。战略新兴产业突破性创新路径选择三级指标的量化规则及其标准，见表 2-8。

表 2-8 战略性新兴产业突破性创新路径选择指标的量化规则与标准

二级指标	三级指标	评价规则与标准				注
		16~20（优）（中值18）	11~15（良）（中值13）	6~10（中）（中值8）	1~5（差）（中值3）	
创新投入能力 A_1	R&D 人员投入强度 A_{11}	≥40%	30%~40%	15%~30%	≤15%	
	R&D 经费投入强度 A_{12}	≥15%	11%~15%	4%~10%	≤4%	
	技术装备水平 A_{13}	国际先进水平	国际一般水平	国内先进水平	国内一般水平	
创新产出能力 A_2	获得专利数 A_{21}	≥2 000 件	1 000~2 000 件	100~1 000 件	≤100 件	以近 3 年统计数据为标准计算
	新兴技术产品数 A_{22}	≥3 000 项	1 000~3 000 项	500~1 000 项	≤500 项	
	新兴技术产品销售收入 A_{23}	>10 000 亿元	5 000~10 000 亿元	1 000~5 000 亿元	≤1 000 亿元	
创新管理能力 A_3	创新机制 A_{31}	很完善	较完善	一般完善	不完善	根据七大战略性新兴产业平均管理水平确定
	创新战略 A_{32}	很前瞻	比较前瞻	一般	落后	
	创新组织效率 A_{33}	很高	比较高	一般	较低	
	研发成功率 A_{42}	≥40%	30%~40%	20%~30%	≤20%	
	技术先进程度 A_{43}	很先进	比较先进	一般	落后	
国内市场需求 B_1	新兴技术产品市场占有率 B_{11}	>15%	10%~15%	5%~10%	≤5%	以近 3 年统计数据为标准计算
	新兴技术产品市场需求潜力 B_{12}	很强	较强	一般	较差	
国外市场需求 B_2	新兴技术产品出口额 B_{21}	>1 000 亿美元	100~1 000 亿美元	50~100 亿美元	<50 亿美元	以近 3 年统计数据为标准计算
	产业内贸易指数 B_{22}	0.8~1	0.5~0.8	0.25~0.5	<0.25	
产业发展水平 C_1	产业结构 C_{11}	很好	较好	一般	较差	以近 3 年统计数据为标准计算
	关联产业发展水平 C_{12}	很高	较高	一般	较差	
	创新平台水平 C_{21}	很高	较高	一般	较差	
产业创新环境 C_2	科技中介服务水平 C_{22}	很高	较高	一般	较差	以近 3 年统计数据为标准计算
	信息基础设施 D_{11}	完善	比较完善	一般	不太完善	

续表

二级指标	三级指标	评价规则与标准				注
		16～20（优） （中值 18）	11～15（良） （中值 13）	6～10（中） （中值 8）	1～5（差） （中值 3）	
基础设施 支持 D_1	科研设施 D_{12}	完善	比较完善	一般	不太完善	
	教育设施 D_{13}	完善	比较完善	一般	不太完善	
	知识产权保护力 度 D_{21}	很强	比较强	一般	较弱	
政策支持 D_2	政府采购强度 D_{22}	很强	比较强	一般	较弱	
	税收优惠程度 D_{23}	很优惠	比较优惠	一般	不太优惠	
	金融支持力度 D_{24}	力度很强	力度比较强	一般	力度较弱	

注：上述定量指标未达到最低标准，则为 0 分；近 3 年指评价时的最近 3 年数据，由评价数据收集的时间段决定

3. 路径选择模型

四条技术创新路径并无优劣之分，区别在于每条路径需要具体的支撑条件，产业在不同的发展阶段也需要合适的发展路径。结合产业影响因素，从产业突破性创新能力成熟度、产业突破性创新市场需求度、产业基础支撑度和产业突破性创新政府支持度四个方面来分析产业发展路径的选择策略，利用一级指标和二级指标的分值或不同指标得分和来选择合适的发展路径，通过对表 2-8 中设计的三级指标的权重进行赋值（可以采用层次分析法），进而得到一级指标和二级指标的分值，从而确定产业突破性创新路径的具体选择条件，四个一级指标、四条路径和选择指标值之间的搭配关系（虚线和实线区别指标对路径选择的重要程度），形成了路径选择策略模型，如图 2-4 所示。

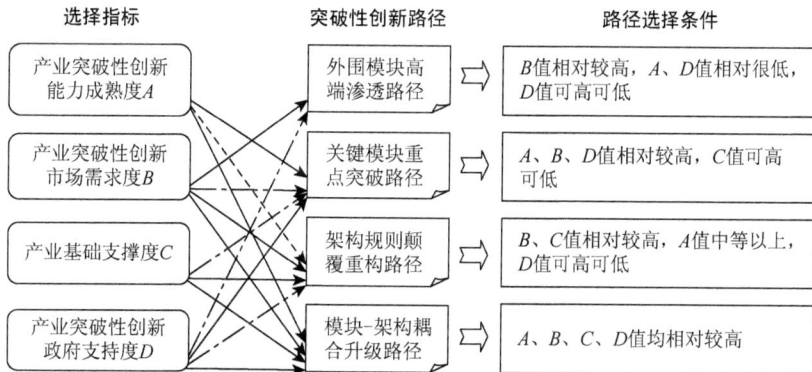

图 2-4　战略性新兴产业突破性创新路径选择模型

（1）外围模块高端渗透路径选择策略。此路径实施的要求相对较低，是我国对外开展引进消化吸收再创新战略时经常采用的路径，此路径选择的前提就是显著的市场需求拉动作用，只要有足够的市场需求空间，就会刺激一些从事生产加工企业甚至业务转型企业提升自己的技术学习能力，推进产业从生产环节向研发环节攀升，并且创造出更适合市场需求的改进产品和服务。当然，我国在战略性新兴产业发展初创期，政府对产业结构优化、新兴产业培育的相关政策支持也会促进采用外围模块高端渗透路径。

（2）关键模块重点突破路径选择策略。"空心化"仍然是制约我国多个战略性新兴产业领域发展的重要障碍，这是因为对关键模块突破需要更高的产业突破性创新能力，尤其是原创创新能力。当然，我国各级政府也出台多项政策推动我国战略性新兴产业首先能够在关键技术模块实现局部突破，从而带动整个产业的创新优势。因此，关键模块重点突破路径选择就是要突出产业突破性创新能力成熟度和产业突破性创新政策支持度。当然，对于一些功能已经定型的核心模块，产业突破性创新市场需求度也是重点考虑的指标。

（3）架构规则颠覆重构路径选择策略。架构规则颠覆对整个产业创新的创造性"破坏"力度是空前的，而且风险也非常大，而最大的风险不是技术本身，而是应当从创新生态系统角度进行审视，一方面，要明确新架构规则下的产品或服务能够有足够的市场需求，不仅能更好地服务现有的市场需求，而且还可以挖掘新的潜在市场需求；另一方面，在对架构规则进行颠覆性重构之后，能否有完整的模块技术及产品与服务进行配套就尤为关键。因此，产业突破性创新市场需求度和产业基础支撑度是选择此路径考察的重要指标。此外，架构规则能够成功颠覆重构也需要产业内的相关主体具备较强的集成创新能力，还有就是政府通过引导产业新标准制定、产业联盟构建以及产业配套体系优化也比较重要。

（4）模块-架构耦合升级路径选择策略。此路径对产业创新整体要求相对最高，不仅要满足关键模块重点突破路径的指标要求，而且还应当满足架构规则颠覆重构路径的指标要求，因此，选择此路径需要产业突破性创新能力成熟度、产业突破性创新市场需求度、产业基础支撑度、产业突破性创新政府支持度四类指标值都应当较高。

综上，战略性新兴产业突破性创新路径选择模型如图2-4所示。

2.4 战略性新兴产业突破性创新路径转化

路径选择是基于特定时期的各类资源、条件、环境综合约束下的科学决策，当然随着各类影响因素的动态变化，已有的路径对突破性创新的引导与支撑力度会不断减弱，而需要其他路径来替换现有的路径，这就涉及四条路径之间的动态问题。

　　一般地，如图 2-5 所示，突破性创新路径动态选择分布与战略性新兴产业周期性发展大体一致，这主要有两个方面原因，一方面，尽管战略性新兴产业属于尚未成熟的产业，但是绝大多数产业仍然兴起于发达国家，这样就决定了我国战略性新兴产业突破性创新仍然需要在未来的一定时期内蕴含着对发达国家实施赶超战略的成分；另一方面，战略性新兴产业突破性创新需要技术、市场、产业、政府等众多因素的影响，而这些资源、条件、环境是需要随着战略性新兴产业的不断发展而逐步积累、优化和完备的。这两个方面也决定了我国战略性新兴产业突破性创新路径的选择要遵循先易后难，不断转化与升级。

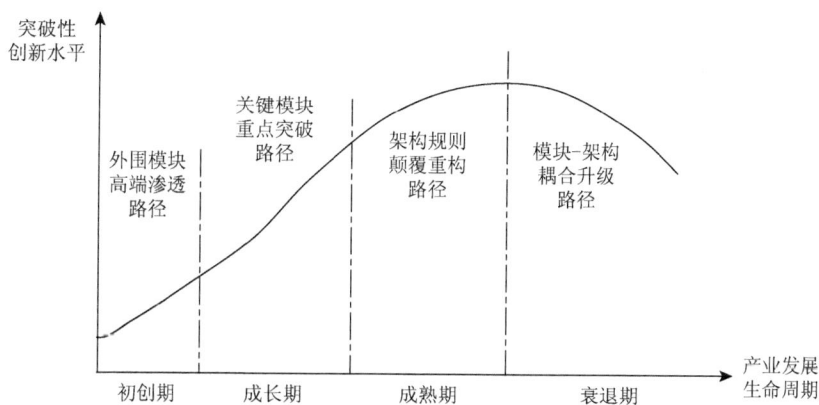

图 2-5　战略性新兴产业突破性创新路径周期性分布

2.4.1　路径转化障碍因素

　　路径转换的障碍很大程度上来自于路径依赖，路径依赖是指技术、产业或制度等一旦发展进入到某种特定的路径，会像惯性一样沿着此路径一直演化发展下去，在此过程中技术轨道、组织形式、行为惯例等对此路径都产生依赖。

　　战略性新兴产业在某一发展阶段有独特的组织性和经验性，有特定的发展轨迹和路径，是动态变化的，选择的路径应该能推动产业突破性创新，随着产业进入不同的生命周期，原路径已经不能满足产业发展的需求，其突破性创新路径也要进行动态调整，在路径转化的过程中必然会遭遇路径依赖。产生路径依赖的具体原因分析如下：

　　（1）很多隐性技术知识无法有效转移。突破性创新是一项集技术、知识、资源等要素长期、复杂的创新过程，创新成功的关键在于能否成功的转移知识和技术等资源。产业创新过程中形成的设计、思维、管理和技术等隐性知识在路径升级过程中无法全部转移，除此之外，路径升级过程中科研人员的思维方式、研发方式和行为习惯等需要一个适应改变的过程。

（2）领导者缺乏企业家精神。企业家敢于冒险、积极创新的精神是企业发展的重要因素，如果企业领导者观念保守落后、易于满足、安于现状，不愿变革，没有良好的发展规划就会导致路径依赖程度高，转化速度慢。

（3）路径升级风险大、成本高。路径升级要面临着技术不确定性、市场不确定性等风险，需要投入较多的时间、金钱和精力，而这些投入并不能保证升级的成功，如果升级失败则要承担巨大的损失，而且产业路径具有相对稳定性和惯性，产业在原有路径上走的时间越长、取得的成绩越好，其转换的成本越高、风险越大，升级转化的难度也就越大。

（4）突破性创新具有复杂性。技术由于其独特的价值，具有较强的复杂性，不易被了解和掌握，只有少数的专业人才才能驾驭[20]，突破性创新需要较强的人力资源、财力资源以及物力资源的支持，现阶段我国战略性新兴产业各方面的投入水平还较低，据科技部公布的数据我国 R&D 经费投入水平占 GDP 比重为2.15%，距发达国家平均3%的水平有一定差距。

2.4.2　路径转化突破策略

（1）政府要在产业发展过程中做好产业政策引导。政府的宏观政策是影响产业突破性创新路径和技术标准建立的重要因素。成功的突破性创新能改写市场竞争的技术规则和经济规则，甚至会导致整个产业的更新换代，但突破性创新的高风险性，使更多的产业仍会选择风险较低的渐进性技术创新模式。因此，政府应当出台一些鼓励产业突破性创新的政策，引导产业尝试突破性创新。

（2）产业创新，制度先行。战略性新兴产业突破性创新需要政府更多的制度支持，以激发企业家的创新欲望。突破性创新对现有管理体制、机制带来了挑战，培育发展战略性新兴产业需要积极探索适合我国国情的体制和机制，进一步完善知识产权保护、专利保护、信贷等方面的制度。

（3）建立风险预警机制和路径转化成本分摊机制。针对路径转化中风险大、成本高的特点设计产业风险预警机制，及时发现风险，化解危机[21]。把路径转化的成本分摊到每个创新参与者身上，按照获取收益和承担责任的比重设计成本分担机制，以便产业能够摆脱路径依赖，朝着合理的路径转化。

（4）加大 R&D 经费投入力度。战略性新兴产业突破性创新过程具有较强的复杂性，在创新前期会遇到较大的失败风险，政府和企业要综合运用产业、税收、财政、金融等手段聚集充裕的资金、技术、人才等生产要素来应对技术的复杂性和难攻性[22]。

2.5　本　章　小　结

　　本章首先明确了战略性新兴产业突破性创新路径内涵与设计思想，从模块化视角，采用多案例研究方法，设计并凝练战略性新兴产业突破性创新典型路径：外围模块高端渗透路径、关键模块重点突破路径、架构规则颠覆重构路径和模块-架构耦合升级路径，并围绕路径起点、突破方向与重点、突破过程、路径效率边界以及路径适用条件等方面对四条路径进行比较。接着，构建产业突破性创新路径选择指标和选择方法，并提出路径间转化的障碍因素和突破策略。

第3章 基于模块化的战略性新兴产业突破性创新管理机制

3.1 战略性新兴产业突破性创新模块化分解机制

3.1.1 产业创新突破重点确定

确定产业创新突破重点，对于战略性新兴产业领域内所有创新主体技术创新具有关键地指导性作用。确定产业技术创新重点要着重从技术的共通性、关键性和创新性三个指标考虑：第一，重点创新的技术能够对产业发展起到辐射作用，带动产业多个领域技术共同发展；第二，重点创新的技术能够使产业摆脱创新瓶颈的束缚，提高产业的核心竞争力；第三，重点创新的技术必须与技术创新方向相符，具备有价值的创新空间。

将技术的共通性、关键性及创新性作为确定产业技术创新重点的三个指标，并假设在其他条件相同的情况下，三个指标均同技术创新重要程度呈正相关，构建产业技术创新重点确定模型：

$$P = \{P_i \big| A_i \geqslant a\} \quad (i = 1, 2, \cdots, n)$$

$$\begin{cases} A_i = WX = \displaystyle\sum_{j=1}^{3} W_j X_{ij} \quad (i = 1, 2, \cdots, n; j = 1, 2, 3) \\ W = (W_1, W_2, W_3) = (W_{关键性}, W_{共需性}, W_{创新性}) \\ X = (X_{i1}, X_{i2}, X_{i3}) = (X_{i关键性}, \ X_{i共需性}, \ X_{i创新性}) \end{cases}$$

式中，$X_{共需性} = (X_{共需程度高}, X_{共需程度中}, X_{共需程度低})$；$X_{关键性} = (X_{非常关键}, X_{比较关键}, X_{关键}, X_{较不关键}, X_{不关键})$；$X_{创新性} = (X_{非常强}, X_{比较强}, X_{一般}, X_{比较弱}, X_{弱})$；$P$ 为被选的产业技术创新任务集合；A_i 为第 i 项技术的综合得分；a 为产业技术创新重点选择的得分阈值；W_j 为第 j 个指标的权重；X_{ij} 为第 i 项技术关于第 j 个指标的得分。

确定战略性新兴产业突破性创新重点至关重要，在实际确定过程中，应该在应用上述模型确定得分的同时，结合政府出台的相关政策以及创新模块主体的创新资源、实际创新能力，切合实际确定产业突破性创新重点。

3.1.2　战略导向的创新任务模块化分解

1. 技术架构规则确定机制

基于模块化视角,产业技术创新重点可以分为架构规则类技术和模块类技术,其中架构规则体现产业技术体系结构,并包含模块协调信息,是创新任务模块化分解的重要依据。而产业技术体系现状与目标状态之间的技术差距以及某项重点创新技术与先进水平的差距加大了架构规则的控制难度,因此要根据技术差距的不同程度,构建或调整符合产业需求的技术架构规则。

如图 3-1 所示,当重点创新技术及产业技术体系与目标状态的差距均比较大的时候,产业根据现有的架构规则进行技术模块化分解很难实现创新。此时,产业技术架构可以以创新模块主体的组织架构为切口,建立对重点创新技术有控制权的组织架构形式,以组织架构引导技术架构形成,逐步确定技术架构规则。当重点创新技术与目标状态的差距缩小,但产业技术体系与目标状态的差距仍然较大时,产业架构规则的确定要以优势技术为核心,围绕优势技术制定和完善架构规则。当产业技术体系与目标状态的差距进一步缩小,并且具有优势技术时,产业已经掌控技术架构,并且有能力重构利于自身的架构规则。随着技术模块化创新的逐步深入,产业利用模块化创新所具有的灵活优势,不断调整和完善架构规则。当产业技术体系完善时,尽管重点创新技术与目标状态的差距较大,但产业的技术模块化架构规则形成成熟体系,可以通过模块化操作实现核心技术模块的创新。

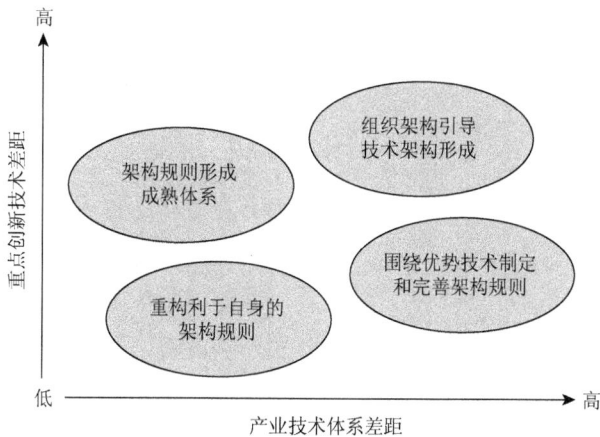

图 3-1　技术差距确定架构规则示意图

2. 核心技术模块分解机制

（1）核心技术模块纵向分解机制。核心技术模块纵向分解与纵向一体化相逆，是将处于同一技术链条上的不同创新主体按照所处产业链的不同环节进行分解，完成不同环节的创新任务。这里的技术链条是指战略性新兴产业核心技术链，是上下游产品中的核心技术依据产业链中产品关系形成的技术链条。

核心技术模块纵向分解必须遵循模块化原则。战略性新兴产业技术模块化的复杂性主要体现在产品或运行系统本身的复杂，使用模块化方法对核心技术链进行纵向分解，将复杂系统分解为较小的可独立运行、独立设计的半自律性子系统。模块化分解过程既不能将技术创新链过度细化分解，又要简化战略性新兴产业技术创新的复杂系统。

核心技术模块纵向分解的方法是将战略性新兴产业产业核心技术链按照其所处产业链的上中下游进行分解，以此区分产业链上各环节中产品或运行系统的核心技术模块。核心技术模块纵向分解过程分为确定产业链、划分产业链、绘制产业技术链、提取产业核心技术链、分解核心技术链，形成对应于产业链和技术链的核心技术模块。

确定产业链的最终目的是指导技术链的纵向分解，产业链的确定是绘制产业技术链的前提，而对产业链划分过程中各节点的界定是分解核心技术链的依据，是产业技术模块化的基础，如图3-2所示。

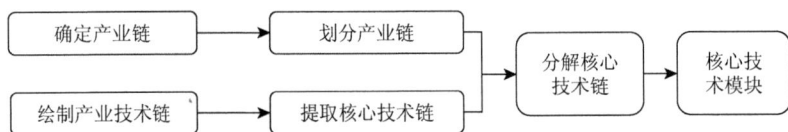

图 3-2　战略性新兴产业核心技术模块纵向分解过程

（2）核心技术模块横向分解机制。战略性新兴产业中核心技术的高度密集性和相关性，经过纵向分解得到的核心技术模块往往依旧是一个复杂系统，涵盖大量亟待突破的技术瓶颈，因此有必要对纵向分解后的核心技术模块进行进一步的模块化分解。

核心技术模块横向分解是将产业链各阶段的核心技术模块的创新任务进行分解、分工，可以理解为是与横向一体化相逆的过程。由于产业链上同一环节的核心技术通常应用于同一产品，技术间紧密相关，相互匹配，在对核心技术模块进行继续划分时，要更为细腻和谨慎，甚至要根据产业核心技术构成的实际情况进行特别处理，但原则上要遵循按部件分解、依托企业的原则。

第一，运用模块化方法进行技术创新的优势是创新模块主体在遵循界面接口、技术标准等架构规则的前提条件下，内部可以不受限制地进行自由创新，并且信息被包裹，不易被外部获取。战略性新兴产业产品通常是由多个包含关键技术的部件构成，我国战略性新兴产业在产品研发过程中，往往受制于这些核心部件的制造，如发动机等核心部件，我国装备制造企业往往通过高价进口外国产品而获得，因不能掌握其技术诀窍而不能独立生产制造，对这部分技术的研发也是战略性新兴产业技术模块化创新的主要任务。因此在对纵向分解后的核心技术模块进行进一步分解时，应该按照产品部件的不同来划分核心技术。

被纵向分解后的核心技术模块并不依托于装备产品，而是依托于核心系统等形式，核心技术模块不能再按照部件构成进行横向分解。此时，若核心技术模块不能继续进行横向分解时，则纵向分解后的核心技术模块就是核心技术创新的模块主体；若核心技术模块能够继续进行横向分解时，则根据系统构成元件的形式进行进一步划分。这种情况往往出现于产业链的上下游，如产品运行保障阶段，需要的技术可能会涉及其他领域，如计算机软件检测、测绘数据平台等，这也是战略性新兴产业核心技术的主要特征之一。

第二，运用模块化方法进行技术创新的目的是降低一个创新主体的创新压力，合理分配区域内装备制造企业的创新任务，并通过机制引导整个区域内各创新主体协同运行，共同完成创新任务。核心技术模块分解的最终目的是技术创新，而技术创新的载体是区域内制造企业生产的部件，技术得以创新后只有能够应用到装备制造企业的部件产品中才有最终价值和意义。因此在对核心技术模块进行横向分解时，必须遵循依托企业的原则，即技术模块化创新任务分配针对的是制造企业，而非其他组织形式，但这并不是指技术创新实现限制于企业自主研发。

在遵循以上两个基本原则的前提下，核心技术模块横向分解过程分为两种情况进行。图 3-3 中最终分解后得到的最小单位均是技术模块，而技术模块必须依托企业进行技术创新，那么如何选择负责这些技术模块创新任务的企业，将在3.1.3 节进行具体阐释。

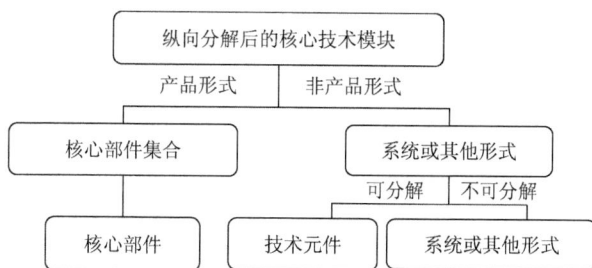

图 3-3　战略性新兴产业核心技术模块横向分解过程

3. 外围技术模块分解机制

战略性新兴产业外围技术要与核心技术相互匹配，同样是战略性新兴产业技术体系的重要组成部分，不同于其他产业的外围技术，战略性新兴产业的外围技术专用性强，且对产品工艺要求高。

外围技术模块分解就是对保障战略性新兴产业产品的生产、制造、投入使用的外围技术创新任务进行分配，目的是有效利用区域内部资源，营造竞争式匹配的环境，促进产业外围配套技术的创新，以适应或推进核心模块的创新。

外围技术模块分解的原则是分解后的外围技术模块要与对应的核心技术模块建立匹配关系。外围技术模块与核心技术模块是共存的关系，没有核心技术模块不能形成有价值的产品，同样的，外围技术模块不配套或外围技术模块发展滞后都严重影响模块间的匹配。

外围技术模块分解过程包括确定产业外围技术集合，按功能分解外围技术集合，配对外围技术模块与核心技术模块，如图 3-4 所示。

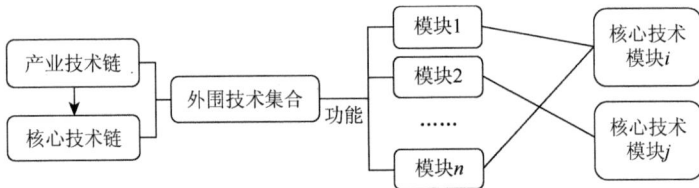

图 3-4 战略性新兴产业外围技术模块分解过程

对外围技术模块分解的第一步是在对核心技术链分解的基础上确定产业外围技术集合。外围技术集合是产业技术链中去除核心技术的部分。外围技术不能以链状的形式存在，因为外围技术是核心技术的配套技术，在产业链上与核心技术相连，而外围技术彼此之间可能不存在连线。

战略性新兴产业外围技术模块具有功能独特性强、模块通用性弱的特点，因此对外围技术模块分解可以按照外围技术的功能类别进行划分。按照外围技术的功能不同将其划分为不同的模块，并对各技术模块进行编码。

外围技术模块最终要与核心技术模块相匹配，因此对外围技术模块分解后，应当建立各外围技术模块与核心技术模块的匹配关系。这时，相互匹配的外围技术模块和核心技术模块之间又形成新的半自律性可独立运行的子模块创新系统。图 3-5 中外围技术模块 1、外围技术模块 n 和核心技术模块 i 以及模块间的架构规则共同构成了新的子模块创新系统。该子模块创新系统可以进行独立创新。

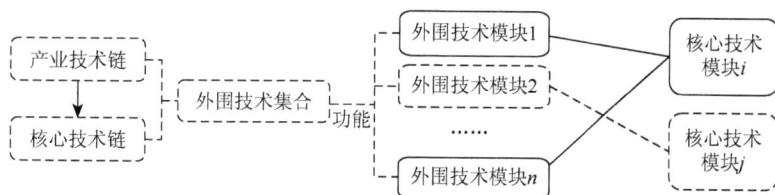

图 3-5　子模块创新系统举例示意图

3.1.3　创新任务模块分配机制

1. 创新模块主体识别指标

（1）创新模块主体识别指标选择原则。科学地选择战略性新兴产业技术创新模块主体识别指标应遵循以下评价指标设计原则。

科学性原则。设计创新模块主体识别指标体系，首先，指标体系应围绕识别创新模块主体的目的，客观选取指标；其次，指标概念要准确、含义要明确。

系统性原则。设计创新模块主体识别指标体系要具有良好的系统性，指标体系结构清晰合理，全面完整，选取关键指标，避免复杂烦琐。

可操作性原则。设计创新模块主体识别指标体系的最终目的是识别创新模块主体，完成技术模块创新任务分解，因此，应尽量选取可采集、可测量的指标，指标要少而精，以便于操作和应用。

互斥性原则。设计创新模块主体识别指标之间相互独立，不存在包容关系。避免在评价时，部分指标被重复考虑，影响评价结果的客观性。

（2）创新模块主体识别指标体系。通过分析核心技术模块、外围技术模块等创新模块主体的特点，按照创新模块主体识别指标原则，设计战略性新兴产业技术创新模块主体识别指标体系见表 3-1。

表 3-1　战略性新兴产业技术创新模块主体识别指标体系

一级指标	二级指标	评价方法
产品研发能力 A	R&D 人员占职工总数比重 A_1	定量
	R&D 资金投入占销售总额比重 A_2	定量
	研发机构、重点实验室或技术中心数量 A_3	定量
	基础专利拥有量 A_4	定量
	R&D 研发成功率 A_5	定量
	技术创新预测和评估能力 A_6	定性

一级指标	二级指标	评价方法
生产工艺 创新能力 B	生产设备先进程度 B_1	定量
	产品生产周期 B_2	定量
	产品的质量标准水平 B_3	定量
	技术信息获取和处理能力 B_4	定性

2. 创新模块主体识别模型

（1）创新模块主体识别指标权重确定。利用层次分析法确定指标权重，其核心是利用 1～9 比例标度法（表 3-2）构造对指标重要性进行两两比较的判断矩阵，通过相对重要程度对指标重要性进行排序。

表 3-2　1～9 比例标度法

相对重要性等级	a_{ij} 赋值
i 与 j 两要素同等重要	1
要素 i 比要素 j 的重要性稍强	3
要素 i 比要素 j 的重要性强	5
要素 i 比要素 j 的重要性明显强	7
要素 i 比要素 j 的重要性绝对强	9
处于上述等级中间状态	2、4、6、8

通过 1～9 比例标度法确定要素之间的相对重要程度，得到判断矩阵 $A=\{a_{ij}\}_{n\times n}$，显然 $a_{ij}>0$，$a_{ij}=\dfrac{1}{a_{ji}}$，即矩阵 A 为正互反矩阵。从而求得各个指标的权重为

$$\omega_i = \frac{\left(\prod_{j=1}^{n} a_{ij}\right)^{\frac{1}{n}}}{\sum_{i=1}^{n}\left(\prod_{j=1}^{n} a_{ij}\right)^{\frac{1}{n}}} \quad (i=1,2,\cdots,n;\ j=1,2,\cdots,n)$$

判断矩阵通常不是一致阵，不一致程度要求在一定范围内，故而进行一致性检验。一致性检验指标为 $\mathrm{CI}=\dfrac{\lambda_{\max}-n}{n-1}$，$\lambda_{\max}$ 为判断矩阵的最大特征值，CI 越接

近 0，判断矩阵一致性越高。一致性比率 CR = CI/RI，其中随机一致性指标 RI 取值见表 3-3。

表 3-3　平均一致性指标

指标	1	2	3	4	5	6	7	8	9	10	11
RI	0	0	0.58	0.90	1.12	1.24	1.32	1.41	1.45	1.49	1.51

当 CR<0.1 时，则通过检验，即判断矩阵的不一致程度在允许范围内，否则重新计算。

（2）创新模块主体识别模型构建。对创新模块主体评价时，指标所反映的程度划分在一定程度上是模糊的，因此本书采用模糊综合评价方法对创新模块主体产品研发能力和生产工艺创新能力进行评价。具体步骤如下：

第一步，根据创新模块主体识别实际需要设定评价对象集 $S = \{s_1, s_2, \cdots, s_t\}$，评价因素集 $U = \{u_1, u_2, \cdots, u_m\}$，以及评语集 $V = \{v_1, v_2, \cdots, v_n\}$。

第二步，利用层次分析法确定创新模块主体识别指标权重值，得到权重集合 $W(\omega_i)$。

第三步，通过单因素模糊评价方法确定创新模块主体识别指标隶属度向量矩阵。评价指标隶属度向量矩阵 R 是由单因素评价向量组合而成，是根据评语集 V 中的等级对评价因素集 U 内的每一个因素进行模糊评判而得到。

$$R = \begin{bmatrix} r_{11} & r_{12} & \cdots & r_{1n} \\ r_{21} & r_{22} & \cdots & r_{2n} \\ \vdots & \vdots & & \vdots \\ r_{m1} & r_{m2} & \cdots & r_{mn} \end{bmatrix}$$

式中，$i = 1, 2, \cdots, m$；$j = 1, 2, \cdots, n$。

第四步，作模糊变换确定综合评价值。利用评价指标权重和指标隶属度向量矩阵 R 计算各模块主体产品研发能力和生产工艺创新能力评价值。

$$B_k = R_k \times \omega_k \begin{bmatrix} r_{11} & r_{12} & \cdots & r_{1n} \\ r_{21} & r_{22} & \cdots & r_{2n} \\ \vdots & \vdots & & \vdots \\ r_{m1} & r_{m2} & \cdots & r_{mn} \end{bmatrix} \times (\omega_1, \omega_2, \cdots, \omega_n)^T = (b_1, b_2, \cdots, b_n)$$

其中：

$$b_j = \min\left\{1, \sum_{i=1}^{n} (\omega_j \times r_{ij})\right\}$$

3. 创新模块主体识别标准

对创新模块主体的产品研发能力和生产工艺创新能力进行综合评价后，为了方便判别，对评语集中的各项进行赋值，即对并进行标准化处理。本书采用0~1标准化方法，将数据标准化到0~1的数值。公式为

$$x' = \frac{x - \min}{\max - \min}$$

$$y' = \frac{y - \min}{\max - \min}$$

进行标准化处理后，对模块主体进行识别。识别创新模块主体的主要依据是主体的产品研发能力以及生产工艺创新能力。核心技术创新模块的创新任务是突破核心技术，因此更侧重于产品研发能力；外围技术创新模块要按照规则生产与核心技术模块配套的模块，相对而言更侧重于生产工艺创新能力。具体可根据图3-6识别各创新模块主体。值得注意的是，图3-6中越靠近原点的外围技术模块区域，产品研发能力和生产工艺创新能力越弱，要尽量避免选择处于这个位置的主体作为创新模块主体。相反的，越靠近A点的区域，产品研发能力和生产工艺创新能力越强，这样的主体不但能够满足核心技术模块技术创新的要求，而且能够将其转化为产品，因此核心技术创新模块主体尽量选择靠近A点的区域。

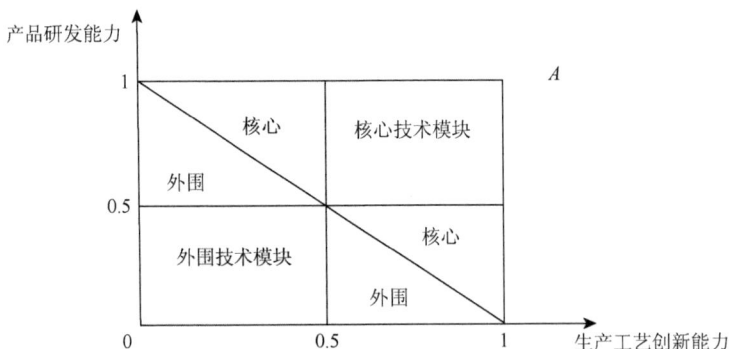

图3-6 创新模块主体识别参照图

3.2 战略性新兴产业突破性创新过程模块化协同机制

战略性新兴产业突破性创新过程模块化协同机制是技术模块化创新系统运行的动态过程。行之有效的突破性创新过程模块化协同机制能够促进核心模块层的技术创新，并有效地控制和保障模块化创新过程[9]。

3.2.1　产业突破性创新过程模块化关联

1. 创新过程模块化关联方式

以战略为导向对战略性新兴产业技术创新任务进行模块化分解后，产业技术模块创新系统中的元素为不同功能的技术模块，技术模块构成一个复杂的分层系统。该系统的外层是由多个外围技术模块构成，内层则是由少数核心技术模块构成。较外层的模块与内层模块互补配套，并嵌入到较内层的模块中，内层模块在多个外层模块嵌套的基础上生成新功能。

（1）核心技术模块主导外围技术模块。核心技术模块对外围技术模块的主导体现在产业链的同一环节上，二者间的关系为产业链上同一环节的互补配套技术，图 3-7 中产业链上游的核心技术模块 A 与外围技术模块 A_1、A_2 即为产业链中同一环节上的配套互补技术。外围技术模块 A_1、A_2 服务于核心技术模块 A，核心技术模块 A 包含外围技术模块 A_1、A_2。

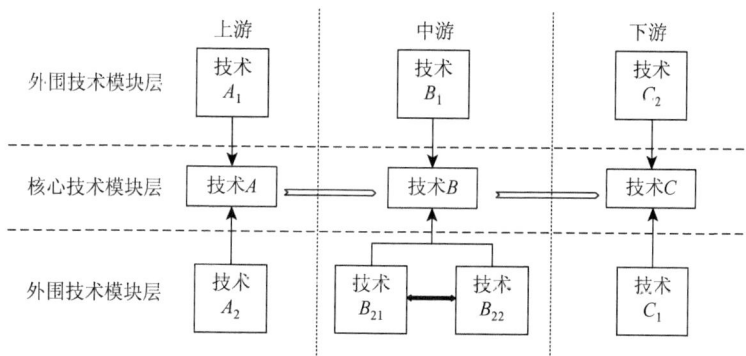

图 3-7　战略性新兴产业技术创新系统模块关联图

核心技术模块主导外围技术模块是指由核心技术模块主体给定技术接口标准，各外围技术模块主体作为模块供应商负责设计、制造模块，最后由核心技术模块主体将各模块整合。因此，在核心技术模块创新、升级的过程中，作为配套技术的外围技术模块必须进行创新、升级实现与核心技术模块的匹配。

（2）外围技术模块反馈信息促进核心模块。在技术模块化创新的过程中，通常情况下，外围技术模块在核心技术模块架构规则的指导下，满足与核心技术模块接口的界面标准，进行自由自主的内部创新。当外围技术模块通过吸收、学习和转化等方式实现技术积累及技术创新时，外围技术模块的升级将会反馈到核心技术模块，从而促进核心技术模块的创新。图 3-7 中外围技术模块 A_1

在创新过程中可将信息反馈给核心技术模块 A，从而逆向推动核心技术模块 A 的创新。

（3）核心技术模块耦合关联。核心技术模块在实现创新的过程中，构成高端装备产品的其他核心技术必须与之匹配，达到核心技术模块间横向对接的技术接口要求，才能保证产品的形成。因此一个高端装备产品形成的过程也是核心模块层内各个核心技术模块耦合的过程。

由于战略性新兴产业技术模块具有复杂程度高、综合性强等特点，同种产品的核心技术模块耦合度高，侧重不同功能的核心技术模块之间相互匹配、相互促进也相互制约。

图 3-7 中核心技术模块 A、B、C 耦合关联，除此之外，对于战略性新兴产业而言，产业链上同一环节的产品可能存在多个核心技术模块，它们之间均耦合关联。

（4）外围技术模块竞争合作。外围技术模块层中，技术模块共同遵循"看得见"的界面规则，彼此竞争并互相匹配。其中同种技术模块之间竞争激励，不同种技术模块间通过相互渗透及联系进行合作。激烈地竞争有助于高效的技术创新，密切地合作则促进多样化知识的互动和整合，推动新知识的产生。

图 3-7 中外围技术模块层中技术模块 B_{21} 和 B_{22} 为同种技术，二者之间相互竞争，由核心技术模块 B 进行选择；而技术模块 B_{21}、B_{22} 与其他外围技术模块（如 A_1、B_1）之间则为不同种技术模块，可以通过合作的方式提高创新能力。

2. 创新过程模块化关联路径优化

创新过程中架构规则是模块技术关联的关键，在模块创新过程中，一方面，模块在创新过程中具有半自律性，模块间在遵守架构规则前提下独立开展创新活动；另一方面，模块创新又体现着半约束性，模块创新活动受关联模块的约束，有些模块间是互动关系，有些模块间是承接关系，还有一些模块间不存在直接关联。架构规则将不同技术模块连接起来，构成错综复杂的创新任务模块系统，如图 3-8 所示。

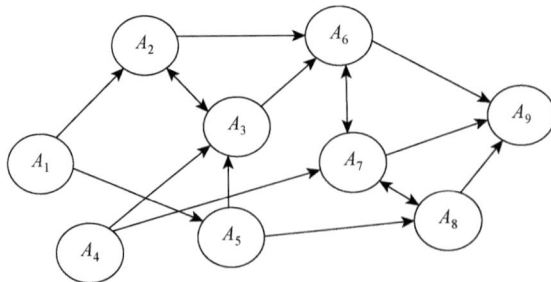

图 3-8　创新模块任务系统示意图

创新模块任务系统中，模块连接关系复杂，并且具有方向性，因此为实现创新过程模块化协同，有必要找到创新模块任务系统中技术模块关联的最短路径。具体可以构建动态规划模型，具体步骤如下：

（1）确定变量。将技术模块之间的有向联系划分为不同阶段，k 为阶段变量，s 为状态变量，则 s_k 表示第 k 阶段的状态变量，$U_k(s_k)$ 表示第 k 阶段状态为 S_k 时的决策变量，$D_k(s_k)$ 表示第 k 阶段状态变量为 S_k 时的决策集合。

（2）构建状态转移方程 $s_{k+1} = T(S_k, U_k)$，目标函数 $f_{k,n} = f_{k,n}[s_k, P_k(s_k)]$。

（3）求解目标函数最优值 $f_k(s_k)$ 并确定 s_k 到终点的最短距离 $d_k(s_k, u_k)$，得到最短路径，据此进一步分析技术模块之间的关系，为技术模块创新划分优先顺序，从而优化创新过程协同。

3.2.2　基于核心模块层的创新平台网络化协同机制

1. 基于核心模块层的技术创新平台构建

核心模块层是核心技术模块或架构模块的集成，参与核心技术创新的主体及资源要素的有效聚集形成了产业核心技术创新平台。

（1）基于核心模块层的技术创新平台布局。根据创新任务模块化分解以及模块关联性优化相关内容，可以通过对核心模块和架构辨识以及社会网络中心性分析，模块内在技术复杂度高，并且对更多其他模块关联程度高的核心模块层或其核心架构就是产业核心技术创新平台布局的重点。但是产业核心技术创新平台规模以及布局数量则还要受到产业技术创新水平和产业技术创新潜力的综合影响。

首先是产业技术创新水平。产业技术创新水平可以通过专利数量及专利水平、R&D 人员数量以及研发费用投入量等指标衡量。

专利数量包括产业专利申请量和授权量，其中专利申请量反映产业的创新积极性及创新活力，专利授权量则反映产业自主创新能力；专利水平反映产业技术创新及升级能力，发明专利、实用新型专利等不同类别专利的数量，分别侧重反映技术创新升级或生产改良等方面的水平；R&D 人员数量反映产业核心技术研发实力；研发费用投入量包括产业用于研发的活动经费投入以及用于创新设施的投入，反映产业技术创新的资金及设备保障情况。

其次是产业技术创新潜力。产业技术创新潜力可以通过创新主体数量、创新型企业的产值和核心模块的产品量及价值等指标衡量。

创新主体包括创新型企业、高校、科研院所等，是战略性新兴产业开展创新活动的核心力量，创新主体数量及创新型企业的产值增速都反映产业技术创新的潜力。核心模块是战略性新兴产业技术创新的重要标志，核心模块的产品量及价值可以反映产业技术创新潜力。

以产业技术创新水平和产业技术创新潜力两个维度作为基于核心技术模块层布局创新平台的依据，构建核心技术创新平台布局模型，如图3-9所示。

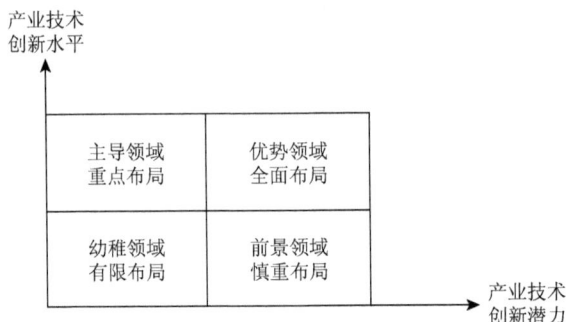

图3-9　产业核心技术创新平台布局模型

优势领域全面布局。处于创新水平和创新潜力都高的战略性新兴产业技术领域，可以进行产业创新核心技术创新平台全面布局，在数量和规模方面都应当最大，从而有助于在优势领域开展重大技术突破。

主导领域重点布局。此类产业技术领域很有可能是创新资源集中在数量相对较少的创新主体中，应当近一步细分技术领域，在最具创新优势的领域进行产业核心技术创新平台的重点布局，实现重点创新突破。

前景领域慎重布局。具备创新潜力，但当前技术水平不够的领域应当慎重选择最具潜力的技术或产品，积极整合各方资源，争取实现局部突破。

幼稚领域有限布局。对创新水平较弱、潜力相对不足的技术领域要挖掘其技术创新的空间和潜力，有限布局核心技术创新平台。

（2）基于核心模块层的技术创新平台组织模式。常见的技术创新平台组织模式主要有核心企业主导的供应链组织模式和产业联盟组织模式。其中核心企业主导的供应链组织模式是通过核心企业高度控制供应链从而带动产业创新，围绕具有市场前景的核心产品进行创新能够促使创新成果实现产业化，但对产业化利益的过度追求也会导致技术创新动力不足。产业联盟组织模式是汇集核心企业、高校及科研院所等产业内顶级创新资源组建的产学研联盟，具备很强的创新能力，但对高技术的过度追求可能导致创新成果产业化程度不高。

战略性新兴产业技术创新既要求提高产业创新能力，又要求保障产业化利益，为此，整合两种技术创新平台组织模式，构建区域创新联盟主导的供应链组织模式。首先要围绕核心企业构建区域产业创新联盟，汇集产业内优势资源突破市场迫切需求的核心技术，其次发挥联盟在供应链中的带动作用和辐射作用。区域创新联盟主导的供应链模式中，区域创新联盟能够以区域重大需求为导向，整合区域内产业资源，并通过联盟整体参与供应链关键环节与企业互动交流，防止技术偏离需求，完善产学研对接，推动区域内产业关键技术创新，如图 3-10 所示。

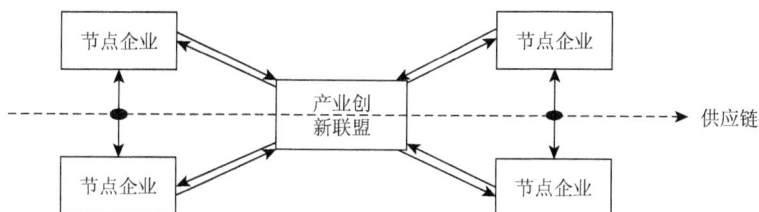

图 3-10　区域创新联盟主导的供应链组织架构

2. 基于核心模块层的技术创新平台运行

（1）基于核心模块层的技术创新平台集成管理。在构建产业核心技术创新平台基础上，面对平台主体间错综复杂的网络关系，需要开展平台集成管理，使平台更具柔性和价值。平台集成管理主要包括创新需求集成和创新资源集成。

创新需求集成管理。构建产业技术创新平台的目的是服务于创新需求，因此，创新需求集成管理首先要获取区域产业技术创新的现实需求和潜在需求，其次对获取的需求信息进行加工和分析，确定代表区域产业技术创新未来发展方向和重点的需求进行集成管理。

创新资源集成管理。主要是指汇集区域内不同来源、不同类别的科技资源，用以支撑产业技术创新平台运行。平台内部，要建立资源索引机制，方便资源检索，并实行平台内部公用资源共同享用、互补资源交叉利用；平台外部，按照对外开放的原则与其他平台及创新主体相互协作，通过充分利用外部资源在平台外部实现资源集成。

（2）基于核心模块层的技术创新平台辐射网络管理。技术创新平台辐射网络管理就是要最大限度地发挥平台的辐射效应。如图 3-11 所示，平台是技术辐射的中心，技术创新平台内部关系错综复杂的成员间通过资源集成形成了平台内部核心网络，产业内其他主体通过参与平台需求集成形成产业内部平台外部网络。同时这些网络中的网络节点（创新主体），与其他创新主体之间的联系形成了新的网络，技术创新平台与其他创新平台之间也形成了新的网络。技术辐射以平台为中心，先后通过平台内部网络、产业内部平台外部网络向其他网络辐射。针对不同的网络，平台要制定不同的管理规定。对平台内部核心网络的主体，平台应按规定开放创新成果的使用权；对于产业内部平台外的主体，平台可以通过专利许可、技术转让等有偿方式分放创新成果使用权；对于其他平台或创新主体，平台应按照优势互补的原则，根据合作关系的紧密程度，在不损害平台利益的前提下，通过技术合作等方式有限开放创新成果使用权。

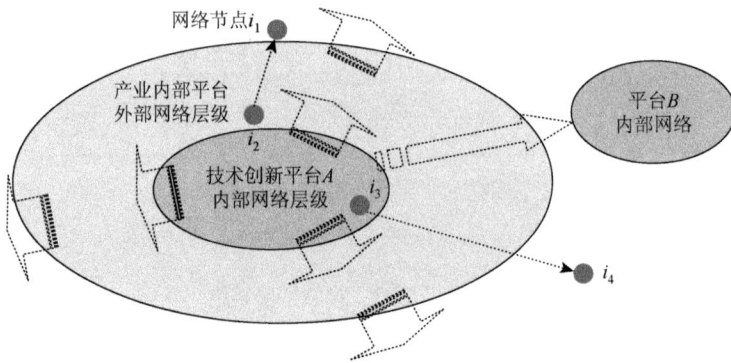

图 3-11 产业核心技术创新平台辐射网络示意图

3.2.3 模块化创新协同过程控制机制

1. 架构规则控制机制

（1）创新进度关系控制机制。架构规则对进度关系的控制就是通过及时调整任务模块之间的架构关系保证创新进度达到创新战略进度目标。技术变化快，准确预测技术变化趋势、设计完美的架构规则的难度很大，难以一次性做到尽善尽美，而创新任务模块之间存在承接、并行、互动等架构关系，一个任务模块的创新进度发生改变，将会影响创新的总体进度。因此，当创新模块主体对其所负责的任务模块进行技术革新或者升级时，与之相关的任务模块要迅速处理这类信息，并调整或优化架构规则以保障创新协同过程的进度。此外，当某个技术模块创新遇到瓶颈、任务停滞时，应及时予以诊断，技术问题可以通过创新平台共享知识、资源，或人才引进、合作创新等途径解决，要实时掌握技术模块创新趋势，依靠不断优化架构规则来适应模块主体之间的依赖关系和作用关系，推进创新进度。

（2）创新功能监控机制。技术模块化创新功能监控是为了在保证创新进度的基础上，同时确保技术模块的创新质量。在创新功能监控过程中，核心架构发挥主导作用。首先，架构规则要明确创新任务模块之间的功能界限，确定创新任务模块要达到的技术标准，确保每一个技术模块主体分配到合理的创新功能任务。其次，在创新协同过程中，针对技术模块主体的创新质量，核心架构要制定权责规定，督促创新主体保证功能质量。最后，核心架构要检验任务模块的创新功能质量，并及时处理对影响最终功能的任务模块。

（3）创新关系风险控制机制。产业技术模块化创新过程中，创新模块主体的关系网络控制困难，一旦发生关系冲突就会为创新过程带来风险。控制创新关系风险就是要发挥架构规则的协调作用。一方面，利用架构规则与创新任务模块之间的半约束关系，在子模块之间发生矛盾时，通过调整或修改它们之间的架构规则来消除矛盾，协调技术模块创新和集成；另一方面，调整架构规则的松散程度，控制技术创新演进进度和方向，从而降低任务模块主体间发生冲突的概率。

2. 核心模块重大突破下的牵引机制

战略性新兴产业技术模块化创新活动以核心模块为中心展开，核心模块在创新过程中取得重大突破是模块化创新的重要契机，此时从架构规则和外围模块两个方面构建适当的牵引机制，势必能够加速技术创新实现。

（1）核心模块牵引架构规则变革。核心模块取得重大突破将颠覆核心模块与相关联的外围模块及其他核心模块之间的关系，如果继续按照原有的架构规则进行模块化创新则必然会阻碍创新。因此，此时要根据取得突破创新的核心模块的创新情况，摒弃原有阻碍创新的架构规则，以创新突破的核心模块为中心重构或调整不同模块间的架构规则。对架构规则的重构或调整都要遵循服务于取得创新突破的核心模块的原则，并由核心模块主导重新规定模块间的界面和标准，以此保障其他模块与核心模块之间匹配。核心模块牵引架构规则变革后，架构规则信息在创新体系中的传递是以取得创新突破的核心模块为中心，沿核心模块与其他模块间的关联线路组成的发散式传播网络进行传播，架构规则信息在传播网络中进行从核心模块向其他模块的有向传递。

（2）核心模块牵引外围模块匹配。模块化创新过程中核心模块取得重大创新突破后，创新格局剧变，此时模块化创新要围绕核心模块迅速调整，由核心模块牵引外围模块展开配套创新。与核心模块相关联的外围模块无需继续进行竞争创新，而是应由核心模块直接主导，按照核心模块对外围模块的技术需求直接提出具体要求，采取合作创新的方式进行创新以加快创新进度。此时，核心模块与相关的外围模块之间采取自上而下为主，自下而上为辅的信息交流方式，按照匹配核心模块的原则确定技术细节，并由核心模块直接指导和监督外围模块创新，核心模块发挥创新过程中的领导作用，同时降低协调过程中的成本。

3.2.4 创新模块协同运行保障机制

1. 模块间界面协调机制

界面是指技术模块化创新过程中，不同技术模块主体之间客观存在的技术衔接关系。技术模块化创新过程中，各模块主体为保持技术统一完整进而形成技术体系，要在技术设计、技术标准以及其他设计参数方面保持协调统一。界面作为模块之间交互作用的通道、介质、方式或规则，是模块间协作的重要途径，当然，协作过程中遇到的界面矛盾势必阻碍协同创新，设计界面协同机制能够减少不同技术模块主体在界面合作过程中的不协调，推进技术创新及后续的技术整合。

（1）信息交流。信息交流机制要求各技术模块主体建立负责技术信息协调的部门，作为技术"接口"机构。技术信息协调部门的职责是为该技术模块主体内部的技术信息把关，保障不泄露核心技术信息的前提下，通过交流共享接口信息协调不同种技术之间的匹配。

（2）逆向反馈。逆向反馈机制是指核心技术模块主体之间以及核心技术模块主体与外围技术模块主体之间的实时互动，一旦发现问题或技术匹配盲点，立刻反馈给技术信息协调部门。技术信息协调部门通过对创新任务的再分解或再分配弥补技术模块化初次分解可能产生的问题或不足。

（3）并行管控。并行管控机制是借鉴并行工程的思想，抽离不同的专业技术人员和管理人员，构建技术创新并行管控部门，统筹技术模块化创新的分解—反馈—协调—再分配。技术创新并行管控部门的目的是促进信息交流的广度及深度，提高技术模块主体之间的联结程度，并高效处理界面矛盾。

2. 模块间资源共享机制

良好的资源共享机制是提高技术模块化创新效率的重要途径。模块间资源共享实际上是技术模块化创新主体之间的资源共享，其中包括知识共享、科研设备共享、人才共享、成果共享等。技术模块化创新主体包括企业、高校、科研院所等组织机构。模块主体间的资源共享要以政府为主导，调动各创新主体的积极性，实现资源开放共享。

模块间资源共享对于保障创新模块协同运行具有以下三点意义：一是通过共享资源能够减少资源的重复投入带来的创新成本，如知识资源的流通将降低直接创新的研发成本和时间成本，科研设备的共享能够降低创新过程中用于采购基础设备的成本，同时能够提高资源的有效利用率，减少闲置资源带来的浪费和损失；二是模块间在共享资源的过程中能够增强彼此间的沟通和联络，利于模块间的信息传导和流通；三是资源共享可以填补技术模块化创新主体所拥有的资源和所需资源之间的缺口，从而缩小自身创新能力和所需创新能力之间的缺口，提高创新能力及效率。

搭建或直接利用已有的区域资源共享服务平台是实现模块间资源共享的最直接有效的形式。由政府设计和规划资源共享平台，并充分利用政府的权威优势，处理好主体间的权利义务。为保障模块间资源共享机制运行，首先，要权衡参与资源共享的模块主体间的权益分配，权益分配合理是提高模块主体参与资源共享积极性的关键，保障资源共享过程中的权益秩序应以法律法规约束为主，政府组织协调为辅；其次，要鼓励并督促模块主体通过专利等形式提高技术竞争力，形成模块主体共同参与的知识产权服务体系，完善知识产权保护机制，促进模块间资源共享。

3. 创新协同政策支持机制

战略性新兴产业技术模块化创新过程管理需要微观参与主体和政府宏观管理协同。政府能够提供产业架构规则制定、关键共性模块研发支持、产业联盟支持等政策支持。

（1）产业架构规则制定。政府制定产业架构规则就是要通过政府规定产业架构方式，规范行业内的企业形成统一的、广泛适用的架构规则，引导产业内相关创新主体的技术创新方向。产业架构规则政策包括根据产业结构现状，制定合理的资源配置方式、行业内主体的比重关系等，通过影响产业结构调整、引导产业结构优化，促进产业结构发展和升级。

（2）关键共性模块研发支持。从政府宏观管理视角，政府支持关键共性模块研发就是要通过构建产业科技创新支撑平台，引导与支持该类平台构建服务功能，支撑产业核心技术创新平台乃至产业内其他相关创新主体的创新战略实现。产业科技创新支撑平台主要涵盖产业创新资源共享平台和创新服务平台。创新资源共享平台是用于支持和服务模块主体协同创新所需基础设施的平台。创新资源共享平台包括科技文献与数据共享平台和大型科学仪器共用平台。创新资源共享平台能够很好地解决创新模块主体间信息不对称、互动不通畅、资源不共享的问题，对科技资源的统筹能够降低创新成本并提升创新模块主体自主创新能力。创新服务平台是为创新模块主体技术创新中遇到的相关服务的共性问题提供解决路径的服务平台，它包括科技金融平台、行业检测平台和管理决策平台。产业科技创新支撑平台主要功能构成举例见表3-4。

表 3-4　产业科技创新支撑平台主要功能构成举例

创新资源共享平台	科技文献与数据共享平台	为模块主体提供技术创新过程中所需科技文献与相关数据；同时提供专业所有权保护、解决技术开发中的问题
	大型科学仪器共用平台	为技术创新和产品生产提供硬件方面的支持，汇集硬件资源，实现大型科学仪器共享，为创新模块主体节约成本
创新服务平台	科技金融平台	提供投资、融资等金融服务，促进科技与金融之间的融合
	行业检测平台	协调计量检测资源，组建适应产业发展的检测协作组织，为创新模块主体提供技术检测服务方面的支持
	管理决策平台	为其他创新平台以及创新模块主体提供诸如政策法规、管理资料、统计分析、知识挖掘等相关管理决策方面的支持

（3）产业联盟支持。支持政府对产业联盟支持要在中央政府和区域地方政府两个层面上实现。中央政府可通过建立相关法律或科研制度，为企业参与产业技术联盟提供法律保障；区域地方政府可以参与研发联盟，发挥官产学研制度的作用；建立支持平台或网络组织，直接对产业联盟技术创新进行组织支持；设立专门计划，对区域内发展潜力大的战略性新兴产业重点支持。

3.3　战略性新兴产业突破性创新成果模块化整合机制

战略性新兴产业突破性创新成果模块化整合是将分解创新的子技术模块，按照一定的架构规则统一起来，构成高端制造产品的过程。突破性创新成果模块化整合的本质是重塑处于分离状态的子模块，整合的目的是实现模块价值创造以及技术创新。

3.3.1　创新模块整合方式

1. 架构规则兼容整合机制

战略性新兴产业产品中的技术模块之间互相支撑配套，缺一不可，故而技术模块之间只有无缝连接才能形成最终产品。因此技术模块化创新成果整合依托的架构规则必须兼容，即结构、界面、标准均兼容。

（1）结构兼容。结构是用于说明各技术模块所处的位置及该模块功能的规则。在技术模块化创新任务分解的过程中，初步确定了各技术模块所处的相对位置，技术模块的功能也得以确定。而技术模块化创新成果整合过程中的结构兼容指的是各技术模块之间在功能方面的无缝连接。高端装备产品中，任何一个方面功能的缺失、矛盾或无法匹配都会无法形成最终产品。结构兼容就是要保证技术模块在功能方面的完整性、高端装备产品在功能方面的系统性。结构兼容要求各技术模块功能相辅相成，在各自位置上各司其职，最终实现功能整合。

（2）界面兼容。界面兼容是在结构兼容的基础上，确保实现已经结构匹配完整的技术模块能够在技术上实现无缝连接，界面兼容的实现是模块整合为产品的关键。界面规定了模块之间的信息交流以及相互联系，因此在技术模块化创新过程中已经采用界面协调的方式保障创新模块协同运行，而界面协调机制的目的就是促进技术模块接口界面兼容，最终实现技术模块的无缝整合。界面兼容要求界面规则必须足够详尽地描述技术模块之间相互作用的方式、彼此联系的方式乃至装配组合的具体方式，从而保障技术模块能够成功对接。

（3）标准兼容。标准用来检验模块是否与架构规则一致、是否完成分配的任务以及模块性能。标准兼容指的是检测模块的各项标准必须与其他规则相互兼容。在技术模块化初期设计的架构规则中，各项规则相互兼容。但战略性新兴产业技术构成的复杂性导致最初规则设计难以达到尽善尽美，以及随着各技术模块创新的推进带来的不确定性，使得之前设计好的架构规则的弊端和矛盾逐渐显现。通过控制模块化创新协同过程并保障创新模块协同运行等手段能够有效处理架构规则的矛盾，而在技术模块化创新成果整合阶段，必须优化检测标准，以保证创新成果的整合。

2. 核心模块优化重组机制

核心模块优化重组是指完成创新任务的核心技术模块之间的技术融合以及功能承接。核心模块优化重组并非成果整合的终点，更重要的是在核心模块层上构建核心产品平台，实现产业共性技术扩散是核心模块优化重组推动产业发展的关键。

（1）技术融合。技术模块化分解是将技术进行分解，促成分散创新形式，而技术融合则是要将分解的技术融合在一起，重构技术创新边界。战略性新兴产业的核心技术日益体现出多种技术融合的趋势，技术模块中不同技术相互渗透、彼此融合形成技术群落。核心技术模块之间基于技术融合进行优化重组，就是将不同技术领域的技术交叉融合，技术交叉融合往往孕育着技术创新和技术突破。

（2）功能承接。高端装备产品最终的形成及投产都要以功能的完整性和有效性为基础，核心技术模块的功能承接是保证产品功能完整有效的关键。核心技术模块之间的功能承接带动了整个产品的模块化整合过程，功能承接的过程不仅是组装集成的过程也是对模块功能兼容运作检验的过程。技术模块之间只有兼容协调，各技术模块的功能才能够完全释放，整个产品的功能才能够得以表现。

（3）构建核心产品平台。构建核心产品平台就是要集成核心模块层技术创新得到的创新性技术产品，并开发相关核心产品，形成完善的核心产品平台。核心产品平台涵盖高端装备产品的核心技术，核心技术物化于核心产品平台的关键部件中，核心技术的更新和升级直接带动核心产品平台的升级，甚至形成新的核心产品平台。

（4）产业共性技术扩散。产业共性技术通过核心模块间的优化重组实现技术扩散，核心模块优化重组过程是产业共性技术扩散的渠道，促进产业共性技术扩散要在核心模块优化重组过程中构建信息高速公路，使创新主体进行完善的信息交流，实现技术成果共享，进而实现产业共性技术扩散。

3. 外围模块竞争式匹配机制

外围技术模块的整合是以核心技术模块为中心，选择与之匹配的外围技术模块实现最终的整合。在竞争式匹配过程中，外围技术模块的创新程度、通用程度、技术标准化程度以及整合成本是确定其竞争力的重要指标，最终产品的系列化开发是外围技术模块提高综合竞争能力的途径。

（1）创新程度。外围技术模块的创新对核心技术模块乃至架构规则的创新具有重要的意义，因此外围技术模块的创新程度是外围技术模块在竞争式匹配过程中能够得以凸显的至关重要的一点。

（2）通用程度。与核心技术模块配套的外围技术模块既包括专用外围技术模块又包括通用外围技术模块。外围技术模块提高其通用程度能够使其成为产品之间沟通的桥梁，并有利于提高产品标准化程度，完善技术标准体系。

（3）技术标准化程度。外围技术模块技术标准化程度是指外围技术模块在竞争式创新的前提下，与已经设计好的技术标准的吻合程度。外围技术模块技术标准化程度越高，其通用性越强。

（4）整合成本。外围技术模块技术门槛相对较低的特征使得其竞争更加残酷，为保障竞争优势，外围技术模块在竞争式匹配过程中通过控制模块价格、调整模块兼容度等方式控制其整合成本。

外围技术模块主体最终产品的系列化开发就是在创新成果整合过程中，将不同模块集成商提供的产品整合为产品系列。外围技术模块产品的系列化开发是将外围技术模块的一个技术优势通常能够扩散到其他同系列的产品中去，从而获得总体利益最大化，外围技术模块产品系列化开发越广，成本越低，所获得的收益越大，但是外围技术模块产品系列化开发过程中要警惕开发边界，要考虑市场容量并注意控制风险。

3.3.2　创新模块整合策略

1. 基于技术标准化的整合机制

战略性新兴产业技术模块化创新的最终目的是实现核心技术创新，并形成自己的技术标准体系占领市场。基于技术标准化的整合机制是基于技术标准化的专利整合，引导创新模块主体基于技术标准化的模块整合，实现产业化及市场化。

（1）基于技术标准化的专利整合。在技术模块化创新过程中，技术标准作为一种技术规范，源于模块集成商及核心技术模块主体对技术架构的设定，即架构规则的设定，架构规则演进的结果就是技术标准。基于技术标准化的专利整合要求参与技术模块化创新的创新主体将技术创新成果转化为专利，并基于架构规则演进而成的技术标准进行专利集成，构建标准基础专利，随着核心技术专利和标准专利的增加完善技术标准体系。专利整合过程也是产业创新资源集聚和共享、技术标准的产业链条不断优化的过程，通过将产业技术转化为实用的专利群进而形成一套系统的技术标准体系，并在产业范围内广泛实施，使技术标准得到普遍应用，提高产业创新能力、构建产业技术标准竞争力，最终实现产业技术标准化。

（2）基于技术标准化的模块整合。首先，高端装备产品技术通常由一系列具有连续性的技术构成，产品包含多种互补性部件，兼容的技术标准能够解决互补性部件独立创新过程中的兼容性问题，使创新成果的整合达到"1＋1＞2"的效果。

其次，战略性新兴产业技术的高度复杂性推动各创新主体通过技术模块化分工进行协作研发，而技术模块的整合则需要一套完整统一的技术标准进行指导。技术标准作为技术创新耦合过程中的结构、界面及测试规则，推动各创新模块主体的技术创新最大限度地同步化，并实现协调统一。技术标准在模块整合过程中起着核心枢纽的作用，是技术模块化创新过程中创新模块主体技术耦合的纽带。

最后，基于技术标准化的模块整合能够避免"复杂性大灾难"的发生。在实际产品研发过程中，技术模块化创新最终能否成功很大程度上有赖于协调技术的使用。当技术模块之间的协调技术的应用不够完善或不能有效地被传递和理解时，必将阻碍技术模块的整合，此时，技术模块化创新反而可能导致进一步的"复杂性大灾难"。基于技术标准化的模块整合就是要协调技术模块，技术标准化过程是创新模块共同参与的技术标准研发、推广与升级的过程，创新模块主体间的合作不仅限于技术层面，更拓展延伸到市场层面。因此，技术标准化的过程也是创新模块主体沟通协调的过程，技术标准将各创新模块主体的技术创新协调一致，提高创新模块主体之间协作研发的效率及模块创新的效率，这种全方位的协作能够有效应对技术模块整合过程中可能出现的"复杂性大灾难"。

（3）技术标准产业化。创新模块主体间关于技术标准展开的纵向合作和横向合作，双向合作缩短了技术标准确立的周期，并在技术标准塑造过程直接扩大了该技术标准的用户基础，并形成稳定的互补技术供给源。在标准体系完善过程中，产业内其他参与主体不断增加，开始采用技术标准，并带动一系列产品标准、工艺标准等，标准体系逐步完善，产业链上各环节企业广泛认可并采用技术标准，在市场反馈中技术标准实现升级，并最终实现技术标准产业化。

2. 基于专利池的整合机制

技术专利是创新模块主体保护自身技术优势，防止竞争对手"搭便车"行为的手段，尤其对于技术密集先进的战略性新兴产业，技术专利的使用十分必要。而专利池早在 1856 年就已出现，在 20 世纪末迅速发展。专利池是专利的联营性组织，专利池汇集多个专利，并经过专利持有者的允许，实现专利交叉许可或向外许可。

技术模块的整合是将创新模块主体产出技术模块整合为产品的过程。构建基于专利池的整合机制就是要汇集各创新模块主体的专利，构建能够服务模块整合和创新的专利池。

第一，在专利池构建初期，各创新模块主体均可以通过申请专利的方式争取进入专利池。进入专利池的创新模块主体之间能够通过交叉许可和授权的方式共享专利，并以一站式打包的形式统一对外许可。以这种通过专利池实现的创新成果共享机制降低技术模块研发和整合过程中的风险以及成本，同时也增加专利持有者的谈判能力，进而为创新模块主体技术模块化创新提供有效激励。

第二，在专利池构建和完善阶段，进入专利池的创新模块主体共同完善专利池。通过专利在专利池内部成员间的共享协调密集的技术专利，消除专利之间的障碍，以此减少技术模块整合过程中的障碍，并加强技术吻合度。此外，在战略性新兴产业竞争中，产业技术标准化位于举足轻重的位置。产业技术标准化确立后，该技术标准化下的专利许可变成重中之重的问题。基于技术标准化指导构建的专利池能够更加有效地服务于技术标准化，同时能够有效解决技术标准化下错综复杂的专利许可问题。

第三，专利池最终要通过向第三方打包许可专利的方式占领市场，因此基于技术标准化的专利池则必须具备完整性。专利池要对其所对应的技术标准化下的专利进行完整性检验，这个过程同时也是对技术模块整合的检验。

第四，战略性新兴产业技术创新的最终目的是抢占发展制高点，在技术日新月异的今天，实现技术创新后必须马不停蹄的实现产业化，抢占市场份额。构建专利池可以减少专利授权冗杂过程对产业化进程的负面影响，从而能加快产业化步伐。

综上所述，技术标准化和专利池对创新模块整合具有重要的意义，其作用方式如图3-12所示。

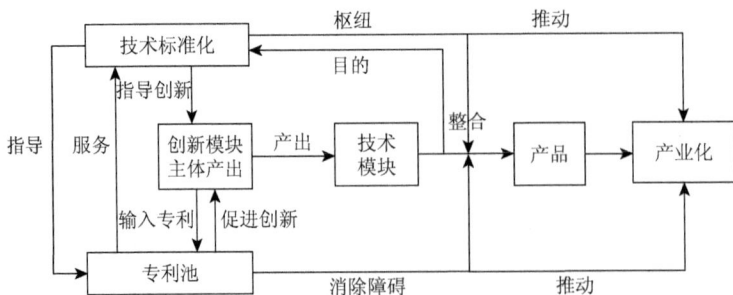

图 3-12　创新模块整合策略作用关系图

3.4　本章小结

本章围绕模块化分解、模块化协同以及模块化整合构建战略性新兴产业突破性创新管理机制。首先，确定产业突破性创新重点，并从创新战略导向进行创新任务模块分解以及模块分配；其次，研究产业技术创新过程模块化关联性，构建基于核心模块层的创新平台网络化协同机制，并提出模块化创新协同过程控制和保障机制；最后，研究产业突破性创新成果模块整合方式，并提出整合策略。

第 4 章 黑龙江省风电装备制造业模块化创新实证研究

面对日益严重的能源危机和环境污染压力，风能作为一种可再生清洁能源，其开发利用受到高度重视。黑龙江省风资源富足，但风电装备制造产业技术创新乏力，如果能构建合适的技术创新机制，将大有作为。为此，本章以黑龙江省风电装备制造业为研究对象，对战略性新兴产业突破性创新机制的合理性和可行性进行验证。

4.1 黑龙江省风电装备制造业概况及创新现状

1. 风电装备制造业的发展概况

在我国良好的风电支持政策环境下，我国的风电产业取得了很大的进展，取得了较好的成绩。2004 年，我国开始鼓励发展风电产业时，国内的风电装备制造商数量只有 6 家，截至 2013 年，我国风电装备制造商数量已经达到 80 余家，风电装备整机制造商一共 29 家。黑龙江省风电装备制造业起步较晚，发展速度相对缓慢，缺乏核心技术，在国内市场处于竞争中的劣势，与国际先进水平差距明显。"十二五"期间，黑龙江省优先发展战略性新兴产业，并将风电装备等作为突破口，截至 2013 年培育了一大批风电装备生产企业，其中包括 3 家风电装备整机制造企业，40 多家风电配套企业，并已经具备年生产 1.5～2 兆瓦风电装备整机 300 台的能力。同时，黑龙江省加大风电装备制造业技术研发支持，积极构建风电整机制造园区，形成了风电场测风选址、风电装备研发、制造、运输、安装、检修的一套产业体系。

黑龙江省风电装备制造业在短短几年的时间内保持了良好的发展势头，但仍然没有解决缺乏核心技术、配套能力较差、产业集群综合竞争力弱，科研成果难以迅速在省内产业化等问题。

2. 风电装备制造业技术创新现状

黑龙江省从产业层面针对风电装备制造业技术创新的布局运用了模块化方法。黑龙江省通过合资等方式布局上海电气风电设备黑龙江有限公司、牡丹江北方合金工具有限公司、华锐风电装备黑龙江有限公司三家风电装备整机制造企业，即模块集成商；针对核心模块的技术创新先后构建了黑龙江省风电产业技术创新战略联盟、黑龙江省风电产业科技创新平台，以及哈尔滨、牡丹江（北方）、大庆、北安（庆华）四个风电装备产业集群；针对外围模块的技术创新布局了现代装备制造及配套产业园。然而，虽然运用模块化方法布局了模块集成和供应两个方面，但是涉及的产业链环节不够充分，并且没有具体分配创新任务，导致创新资源过分集中在部分模块的创新活动中，而一些核心模块的创新工作无人完成。

　　针对核心技术模块的创新，当前黑龙江省风电装备制造业中的创新模块主体主要采用三种模式创新，第一种是以黑龙江瑞好科技集团有限公司为代表的企业，通过引进消化吸收国外先进技术实现自身技术升级；第二种是以黑龙江天华风电设备制造有限公司为代表的企业，通过与先进技术企业合资生产获得先进技术；第三种是以哈尔滨九洲电气股份有限公司为代表的高科技企业，通过自主研发实现技术创新。这三种创新模式在现阶段均取得了一定的创新成果，但并没有有效开展协同创新，没有充分利用区域内的创新资源，黑龙江省风电产业科技创新平台和黑龙江省风电产业技术创新战略联盟在核心技术模块创新过程中没有充分发挥其协同作用。从产业长期发展角度来看，黑龙江省风电装备制造业要想实现技术创新及赶超，就需要协调利用省内资源，完善技术模块化创新过程中的协同机制和创新成果整合机制，采用模块化方法快速有效推动技术创新。

4.2　黑龙江省风电装备制造业创新任务模块化分解

1. 技术创新模块化分解过程

　　根据风电装备制造业产业链及产业技术链将风电装备制造业的核心技术链条纵向分解为风电场检测预测系统技术创新模块、风机整机技术创新模块。其中风机整机技术创新模块又可以横向分解为电机、齿轮箱、叶片、控制系统。外围技术模块可分解为轮毂、塔架、机舱及其他辅助设备。技术模块关联方式如图 4-1 所示。

2. 创新模块主体识别

　　根据专家对风电装备制造业技术模块化创新模块主体识别的各项二级指标权重的打分情况，利用层次分析法，确定各二级指标的权重见表 4-1。

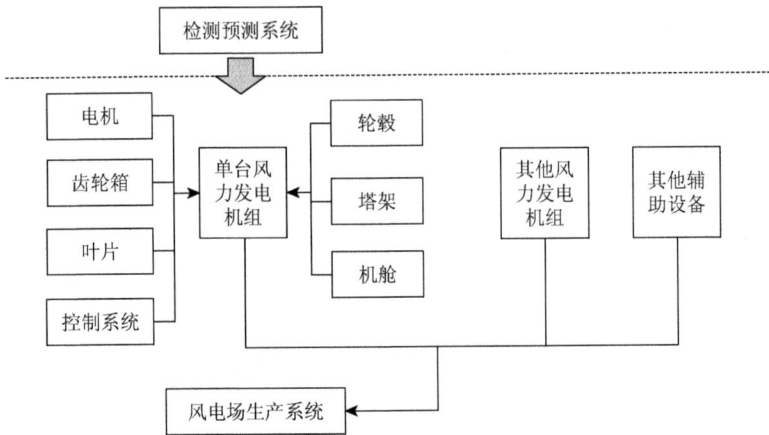

图 4-1 风电装备制造业技术模块关联方式

表 4-1 风电装备制造业技术创新模块主体识别指标权重

一级指标	二级指标
产品研发能力 A	R&D 人员占职工总数比重 A_1（0.17）
	R&D 资金投入占销售总额比重 A_2（0.25）
	研发机构、重点实验室或技术中心数量 A_3（0.1）
	基础专利拥有量 A_4（0.15）
	R&D 研发成功率 A_5（0.2）
	技术创新预测和评估能力 A_6（0.13）
生产工艺创新能力 B	生产设备先进程度 B_1（0.35）
	产品生产周期 B_2（0.2）
	产品的质量标准水平 B_3（0.3）
	技术信息获取和处理能力 B_4（0.15）

确定各指标权重后，选取黑龙江省主要风电装备制造企业及研发机构，并邀请风电装备制造业领域的四位发展战略专家和四位技术创新专家，对选取的企业及研发机构的各项二级指标交流意见并打分。计算专家打分的平均值得到创新主体各二级指标的具体分值见表 4-2，通过二级指标分值计算得出一级指标的具体分值见表 4-3。

表 4-2 黑龙江省各主要风电装备制造企业技术创新模块主体识别二级指标评价分值

风电装备制造业企业	A_1	A_2	A_3	A_4	A_5	A_6	B_1	B_2	B_3	B_4
哈尔滨电气集团有限公司	15	12	14	15	13	10	18	12	17	14
哈飞工业有限责任公司风电公司	13	12	12	14	14	14	16	13	15	13

续表

风电装备制造业企业	A_1	A_2	A_3	A_4	A_5	A_6	B_1	B_2	B_3	B_4
哈尔滨九洲电气股份有限公司	16	14	10	10	11	13	14	14	16	15
黑龙江瑞好科技集团有限公司	15	13	16	14	15	13	14	15	17	13
牡丹江北方合金工具有限公司	14	15	12	11	10	12	15	13	16	13
上海电气风电设备黑龙江有限公司	15	15	11	10	13	14	16	13	15	15
华锐风电装备黑龙江有限公司	16	15	9	10	12	11	16	15	14	13
哈尔滨首泉风电科技有限公司	14	14	10	12	14	12	15	11	16	14
哈尔滨海纳电机制造有限公司	15	10	14	12	10	12	14	13	16	13
哈尔滨空调股份有限公司	12	9	6	7	9	11	14	12	15	12
哈尔滨轴承制造有限公司	8	8	6	8	9	8	14	12	16	10
哈尔滨红光锅炉集团有限公司	10	7	7	7	8	11	14	13	16	10
大庆大丰能源技术服务有限公司	12	10	9	7	9	11	13	11	14	12
哈尔滨变压器有限责任公司	10	8	5	8	9	9	15	14	15	11
哈尔滨电线电缆有限公司	7	7	8	7	9	9	16	13	15	9
哈尔滨玻璃钢研究所	13	16	16	11	12	13	12	12	16	15
发电设备国家工程研究中心	18	17	17	10	11	15	15	10	15	16
哈尔滨工业大学	17	17	18	16	14	16	17	11	10	17
哈尔滨工程大学	15	16	16	15	12	14	14	11	11	17
哈尔滨理工大学	16	15	15	17	13	15	15	12	11	16

表 4-3 黑龙江省各主要风电装备制造企业技术创新模块主体识别一级指标评价分值

风电装备制造业企业	产品研发能力 A 分值	生产工艺创新能力 B 分值
哈尔滨电气集团有限公司	13.1	15.9
哈飞工业有限责任公司风电公司	13.13	14.65
哈尔滨九洲电气股份有限公司	12.61	14.75
黑龙江瑞好科技集团有限公司	14.19	14.95
牡丹江北方合金工具有限公司	12.54	14.6
上海电气风电装备黑龙江有限公司	13.32	14.95
华锐风电装备黑龙江有限公司	12.7	14.75
哈尔滨首泉风电科技有限公司	13.04	14.35
哈尔滨海纳电机制造有限公司	12.2	14.25
哈尔滨空调股份有限公司	9.17	13.6
哈尔滨轴承制造有限公司	8	13.6

续表

风电装备制造业企业	产品研发能力 A 分值	生产工艺创新能力 B 分值
哈尔滨红光锅炉集团有限公司	8.23	12.8
大庆大丰能源技术服务有限公司	9.72	12.75
哈尔滨变压器有限责任公司	8.37	14.2
哈尔滨电线电缆有限公司	7.76	14.05
哈尔滨玻璃钢研究所	13.55	13.65
发电设备国家工程研究中心	14.66	14.15
哈尔滨工业大学	16.22	13.7
哈尔滨工程大学	14.62	12.95
哈尔滨理工大学	15.07	13.35

对风电装备制造企业的技术创新能力和生产制造能力进行综合评价后，进行标准化处理得表 4-4。

表 4-4　黑龙江省各主要风电装备制造企业技术创新模块主体识别一级指标 0～1 标准化

风电装备制造业企业	产品研发能力 A 标准化	生产工艺创新能力 B 标准化
哈尔滨电气集团有限公司	0.63	1.00
哈飞工业有限责任公司风电公司	0.66	0.78
哈尔滨九洲电气股份有限公司	0.60	0.81
黑龙江瑞好科技集团有限公司	0.78	0.87
牡丹江北方合金工具有限公司	0.59	0.76
上海电气风电装备黑龙江有限公司	0.68	0.87
华锐风电装备黑龙江有限公司	0.61	0.81
哈尔滨首泉风电科技有限公司	0.65	0.68
哈尔滨海纳电机制造有限公司	0.55	0.65
哈尔滨空调股份有限公司	0.19	0.44
哈尔滨轴承制造有限公司	0.05	0.44
哈尔滨红光锅炉集团有限公司	0.08	0.19
大庆大丰能源技术服务有限公司	0.26	0.17
哈尔滨变压器有限责任公司	0.10	0.63
哈尔滨电线电缆有限公司	0.02	0.59
哈尔滨玻璃钢研究所	0.71	0.46

续表

风电装备制造业企业	产品研发能力 A 标准化	生产工艺创新能力 B 标准化
发电设备国家工程研究中心	0.84	0.62
哈尔滨工业大学	1.02	0.48
哈尔滨工程大学	0.83	0.24
哈尔滨理工大学	0.89	0.37

根据创新模块主体识别参照图（图 3-6），并参照各企业所处行业领域及生产产品类型，确定核心技术模块创新任务分配方案如下：牡丹江北方合金工具有限公司、上海电气风电设备黑龙江有限公司和华锐风电装备黑龙江有限公司负责风机总装，即担任模块集成商的身份。黑龙江瑞好科技集团有限公司负责检测预测控制系统，哈尔滨电气集团有限公司、哈尔滨海纳电机制造有限公司负责电机，哈尔滨首泉风电科技有限公司负责叶片制造、机舱罩、导流罩，哈尔滨空调股份有限公司负责电站空冷器，哈尔滨九洲电气股份有限公司负责交流器生产制造，哈尔滨轴承制造有限公司负责轴承，哈尔滨玻璃钢研究所负责玻璃钢壳体，哈尔滨变压器有限责任公司负责风电用变压器，哈尔滨电线电缆有限公司负责电缆，哈尔滨红光锅炉集团有限公司、大庆大丰能源技术服务有限公司负责风力发电塔架、塔筒制造。

4.3　黑龙江省风电装备制造业创新过程协同机制

1. 核心技术模块创新平台

根据黑龙江省风电装备制造业创新水平以及创新潜力依次将风电装备制造产业分为主导领域、优势领域、幼稚领域以及前景领域。如图 4-2 所示，其中处于创新水平和创新潜力都高的电机生产领域作为优势领域，进行技术创新平台全面布局；对于创新资源相对集中的外围模块供应领域作为主导领域，进行技术创新平台重点布局，实现有重点的创新突破；对于最具发展潜力的风机总装进行技术创新平台慎重布局，争取实现局部突破；对于创新水平较弱、潜力相对不足的控制领域进行技术创新平台有限布局。

黑龙江省风电装备制造业技术创新平台组织模式要基于已有的风电产业技术创新战略联盟，构建联盟主导的供应链组织模式。围绕哈尔滨电机厂有限责任公司、哈尔滨首泉风电科技有限公司优势企业，哈尔滨工业大学等高校和黑龙江省电力科学研究院等科研院所组建面向黑龙江省风电装备制造业关键核心技术重大创新的高端产学研联盟，将高校和科研院所的创新资源更好地向优势企业聚集，通过影响供应链的各个环节提升产业创新能力。

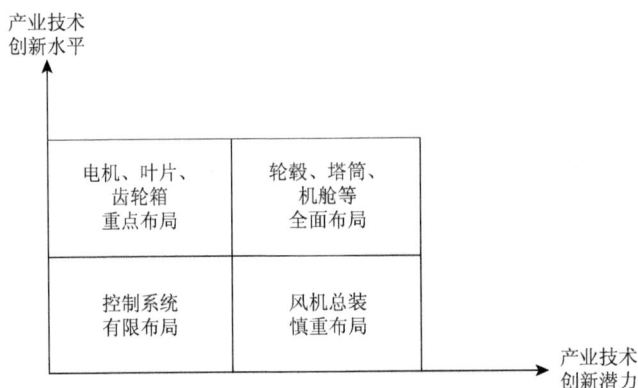

图 4-2　黑龙江省风电装备制造业核心技术创新平台布局模型

　　对基于核心模块层的黑龙江省风电装备制造业关键核心技术创新的高端产学研联盟平台，进行集成管理需要面向产业技术创新开展平台需求集成和资源集成的管理；同时应对技术创新平台进行辐射网络管理，推动风电装备制造业技术创新，就是凸显产业核心技术创新平台在风电装备制造业技术模块化创新中的辐射作用，并成为产业创新的原动力。风电核心技术创新平台辐射网络管理主要关注：围绕平台构建创新辐射网络，以及发挥平台对整个风电装备制造业突破性创新的辐射效应。

　　2. 创新模块协同及控制

　　（1）模块化创新协同过程控制。风电装备制造业技术模块化创新过程中，负责检测预测系统、电机、齿轮箱、叶片、控制系统等核心技术模块创新任务的企业、高校或科研院所主导和确定架构规则，但架构规则难以做到尽善尽美，因此要实时优化架构规则来适应模块间的关系变化。承担塔架、轮毂、机舱及其他配套产品的创新任务的企业"背对背"竞争的同时也要及时向核心技术模块创新主体提供信息反馈，实现双向交流，从而提高创新效率。

　　（2）创新模块协同运行保障。风机是风电装备制造业中重要的装备产品，电机、齿轮箱、叶片、控制系统、塔架、轮毂、机舱及其他风力发电机组是构成风机的主要模块，这些模块间在技术上的衔接关系是模块协同的介质，企业等创新模块主体要建立接口机构，负责技术信息之间的协调和交流，并且处理技术衔接上可能出现的矛盾。

　　创新模块协同运行过程中，还要充分利用政府提供的平台资源。已有的黑龙江省科技创新创业共享服务平台综合了产业创新资源共享平台和创新服务平台，是相对完备的国家科技基础条件平台，可用于支撑黑龙江省风电装备制造业核心技术创新平台乃至产业内其他相关创新主体的创新战略实现。

4.4　黑龙江省风电装备制造业创新成果整合

1. 技术模块整合机制

（1）架构规则兼容整合机制。对构成风机的主要技术模块，如电机、齿轮箱、叶片、塔架、轮毂、机舱等进行整合，要保证模块间结构兼容、界面兼容、标准兼容，按照其架构规则进行无缝衔接，形成最终产品。

（2）核心模块优化重组机制。检测预测系统、电机、齿轮、叶片等风电装备核心技术模块，基于核心模块层形成核心产品平台，并通过技术创新平台的辐射网络管理实现风电装备制造业共性技术的扩散。

（3）外围模块竞争式匹配机制。塔架、轮毂、机舱等风电装备外围技术模块产品要匹配于核心技术模块，针对不同机型，负责外围技术模块创新的企业在竞争式匹配过程中可通过产品的系列化开发最终掌握竞争优势，形成完备的产品系列。

2. 整合管理策略实施

（1）基于技术标准化的整合策略。黑龙江省风电装备制造业技术模块化创新成果整合的最高目的是形成自己的技术标准体系，掌握风电装备竞争中的控制权，最终占领市场。技术标准是由创新过程中的架构规则演进而来，所以基于技术标准化的整合策略即为按照架构规则进行模块化整合，同时提炼黑龙江省风电装备制造业的技术标准体系。

（2）基于专利池的整合策略。黑龙江省风电装备制造业技术模块化创新整合过程中，必须构建基于技术标准化的技术专利池，参与技术创新的企业、高校及科研院所通过申请专利的方式进入专利池，并通过交叉许可和授权的方式实现专利池内部专利共享，同时以一站式打包的形式统一对外进行专利许可，从而占领风电装备市场。

4.5　黑龙江省风电装备制造业模块化创新政策建议

借鉴国外及其他地区风电装备制造业的成功经验，并结合黑龙江省风电装备制造业发展现状及存在的问题，本节从政治、经济、管理等方面提出以下四点政策建议：

（1）加大科技资金投入。黑龙江省 2015 年出台"大众创业、万众创新"政策，逐渐建设了包括天使投资、风险投资等在内的多元化科技投入渠道，黑龙江省人民政府应在此基础上进一步完善对风电装备企业融资的制度支持，建立风电装备制造专项扶持资金，补贴风电装备生产企业及风电装备核心技术创新主体，并通过政府的金融优惠政策刺激金融机构加大对风电装备企业的投资。企业要充分利用政策支持，积极拓宽企业的融资渠道，加大科技研发方面的资金投入。

（2）继续完善科技平台建设和服务。黑龙江省风电装备制造业发展要在充分利用好已有的科技创新平台的基础上，进一步构建服务于风电装备制造业发展的创新服务平台，并积极促进平台科技创新成果转化效率，发挥平台的网络辐射作用。首先，要加强黑龙江省现有科技创新平台的基础条件建设，建立完善的资源数据库，加强平台服务主体和服务客体之间的联系，促进创新资源与需求的高效匹配。其次，在发展利用省内已有平台的同时，加强与其他平台的合作。充分利用黑龙江省的高校和科研院所资源，完善风电装备制造业技术创新平台，增强平台的实力，发展优秀合作伙伴。最后，要提高科技创新平台科技成果转化率，实现产业化。

（3）完善法律法规建设。政府在积极鼓励风电装备制造业技术模块化创新的同时，更要注重知识产权保护。在全球模块化生产大背景下，风电装备制造业的竞争力不仅体现在最终产品上，还体现在对核心技术标准的控制上。因此政府不仅要提供政策、税收优惠等方面的支持，还要加强专利保护方面法律法规的完善。

（4）加大政府采购牵引。黑龙江省风电装备制造业发展起步晚，与其他地区及国际水平具有一定的差距，但黑龙江省风能源丰富，风电装备市场需求大，因此在黑龙江省风电装备制造业发展初期，政府采购能够降低技术模块化创新带来的市场风险，对产业技术创新起到鼓励作用。首先，政府采购风电装备制造产品应该设立专门的采购部门及监督机构，规划政府采购的数量及规模，并通过监督保证采购活动透明合理。其次，政府采购应加大规模，以应对新兴技术产品进入市场导致市场消化能力不足的情况。最后，政府要积极了解各地政府采购的市场协议和标准以指导黑龙江省风电装备制造业更好地融入更大的市场，促进风电装备制造业获得长足发展。

4.6　本章小结

首先对黑龙江省风电装备制造业的概况及创新现状进行总结和分析，其次在此基础上对黑龙江省风电装备制造业进行技术创新模块分解，及对创新模块任务进行分配，构建核心技术模块创新平台及其协同管控模型、设计技术模块整合机制以及与之对应的管理策略，最后提出对策建议。

第 2 篇　产业联盟管理篇

第5章　基于产业联盟的战略性新兴产业自主创新能力提升机理

5.1　战略性新兴产业自主创新能力分析

5.1.1　产业自主创新能力内涵

自主创新是相对于单纯的技术引进和模仿而言的创造性活动，以获得自主知识产权为主要标志。战略性新兴产业自主创新就是依靠产业内所有新兴技术企业以及相关高校、科研院所等的智慧和力量而进行的群体性创新活动，是获得核心自主知识产权并实现其创新价值的过程。通过自主创新，战略性新兴产业所需的技术更多来源于内部的技术突破，从而摆脱对外技术的依赖，牢牢掌握核心技术主动权和所有权。

因此，战略性新兴产业自主创新能力就是能够支撑产业获得核心自主知识产权并实现创新收益的整体创新能力。和其他能力一样，战略性新兴产业自主创新能力是围绕特有的创新优势进行创新活动的过程中，经过长期的知识和经验的积累而形成的独特的知识性能力体系。因此，战略性新兴产业自主创新能力的本质是一组格式化的知识，存在方式为特有的能力体系，其载体就是涉及新兴技术研发与产业化的各类创新主体、资源、活动等构成的创新系统，其形成基础则是产业核心创新优势，如图5-1所示。

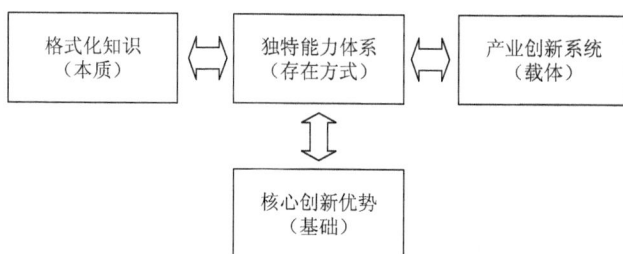

图 5-1　战略性新兴产业自主创新能力内涵

战略性新兴产业自主创新能力有其自身的特点：

（1）独特性。对于特定的战略性新兴产业而言，其自主创新能力体现出了鲜明的特色，突出表现为拥有独特的核心技术、标准和核心创新链等，这些显性优势因素实质上就是主导产业自主创新能力的核心创新优势，产业自主创新能力就是围绕这些独特的核心创新优势进行长期积累形成的。

（2）内隐性。战略性新兴产业自主创新能力的本质是蕴含于产业创新系统中的格式化的知识体系，其中以长期形成的隐形知识技能为主，具有很强的缄默性。因此，产业自主创新能力很难转移或模仿，需要在长期的创新实践活动中培育，其存量和增量也无法直接度量和比较。

（3）多主体性。产业自主创新能力是产业内所有创新主体表现出来的整体能力，其形成与提升有赖于企业、高校、科研院所、中介甚至政府等创新活动的协同和知识技能的融合，具有显著的主体性。

（4）系统性。产业自主创新能力蕴含于战略性新兴产业创新主体、资源、活动等各个方面，是各能力要素的有机结合，和产业自主创新系统融为一体，任何创新环节或过程的能力因素缺失，都会影响整体创新能力大小和有效发挥[23]。因此，产业自主创新能力有赖于少量核心优势因素[24]，且还要围绕少量核心优势因素进行产业内外部知识技能的全方位系统综合。

（5）动态性。战略性新兴产业发展面临着更为复杂多变的竞争环境，为了适应技术变化和掌握创新主动性，其产业自主创新能力也要进行动态性变化，在创新实践过程中得以扩展、增强甚至重构与"跃迁"。

（6）开放性。技术无国界，战略性新兴产业面临着更为激烈的全球化竞争与挑战，产业自主创新能力体系必然是一个开放的系统[25]，只有充分利用外部知识资源，积极参与对外创新竞争与合作，才能实现自主创新能力沿着最优方向快速提升。

5.1.2　产业自主创新能力关键维度

一般地，产业自主创新依次经历创新资源投入→创新成果产出→创新成果扩散→创新价值实现四个核心环节，同时在创新过程中还要得到产业创新活动协调和创新环境营造作用。鉴于产业自主创新能力蕴含于产业创新系统中，且用于支持产业一系列自主创新活动的能力体系[26]。相应地，高新技术产业自主创新能力可以细分为创新资源投入能力、创新成果产出能力、创新成果扩散能力、创新价值实现能力四个核心维度和创新活动协调能力、创新环境营造能力两个支撑维度，如图5-2所示。

（1）产业创新资源投入能力。产业自主创新有赖于人、财、物、信息等各类创新资源的投入，尤其是特色创新资源，对产业自主创新的影响重大。

（2）产业创新成果产出能力。将创新资源高效地转化为产业创新成果，尤其是形成具有核心自主知识产权，是产业自主创新能力的重要体现。

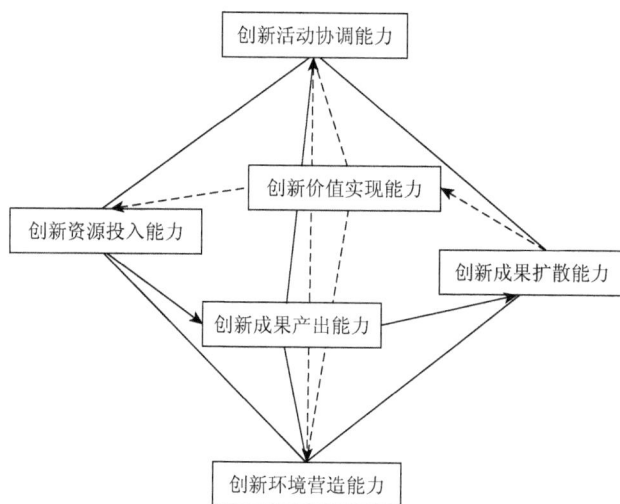

图 5-2 战略性新兴产业自主创新能力关键维度

（3）产业创新成果扩散能力。产业自主创新能力不能是少数创新主体掌握了核心创新成果，而是需要将这些创新成果进行扩散，进一步外化为整个产业的成果[27]，并且在创新知识技能扩散的过程中，能够内化为产业内每一个创新主体的能力。

（4）产业创新价值实现能力。产业自主创新能力在于支持战略性新兴产业获得更高的"熊彼特租金"，使产业获得持续竞争力，也就是将产业创新成果转化为持续创新利润的能力。

（5）产业创新活动协调能力。产业自主创新是依照投入、产出、扩散和价值实现活动开展的，各个环节之间需要协调配合，才能使得整个产业创新体系的效率最高。

（6）产业创新环境营造能力。战略性新兴产业自主创新具有很强的根植性和环境依赖性[28]，创新文化、政策环境、创新设施等创新环境营造能力支撑了整个产业自主创新。

总之，创新资源投入能力、创新成果产出能力、创新成果扩散能力、创新价值实现能力对应支持产业创新活动的四类核心环节，是产业自主创新能力的核心维度；产业创新活动协调能力和创新环境营造能力对四类核心创新活动产生综合协调与支撑作用，是产业自主创新能力的支撑维度。

5.1.3 产业自主创新能力演化规律

战略性新兴产业自主创新能力突出表现为核心创新优势的特色与水平，围绕产业核心创新优势进行创新资源投入、创新成果产出、创新成果扩散、创新价值实现过程中，实现了独特知识技能的创造与积累。因此，在特定的产业中，产业核心优势强弱变化以及与产业环境因素变化、产业自主创新战略的动态匹配决定了产业自主创新能力演化与发展，如图 5-3 所示。

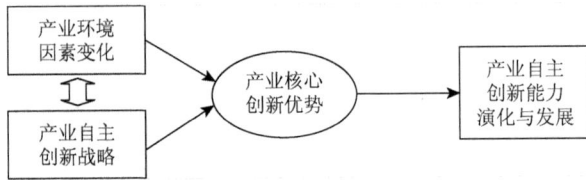

图 5-3　战略性新兴产业自主创新能力演化决定因素

1. 产业自主创新能力周期性演化

从时间角度来看，战略性新兴产业自主创新能力会经历初创期、成长期、成熟期、僵化期和衰退期等周期性演变过程（图 5-4）。

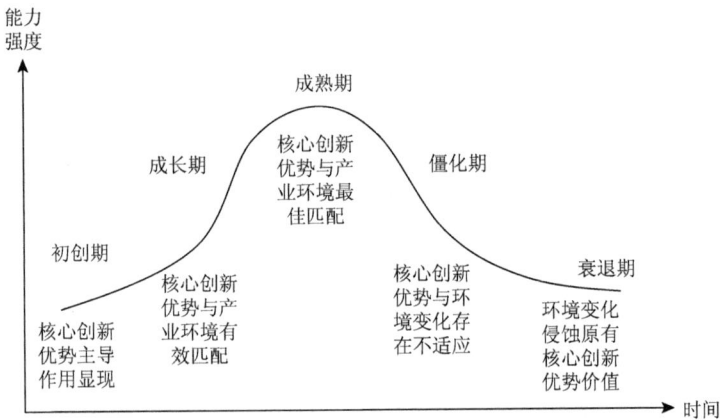

图 5-4　战略性新兴产业自主创新能力周期性演化过程

　　首先，通过一定的多样性竞争选择过程，产业核心创新优势在众多优势因素中开始发挥主导作用，相关知识技能开始围绕该产业核心创新优势进行积累，此时产业核心优势具有较大的发展潜力但特色不显著，产业自主创新能力处于发展初创期。接着，围绕产业核心创新优势指向的产业创新资源投入、创新成果产出、创新成果扩散以及创新价值实现迅速增加，产业核心创新优势具备一定的特色与水平，产业核心优势与产业环境实现有效匹配，产业核心知识技能开发、流通与积累效率最高，产业自主创新能力处于快速成长期。随着产业创新活动逐步开展，围绕产业核心优势进行了相关知识技能的最大化开发，产业自主创新能力水平达到最高点，处于成熟期。随着产业环境变化，产业核心创新优势与产业环境出现了一些不适应问题，产业自主创新能力仍然按照原有方向进行开发与运用，产业自主创新能力处于僵化期。产业环境发生巨大变化，产业核心创新优势原有的生存环境已经不复存在，产业自主创新能力在核心创新优势方向形成严重的路径锁定效应，产业自主创新能力难以支撑产业自主创新活动，陷入了衰退期。

2. 产业自主创新能力可持续发展

通过战略性新兴产业自主创新能力周期性演化过程也可以看出，要实现产业自主创新能力的可持续发展，就要充分发挥产业自主创新战略调整与重构作用，主动调整产业核心创新优势，使得产业核心创新优势与产业发展环境的动态一致性，比较重要的战略性调整主要在成熟期（图 5-5，T_1 为产业核心创新优势战略调整点），从而避免产业自主创新能力僵化甚至衰退。当然，在成熟期或僵化期，选择更具特色的产业核心创新优势，进行高层次的产业创新活动，并在高起点上开发相关知识技能，有助于产业创新能力跃迁（图 5-6，T_2、T_3 为产业核心创新优势重构点）。

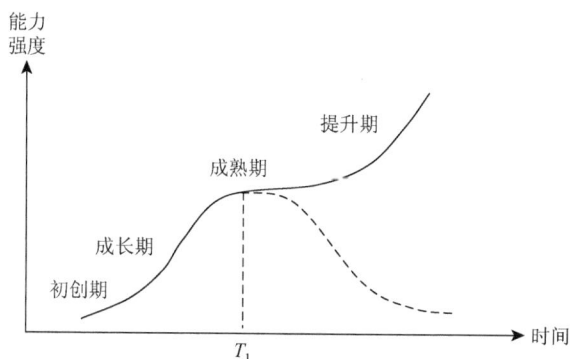

图 5-5 战略性新兴产业自主创新能力可持续演化

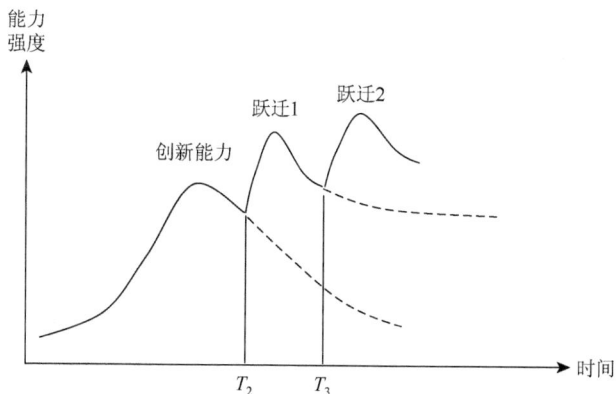

图 5-6 战略性新兴产业自主创新能力"跃迁"

5.2　产业联盟分类与产业创新功能

5.2.1　产业联盟基本分类

产业联盟是指以产业共性技术、核心技术和重要标准等为纽带，以产业内的龙头企业或行业骨干企业为核心，高校、科研院所等积极参加，建立在法律效力契约基础上，通过资源共享和技术创新要素的优化组合，围绕产业重大技术突破进行协同创新的利益共同体。

按照不同的标准，可将产业联盟分为不同类型并进行分类研究。例如，按照联盟的治理结构，可分为股权式产业联盟和非股权式产业联盟，自 2008 年以来我国主要倡导构建契约性质的非股权式产业联盟。按照联盟成员在产业价值链上所处的位置，可将产业联盟分为垂直型、水平型和混合型。按照产业联盟主要服务于产业层面的自主创新的战略角度，可将产业联盟分为产业技术研发联盟、产业技术标准联盟和产业创新链联盟三类，这也是本书研究的基点。

1. 产业技术研发联盟

该产业联盟侧重于研发制约产业发展的关键共性技术，实现产业技术突破与赶超。产业技术研发联盟的主要优势在于：①产业关键共性技术通常不能直接形成创新收益，但是具有共同需求的优势创新主体缔结联盟，可以提高创新战略主动性；②产业关键共性技术属于竞争前技术，属于产业创新链的基础或应用性基础研究，研发联盟可以充分整合高校、科研院所等创新资源；③产业关键共性技术的潜在价值不明显，且在研发过程中不确定性很大，研发联盟可以分担研发成本、降低研发风险；④研发联盟集中优势力量进行联合攻关，缩短了研发周期，加快了整个产业后续竞争性技术创新进程。鉴于关键共性技术具有"公共品"性质，产业技术研发联盟也是政府支持的重点。

比较典型的是日本和美国在半导体产业竞争中采用的产业技术研发产业联盟。1976～1979 年，日本政府支持富士通、日立、三菱机电、日本电气和东芝 5 家主要的半导体公司组成超大规模集成电路技术研发合作产业联盟（VLSI consortium），帮助日本企业在 20 世纪 80 年代实现技术赶超。1987 年，在美国政府支持下由国际商业机器公司（IBM）、德州仪器（TI）、朗讯科技公司（Lucent Technologies）、英特尔（Intel）、摩托罗拉（Motorola）等共计 13 个主要半导体公司组建半导体技术研发合作产业联盟（SEMATECH），帮助美国半导体企业重新回到世界第一的竞争地位。

2. 产业技术标准联盟

当前的战略性新兴产业竞争已经上升到标准竞争层面，产业技术标准联盟就是通过制定竞争性技术标准，来提升整个战略性新兴产业创新层次。产业技术标准本身具有"公共品"性质，然而在战略性新兴产业领域的技术标准通常会包含大量的核心技术及相关知识产权，使得技术标准涉及巨大的商业利益，因此，产业技术标准联盟需要整合联盟成员相关核心专利及创新优势，通过技术专利化、专利标准化、标准产业化来推动重大产业技术标准创立与运用。通过产业技术标准联盟制定竞争性技术标准，有利于新技术应用，有利于提升产业创新层次。

比较典型的是我国闪联产业联盟（闪联标准工作组/闪联信息产业协会），由国内电子信息龙头企业联想、TCL、海信、康佳等主导成立的闪联产业联盟，制定了闪联技术标准，并推动闪联技术标准的发展升级。闪联产业联盟制定的闪联标准 V1.0版本包含了 204 项发明专利，全部为闪联企业所拥有，2015 年闪联已经成为国家行业推荐标准。2006 年 7 月，ISO/IEC（国际标准化组织/国际电工委员会）通过表决正式接纳闪联为候选技术标准，打破了中国在该技术领域中十几年没有提案被 ISO/IEC 采纳的僵局，是我国电子信息技术标准国际化的又一重要突破。

3. 产业创新链联盟

产业创新链联盟在于将知识、技术和产业化三大优势创新主体进行有效结合，打造高效的产业创新链，实现产业持续创新。战略性新兴产业可持续发展不再局限于特定的产业关键共性技术、技术标准，而是取决于更具效率的产业创新链，通过该类产业联盟实现产业内部创新链优化和全球创新链背景下的持续升级。

比较典型的是黑龙江省成立的铝镁合金新材料产业技术创新战略联盟，一方面将铝镁合金产业创新链从中间品成型与加工向后的基础应用性研究以及向前的中间品多样性应用创新进行延展与优化，另一方面带动铝镁合金产业参与全球创新链高端竞争与合作。

5.2.2　产业联盟在产业创新中的功能定位

结合产业联盟基本分类，将产业联盟在产业创新中的功能定位于四个方面。

1. 新型的产业创新组织形式

产业联盟是通过契约关系将产业内具有创新实力的高校、科研院所和企业组成长期紧密协作的组织，其本质是面向产业创新的高端产学研合作，属于产业层面的中间性组织形式，针对产学研合作短期化、松散型和企业私利性问题，开展大范围、大规模产业创新资源整合并实现协同创新的新型产业组织形式，主要解决制约产业发展的关键共性技术、核心技术和重要标准等单个企业没有实力和动力创新的难题。作为中间性组织，产业联盟是市场机制、企业科层组织和政府宏观调控的切合点，充分发挥各种治理机制在推动产业自主创新中的不同效率优势。

2. 产业创新工程实施重要载体

科学技术部等六部门联合发布的《国家技术创新工程总体实施方案》提出：以增强产业核心竞争力为目标，重点围绕十大产业振兴和战略性产业发展，立足产业技术创新需求，推进产业技术创新战略联盟的构建和发展。与此同时，各地方政府也根据本地区重点产业和战略性新兴产业发展需求组建产业联盟，促进产业优势创新资源合作，可见，产业联盟已成为产业创新工程实施的有效载体。由于产业联盟集聚了产业内的产学研各方优势资源，应紧紧围绕产业创新需求，制定科技计划、建立产业创新平台，加快产业发展的共性、关键技术研发与产业化、技术标准的制定和推广以及产业创新链的优化与升级，有效地提升产业自主创新能力、可持续发展能力和国际竞争力。同时，由于技术创新工程是一项涵盖基础研究、应用研究、开发研究与产业化的复杂系统工程，其创新活动涉及范围广，而通过整合内外优势资源，建立产学研联合创新机制，可实现资源共享和有效利用，促进技术成果的产出和扩散，从而有利于完善国家或区域产业技术创新体系[29]。

3. 产业创新平台的重要组成部分

产业创新平台是指面向产业自主创新需求，整合产业内外各类创新资源，并为产业自主创新活动提供技术支撑或公共服务，有效链接参与产业创新的各个主体，以及实现创新要素流动和创新成果共享与转化的服务综合体及制度安排。产业创新平台主要包括公共服务平台、研发平台和产业化平台等，通常依托高校、科研院所、产业技术创新战略联盟、大型骨干企业以及科技中介机构等形成的平台网络。2008 年科学技术部等六部门联合发布的《关于推动产业技术创新战略联盟构建的指导意见》中明确指出，产业联盟的主要任务就是要打造核心技术创新和技术标准运作平台、创新资源和知识产权共享的公共技术平台、技术转移与成果商业化平台以及高端人才联合平台。可见，产业联盟必然成为集多种产业创新服务功能于一体的核心平台。

4. 政府进行产业创新管理的抓手

产业联盟创新需求以及创新成果具有产业代表性，产业联盟必然成为政府相关部门进行产业创新管理的抓手，通过相关优惠政策与规章制度引导产业联盟创新，可以发挥产业联盟对整个产业的创新示范、创新协调、创新成果扩散等作用，从而达到通过点带动线进而带动面的产业创新宏观调控管理的目的。另外，产业联盟也是众多产业部门、科技部门甚至教育和财政部门进行协同创新管理的共同基点，进而实现产业、创新、财政等政策有效衔接。

5.3　基于产业联盟的产业自主创新能力提升机理

产业创新活动已经由过去相对独立的众多个体行为转变为多方合作、交互作用的网络式创新，相应地，产业自主创新能力就是支撑产业内所有组织协作性创新活动并获得自主知识产权的整体能力，蕴含于产业创新活动网络中，同时又受制于产业创新网络结构功能。产业联盟更是产业内优势企业、高校和科研院所缔结而成的高端产学研合作网络，其对产业自主创新能力的提升作用也主要通过影响产业创新网络的功能属性来实现。为此，从社会网络视角，运用网络结构、关系和位置分析方法，对产业联盟提升产业自主创新能力的作用机理与动态过程进行研究。

5.3.1　产业自主创新能力提升作用机理

产业创新网络是产业内所有企业、高校、科研院所、中介机构等构成的社会网络系统，产业联盟作为新型的产业组织形式，集市场、科层组织以及网络机制于一体，极大地改变了产业创新网络的结构、关系与位置等属性与功能，促进了产业自主创新能力的提升。

1. 网络结构效应

产业创新网络结构主要用网络中节点企业（包含高校、科研院所等）的数量、多样性以及网络密集与凝聚程度等进行衡量。产业联盟主要通过提高产业创新网络密度和凝聚子群密度（简称凝聚度），来促进产业核心创新资源整合以及协同创新。

（1）产业创新资源整合。产业创新网络密度是指产业内所有企业及相关机构之间实际缔结的创新合作关系数量与最大可能的数量的比值，用来反映产业创新网络节点间互动程度。一般地，比值越大，网络越密集，产业内的创新主体通过网络机制利用其他更多创新主体资源的能力越高。产业联盟通过合作契约增加产业创新网络内众多核心节点之间关系数，有利于产业核心创新资源有效整合，尤其是在核心节点间搭建独特知识技能等隐性知识流动的通道，促进核心知识技能在产业联盟成员间充分共享，为产业联盟完成产业重大创新使命奠定基础。随着产业联盟逐步壮大，产业核心创新资源的整合规模与范围进一步扩大[30]。

（2）产业创新协同效应。产业联盟不仅加强了产业内众多核心创新主体间的创新协同，更重要的是产业联盟通过提升产业创新网络凝聚度，进而带动整个产业创新网络的协同创新[31]。网络凝聚度是用来表示网络节点达成共识的程度[32]，也就是网络节点的创新协同程度。如果凝聚子群数量多，且各个凝聚子群成员间重叠少，则产业创新网络存在"小团体主义"，凝聚子群间难以达成一致共识，产业创新的冲突性与重复性严重。一般地，产业联盟成员均为产业创新网络核心节点，在没有缔结产业联盟之前，通过技术、产品或服务配套等依附关系，也会围绕这些核心节点自然形成一系列凝聚子群，较低的产业创新网络凝聚度表现为网络状的产业创新链面临断层、不平衡或不匹配问题，产业创新网络协同效应差。产业联盟实质上加强了主导凝聚子群的核心节点间联系，带动了不同创新环节或创新层次的"小团体"之间联系，形成了"联盟成员间协同创新→联盟成员主导的凝聚子群间协同创新→整个产业创新网络协同创新"的作用过程与传导机制。

总之，产业联盟无论是增加网络密度，还是提高网络凝聚度，均使得产业创新网络节点之间的互动频率与范围增加，有利于促进产业创新资源整合以及创新协同。当然，产业联盟强化网络密度与网络凝聚度，也会造成产业核心创新资源的过度集中以及创新活动的同质性，并且削弱广大中小企业的创新实力和积极性，尤其当产业创新网络外部环境发生剧烈变化时，产业自主创新能力发展路径锁定负效应开始显现。

2. 网络关系效应

根据在某一联结上的时间、金钱、情感投入程度以及相互的亲密程度等，将网络节点间的联结关系分为强关系和弱关系。在产业创新网络中，创新主体间存在大量的直接或间接的创新合作关系，当创新网络节点间有直接的创新合作，且合作紧密频繁，则形成了强关系；当创新网络节点是通过第三方节点建立的间接联系，则形成了弱关系。产业联盟通过强、弱关系作用，提升了产业创新资源投入能力、创新成果产出能力、创新成果扩散能力乃至创新价值实现能力。

（1）强关系作用。产业联盟超越了整合现有产业核心创新资源的功能范畴，通过强关系促进了产业创新网络社会资本的积累与运用。参考对社会资本的定义，产业创新网络社会资本是指蕴含在持久性、制度化的产业创新网络合作关系中的现实的和潜在的网络资源的总和，产业创新网络社会资本来源于网络节点间建立和维持强关系的专属性投入，并且可为产业带来持续、高额的"网络租金"，也就是创新产出。产业联盟通过成员间的创新努力、感情培养、信任强化等专属性投入建立的强关系，实质上形成了产学研合作的长效机制，有利于规避产学研合作的短期化、机会主义，并在持久性、制度化的强关系网络中积累了大量的社会资本，容易形成更多标志性的创新成果。随着产业联盟网络社会资本的积累，以及"网络租金"的持续增加，产业创新网络内的更多节点希望与产业联盟这一核心网络建立直接联系，一方面，通过强关系形成稳定、顺畅的创新成果扩散渠道，便于产业联盟创新成果，尤其是核心知识技能流向这些节点企业，成为支持这些节点企业开展自主创新的重要资源；另一方面，更多的网络节点为了建立或维系与产业联盟的强关系，也会进行大量的专属性投入，进一步增加了产业创新网络社会资本积累范围与规模，有利于形成更多创新成果[33]。总之，产业联盟通过强关系作用，激励联盟成员以及其他直接关联节点在创新合作中增强专属性投入，培养了感情，增加了信任，形成了声望[34]，加强了网络节点间的制约，降低了机会主义风险和网络节点间互动成本，形成了稳定的、制度化的创新合作交流通道，促进了产业创新网络资源大范围整合以及创新成果的持续增加、扩散以及价值实现。

（2）弱关系作用。弱关系主要强调更多网络节点通过产业联盟建立了间接联系，通常这些没有直接联系的主体间存在较大差异，产业联盟可以了解、收集这些节点独特的创新信息与知识技能，并对这些错综复杂的信息、知识进行过滤与传递，促进产业内广大中小企业间更多异质性创新资源的共享、流动与融合，有利于增加创新成果产出的数量与多样性。建立弱关系的节点间，在产业联盟的中介作用下，比没有任何联系的节点间更容易形成强关系，提升产业的配套与服务创新能力。另外，产业联盟有能力突破产业的地域边界，吸纳产业外部的优秀创新主体作为联盟成员，这使得产业联盟也成为产业创新网络建立对外合作关系的中介与"守门人"，提高产业创新网对外开放度，有利于吸纳产业外部更多异质性的创新资源，并将更多创新成果通过对外联系实现创新价值。

当然，产业联盟的强弱关系作用也不可能一味地提升产业创新资源整合、产出、扩散与价值实现能力，在社会资本的"网络租金"诱导机制作用下，产业联盟推动产业创新网络的更多节点沿着"无关系→弱关系→强关系"不断转化，产业创新网络社会资本迅速积累，当达到一定规模之后，必然导致边际"网络租金"下降，进而迫使一些企业开始脱离这一网络或降低专属性关系投资。另外，强关系有助于开发性创新，而弱关系则利于探索性创新，过度的强关系也会造成产业联盟对整个产业创新网络的创新思维、方法和知识技能同化，缺乏创新多样性，难以应对网络外部激烈的市场环境或产业技术变革。

3. 网络位置效应

如果某节点与许多彼此不相连的节点有联结，那么该节点处于网络的结构洞位置。承接前面的凝聚度和弱关系分析，产业联盟是产业创新网络众多节点间建立联结的桥梁纽带，也就是占据产业创新网络的结构洞位置。结构洞进一步可以分为自益性结构洞和共益性结构洞，其中，占据自益性结构洞主要是接近更多网络资源，并通过信息垄断与控制成为渔翁得利者；而占据共益性结构洞则是主动成为难以发生直接联系的众多主体或子群间的中介点，从而形成多赢格局。有别于一般企业或企业联盟仅仅追求自身利益最大化，产业联盟会倾向于占据更多共益性结构洞，充分利用结构洞位置优势获得、整理、传播并控制产业创新信息流，成为产业自主创新活动总体协调以及创新环境营造的关键力量。第一，产业联盟可以凭借结构洞位置来获得更多的产业创新信息，把握产业技术发展动向，了解制约众多主体发展的关键共性技术或技术标准等创新需求，从而形成更为明确的产业创新战略或产业技术路线。第二，产业联盟通过结构洞位置便于获得更多异质性的创新知识技能，具有更强的创新优势，率先开展面向产业技术的重大创新活动，成为产业创新战略重要实施载体。第三，产业联盟对产业网络中错综复杂的创新信息进行整理与筛选，重点对产业创新战略导向的相关信息进行传递，对一些相悖或不相关的信息进行剔除，对产业创新具有积极的战略引导作用。第四，产业联盟通过结构洞位置，可以对产业创新成果与相关知识技能的流动方向及速度进行控制，并保持对产业技术变革和市场环境的敏锐性，积极调控产业创新战略。第五，产业联盟的网络中心位置也容易获得更多的声望，具有创新示范效应，进而激发产业创新意识、规范产业创新行为。

结构洞位置是产业创新网络的战略关键点，突出了产业联盟在产业创新活动中的战略主体作用，较好地解决了我国产业创新战略主体缺失问题，然而产业联盟结构洞也会存在一些负面效应，如果产业联盟（成员）过多或过少占据这些关键位置，会造成对产业创新信息、知识技能垄断或获取与控制不足问题，从而导致产业自主创新能力提升效率下降。

总之，产业联盟通过对产业创新网络的结构优化、关系强化和关键位置占据，促进了产业创新资源投入、创新成果产出增加、创新成果扩散加快以及创新价值实现、创新活动协调和创新环境营造，从而全面提升产业自主创新能力。产业联盟、产业创新网络和产业自主创新能力之间作用关系如图 5-7 所示。

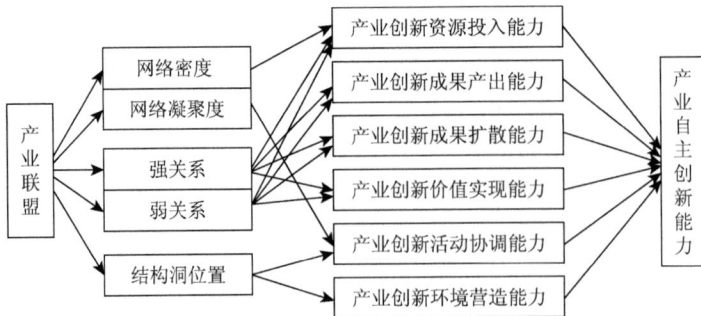

图 5-7　产业联盟对产业自主创新能力的提升作用关系

5.3.2　产业自主创新能力动态提升过程

产业联盟通过改变产业创新网络结构、关系和位置功能属性进而提升产业自主创新能力，是一个动态过程。在产业联盟作用下，产业创新网络呈现出周期性演过程，在初创期、成长期、成熟期和更替期等不同阶段，产业创新网络功能属性改变具有显著的阶段性特征，相应地，产业联盟对产业自主创新能力的提升效率与效果也处于动态变化过程中，具体见表 5-1。基于产业联盟的战略性新兴产业自主创新能力提升的动态性体现在：①产业联盟作为产业创新网络的核心子网络不断变化，从而引起产业创新网络结构、关系和位置变化，进而不断提升产业自主创新能力；②产业联盟核心优势及其对辐射带动作用的发挥受到产业发展环境变化的影响，进而造成产业自主创新能力提升效率的周期性变化。

表 5-1　基于产业联盟的产业自主创新能力动态提升过程

网络属性		初创期	成长期	成熟期	更替期
结构	密度	有限的核心创新主体结成产业联盟，增加了网络密度，促进联盟成员间创新资源整合	更多优势创新主体加入产业联盟，网络密度快速增加，产业核心创新资源整合能力大幅度提升	产业联盟规模趋于稳定，网络密度达到极值，产业资源整合能力提升放缓且开始衰减	围绕产业联盟转型或成立新的产业联盟，开始核心创新资源重新整合和新优势构建
	凝聚度	联盟成员主导的凝聚子群间建立初步联系，产业创新过程协同也主要在联盟成员间	网络中主要的凝聚子群已经消失，更多产业创新网络节点与产业联盟进行协同创新	在产业联盟带动下，产业创新网络步调一致，创新分工明确，但创新活动同质性问题显现	通过联盟成员更新或成立新联盟消除新的凝聚子群，实现更高层次创新过程协同
关系	强关系	创新网络关系强化仅限于联盟成员间，联盟成员尝试彼此的专属性关系投入，其他组织机构则处于观望态度	在"网络租金"驱动下，更多组织加入产业联盟或与产业联盟建立创新扩散强关系，专属性投入加大，社会资本积累加快，创新产出与扩散能力进一步加强	整个产业创新网络社会资本积累速度减缓，"网络租金"达到极值且开始下降，一些节点减少专属性投入或者脱离与产业联盟的强关系	强关系数量大幅度减少，围绕产业联盟转型或成立新联盟重构强关系网络，创新资源整合、创新产出与扩散能力进入新一轮提升周期
	弱关系	通过产业联盟使更多网络节点间建立了间接联系，一些异质性的知识技能通过产业联盟进行传递，便于开展探索性创新	产业创新网络中关系强弱相间，弱关系促进了异质性知识技能在广大中小企业间流动，促进了产业创新产出的数量与多样性	围绕产业联盟形成的弱关系转化为强关系，弱关系数量越来越少，创新资源及创新产出的同质性突出	更替的产业联盟担当产业创新网络更多节点间以及与网络外部建立弱联系的桥梁，收集和传递异质性知识技能，促进探索性创新
位置	结构洞	产业联盟占据凝聚子群间联系的结构洞位置，便于掌握产业创新基本需求信息，并能够形成初步的产业创新战略导向	产业联盟占据产业创新网络中更多的共益性结构洞位置，可以形成明确的产业技术战略或技术路线图，能够率先实施，产业创新战略管控能力提升	通过产业联盟形成的很多弱关系主体间建立了强关系，导致结构洞位置优势逐步减弱，产业联盟对产业创新战略调控能力开始削弱	大量弱关系的出现，更替的产业联盟开始占据新的结构洞位置，发挥对产业创新战略转型的主体作用

5.3.3 产业自主创新能力提升轨迹

在产业联盟作用下，产业创新网络持续优化与更替，产业自主创新能力得到不断提升，形成的产业自主创新能力提升轨迹明显优于自然状态下的周期性演化轨迹。一般地，如图 5-8 所示，L_1 曲线指的是在自然状态下产业自主创新能力周期性演化轨迹，L_2 曲线则是在产业联盟提升作用下的产业自主创新能力的持续发展轨迹。在同一时间点下，L_2 与 L_1 之间的差距就是产业联盟对产业自主新能力提升的效果。从时间维度来看，产业联盟依次提高了产业自主创新能力初创期的能力基、加速了成长期的发展速度、提高并延展成熟期的水平以及促进更替期的持续发展。

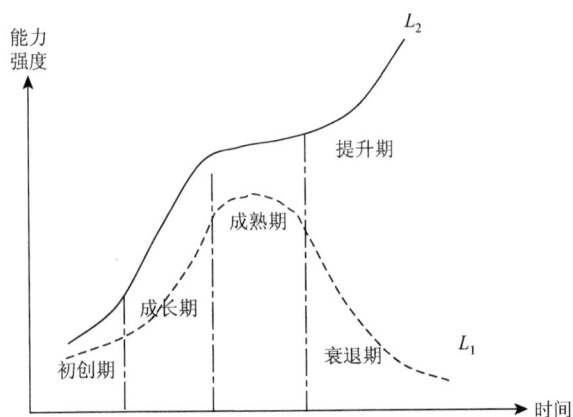

图 5-8 基于产业联盟的产业自主创新能力提升轨迹

（1）提高初创期能力基。在战略性新兴产业自主创能力发展初创期，主要是能力基选择和特色知识技能开发过程，在通常状态下，产业能力基存在多样性选择，需要一定的市场机制优胜劣汰，同时，由于受到创新资源有限且分散的困扰，战略性新兴产业自主创新能力基起点较低。此时产业联盟介入，整合了产业优势创新资源，形成了明确的产业自主创新战略目标，提高了产业初创期的能力基。

（2）加速成长期能力提升。由行业优势企事业单位组成的产业联盟，有实力开展产业突破性创新活动，是产业快速拥有更多核心自主知识产权，同时产业联盟是政府进行产业创新管理的有力抓手，政府可以集中创新资源通过重大科技专项等方式投入产业联盟，使得产业联盟实现技术标准、产业关键共性技术的创立与产业化，从而加速产业自主创新能力快速提升。

（3）延长成熟期能力。处于成熟期的产业自主创新能力的显著特点就是能力发展速度减缓且达到顶点之后开始衰退，此时产业内创新积极性不再有成长期那么高，更多创新主体希望通过现有的创新成果来维系价值创造，产业自主创新能力可能面临的最大风险是：成熟期短暂，自主创新能力总体水平不高（顶点偏低）。产业联盟的介入，一方面可以保持成长期的增长势头，使得产业自主创新能力在更高水平上达到成熟顶点，另一方面，产业联盟与其他企业之间形成了较大的位势，形成了"你追我赶"的创新氛围，同时具有更多的标志性成果向产业内更大范围进行扩散的动力，这都延长了产业自主创新能力的成熟期。

（4）促进衰退期能力持续发展。成熟期之后，战略性新兴产业内部创新动力不足，产业外部又面临新兴技术变革的挑战，此时产业自主创新能力急剧衰退风险。产业联盟组建与发展成为扭转产业自主创新能力持续衰退、实现能力跃迁和持续发展的关键力量。首先，产业联盟成员很多是产业创新系统的"桥梁人物"，对产业外部技术变革具有更强敏锐性，能够实时把握未来新兴技术发展趋势；其次，产业联盟聚集更多优势创新资源，因此，也有实力开展重大没改完技术变革活动，快速形成新的能力基，承接成熟期发展水平在更高起点上开展特色知识技能开发与积累活动，实现产业自主创新能力的持续发展[35]。

总之，在产业联盟的作用下，战略性新兴产业自主创新能力动态发展水平高，提升效果显著，能够实现长期持续发展。

5.4　本　章　小　结

本章分析了战略性新兴产业自主创新能力的内涵、关键维度和动态演化规律，对产业联盟进行基本分类和产业创新功能定位研究，在此基础上，从社会网络视角出发，围绕网络结构、关系和位置，揭示产业联盟对战略性新兴产业自主创新能力的提升作用机理和动态提升过程，并给出基于产业联盟的产业自主创新能力提升轨迹。

第6章 基于产业联盟的战略性新兴产业自主创新能力提升路径

6.1 产业自主创新能力提升路径内涵与构建原则

6.1.1 产业自主创新能力提升路径内涵

基于产业联盟的战略性新兴产业自主创新能力提升路径是指通过产业联盟带动产业自主创新能力提升的方向与过程以及相应战略手段的总称,包含了如下的内涵:

(1)基于产业联盟的产业自主创新能力提升路径集战略定位、战略重点以及战略实施于一体,是根据产业联盟在产业自主创新能力提升中的战略定位形成的路径导向与战略重点,并形成具有指导性的战略实现方式。

(2)产业联盟对产业自主创新能力提升作用是多方面的,鉴于战略联盟核心创新优势独特性、产业自主创新能力发展要求以及所处的创新环境,产业自主创新能力提升路径存在最优设计与选择问题,因此,基于产业联盟的提升路径设计是具有挑战的创新性管理工作。

(3)产业联盟提升产业自主创新能力通常会经历相对较长战略期,因此,提升路径本身就是一个动态管理过程,路径设计与选择要遵循一定的战略逻辑,分期实施,逐步推进。

6.1.2 产业自主创新能力提升路径构建原则

根据战略性新兴产业自主创新能力演化规律、产业联盟的基本分类与功能定位,以及产业联盟对产业自主创新能力的提升作用机理与过程,构建基于产业联盟的战略性新兴产业自主创新能力提升路径,并围绕产业联盟核心创新优势、产业自主创新能力发展要求以及产业内外部环境的动态一致性,构建选择适宜特定产业的提升路径。因此,基于产业联盟的战略性新兴产业自主创新能力提升路径构建应遵循以下几项原则:

(1)科学性。在构建基于产业联盟的战略性新兴产业自主创新能力提升路径时,要根据产业联盟创新功能定位以及对产业自主创新能力提升的作用机理与过程,设计并选择科学先进的提升路径。

（2）战略性。在设计与选择提升路径时，不仅要基于战略性新兴产业目前创新需求，而且更应当站在战略高度，从全局性、长远性角度来考虑产业联盟对产业自主创新能力提升战略定位，从而构建提升路径，使得产业联盟在此路径下发挥最大辐射带动作用。

（3）过程性。通过产业联盟提升战略性新兴产业自主创新能力是一个长期的战略过程，因此，提升路径的设计要体现一定过程性，突出重点环节和推进过程。

（4）动态性。提升路径构建要体现灵活性、动态性，随着产业内外部创新环境变化、产业联盟创新特色优势转变以及产业自主创新能力水平动态演变，需要对提升路径进行动态调整与转化，从而实现环境、优势与能力的动态一致性。

6.2　产业自主创新能力提升路径设计

从产业联盟分类及其产业创新功能出发，并结合产业联盟对产业自主创新能力提升机理，分别设计基于产业联盟的战略性新兴产业自主创新能力提升路径：产业关键共性技术研发与扩散路径、产业技术标准化路径和产业创新链优化与升级路径[36]。

6.2.1　产业关键共性技术研发与扩散路径

产业共性技术是对整个行业或产业技术水平、产业质量和生产效率都会发挥迅速的带动作用，具有巨大的经济和社会效益的一类技术，或者是指在很多领域内已经或未来可能被普遍应用，其研发成果可共享并对整个产业或多个产业产生深度影响的一类技术[37]。根据产业共性技术对整个产业发展影响程度又可以分成关键共性技术和一般共性技术，而产业联盟主要针对产业影响面最大、经济和社会效应最明显的关键共性技术创新。因此，通过产业联盟突破制约战略性新兴产业发展的关键共性技术，并将这类技术向产业内更多企业进行有效扩散，有利于提升产业的整体自主创新能力。总的来说，这一提升路径分关键共性技术选择、关键共性技术研发和关键共性技术扩散三个关键环节，如图6-1所示。

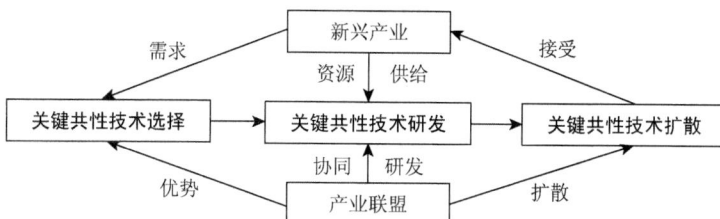

图 6-1　基于产业联盟的产业关键共性技术研发与扩散路径

1. 产业关键共性技术选择

产业关键共性技术是战略性新兴产业内众多企业共同面临的对其生存和发展具有决定性作用的技术[38]。产业联盟在关键共性技术选择时也要突出关键性和共需性特征，首先，这些技术对实现产业发展的战略目标、提高产业自主创新能力具有至关重要的作用，能够带动产业其他相关技术的发展，它们的突破与应用对产业发展影响深远；其次，这些技术对产业内众多新兴技术企业产生影响，其影响面广，是制约产业整体发展的公有性、基础性技术，体现了产业发展的整体技术需求；最后，这些技术还必须是具有创新性的，现有的技术与国外存在一定的差距，新选定的产业关键共性技术应当是具有前瞻性的新兴技术[39]。

在构建产业关键共性技术选择模型之前，要遵循三个基本假设：假设一，在其他条件相同的情况下，产业影响面与该项技术作为产业关键技术为正相关关系；假设二，在其他条件相同的情况下，并在假设一的基础上，某项技术越重要，越应该成为产业关键共性技术；假设三，在以上两个假设的基础上，某项技术与国外差距越大，越应该将该项技术作为产业关键共性技术。基于以上三个基本假设产业联盟既定，其已经聚集了产业内最具优势的创新资源，且所选择的技术均在产业联盟可以胜任创新的范围内。为此，构建的产业关键共性技术选择模型为[40]

$$P = \{P_i | C_i \geqslant a\}, (i = 1, 2, \cdots, n)$$

$$\begin{cases} C_i = WX^{\mathrm{T}} = \sum_{j=1}^{3} W_j X_{ij}, \quad (j = 1, 2, 3), \quad (i = 1, 2, \cdots, n) \\ W = (W_1, W_2, W_3) = (W_{发展重要性}, W_{产业影响面}, W_{技术差距}) \\ X = (X_{i1}, X_{i2}, X_{i3}) = (X_{i发展重要性}, X_{i产业影响面}, X_{i技术差距}) \end{cases}$$

式中，$X_{发展重要性} = (X_强, X_较强, X_一般, X_较差, X_差)$；$X_{产业影响面} = (X_{需求大}, X_{需求中}, X_{需求小})$；$X_{技术差距} = (X_{显著落后}, X_{比较落后}, X_{稍微落后}, X_{同等水平}, X_{我国领先})$；$P$ 为被选的产业关键共性技术集合；C_i 为第 i 项技术总分；a 为产业关键共性技术选择的得分阈值；W_j 为第 j 个指标的权重；X_{ij} 为第 i 项技术关于第 j 个指标的得分。

产业关键共性技术产品带有"公共品"性质，因此，在实际的选择过程中可以采用"三结合"选择法，即政府科技部门、产业联盟和特定学科领域的专家进行协作配合，通过上述模型来确定权重系数和各项共性技术的最终得分，进而选择出产业关键共性技术，并在政府相关优惠政策重点支持下，让产业联盟进行重点攻关。

2. 产业关键共性技术研发

（1）产业联盟协同研发。产业联盟在完成一类关键共性技术研发时，通常会形成若干个 R&D 联盟，因此，相应地，研发任务往往可以分解成多个各自独立并具有一定关联性的子任务，并通过各个 R&D 联盟子任务的完成来实现整个产业联盟关键共性技术的研发。通常，子任务之间存在一定关联性，主要包括并行关系和约束关系，并基于这两类关系形成了产业联盟关键共性技术研发子任务网络，产业联盟通过研发网络构建、管理与控制来实现产业关键共性技术协同研发。

（2）产业联盟创新资源整合。产业联盟内部协同研发通过任务分工合作得以体现，而产业联盟成员间研发资源共享则是协同研发的重要保障。组成产业联盟的高校、科研院所和企业各有其研发优势与特色，大体上对应于基础性关键共性技术、竞争前关键共性技术、应用类关键共性技术的研发特长，产业联盟内加强各类创新主体之间结盟，形成一系列 R&D 联盟，就是要突破单个组织的研发资源限制，在联盟环境下有效共享关键共性技术研发过程中的各类研发资源，提高产业联盟自主创新过程创新资源的配置效率。

另外，产业联盟进行联合攻关时也需要外部创新资源的支撑，战略性新兴产业关联性与地域集中性使得产业联盟能够从产业集群中获得创新资源，尤其是知识、技术秘密以及相关信息等；产业关键共性技术具有"公共品"性质，是政府各类科技计划支持的重点。

3. 产业关键共性技术扩散

将产业联盟研发出的关键共性技术有效地向产业内更多企业扩散是一个复杂的过程，如果把扩散过程看作知识技能的学习过程，产业联盟关键共性技术扩散过程的关键点是技术扩散选择和技术接收方选择，也只有实现了两者的合理匹配，才能提高扩散效率。

（1）技术扩散选择。技术扩散选择受技术成熟度影响，在基础研究之后和大规模商业化之前的中间区域，都属于关键共性技术的存在区间，大体上可以分成基础性关键共性技术、竞争前关键共性技术和应用类关键共性技术[41]，技术成熟度依次增加。对于基础性关键共性技术，在扩散后需要进行二次开发，增加了接收方的学习模仿成本，形成天然的技术扩散壁垒[42]，同时由于关键共性技术通常只有和专业技术结合起来才能完全显示其价值，在扩散过程中，其成本难以通过市场机制进行估价，且价值经常被低估，这在一定程度上降低了产业联盟的扩散意愿。对于应用类关键共性技术，由于商业化风险较低，产业联盟可能更担心的是难以控制技术自然扩散，这与知识产权制度完备性关系紧密。对于竞争前关键共性技术成熟度中等，其扩散难易程度、复杂性和风险也介于基础性关键共性技术和应用类关键共性技术两者之间。

（2）技术接收方选择。关键共性技术能够有效扩散，还要受接收方的学习模仿能力的影响。从产业层面来审视，可能是产业联盟与众多中小型新兴技术企业的创新能力差距越大，产业联盟向这些企业进行技术扩散的效果也越好，但关键共性技术不是一般的技术转移，通常需要和这些企业的专业技术相结合才能体现扩散效果，也就是要经历产业内的技术引进消化吸收再创新，这就需要接收方企业具有一定的学习模仿能力，从技术成熟度来看，技术成熟度与接收方学习模仿能力成反比。

总之，产业联盟属于市场化运作，其开展关键共性技术研发并有效扩散也需要追求收益。一项关键共性技术是否扩散以及在更大范围内扩散，还要看扩散收益保障，可以是政府补偿的形式、接收方企业付费转让，当然产业联盟为了提高同一产业链上其他企业的整体配套能力，也可以进行无偿转让。值得注意的是，政府部门可以采取相关措施，切实提高产业联盟扩散动力和广大接收方企业的吸收能力，有利于提升扩散效果。

6.2.2　产业技术标准化路径

当前战略性新兴产业的竞争已经由产品、技术竞争上升到标准竞争，运用产业联盟快速运作产业技术标准，有利于提升战略性新兴产业创新层次。如图 6-2 所示，该提升路径主要分为技术标准创立与技术标准产业化两大过程。

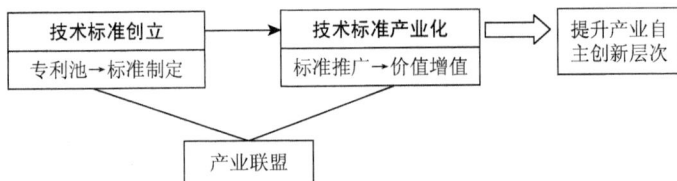

图 6-2　基于产业联盟的产业技术标准化路径

1. 技术标准创立

知识经济时代，核心专利成为技术标准的重要组成部分，技术标准创立在很大程度上就是通过产业联盟进行核心专利技术研发、筛选、组合的过程。面向产业技术标准战略要求，需要对产业联盟成员各类核心专利进行筛选和组合，当然也可以吸纳产业联盟外其他组织机构的一些专利，从而形成与技术标准要求最相关的专利池[43]。

具体地，产业技术标准联盟会设立专门的专家小组，进行专利池中的必要专利认定，在联盟数目繁多的技术中选取与技术标准最相关，并结合市场当前紧迫的需求进行专利方面的科学组合，尽最大努力帮助技术标准制定。产业联盟根据需求，还可以进一步形成互补型、阻止型等组合特征，加强技术标准化。这样不仅有利于技术标准的推广，还有利于专利打包进行对外许可，扩大专利标准的影响范围。

如果专利池已经涵盖了技术标准所要求的专利技术，则可以直接申请技术标准；对于缺少相应的专利[44]，产业联盟也可以先形成技术标准总体目标和框架，然后进行所必需的专利技术开发。事实上，技术标准创立是专利开发和标准制定互动过程，新技术不断与标准碰撞，迫使技术标准不断更新升级，专利技术也随之更新换代，从而提高产业联盟技术标准的先进性。

2. 技术标准产业化

技术标准产业化是指将产业联盟主导的技术标准向整个战略性新兴产业推广应用，并形成具有竞争力的产业标准的过程。随着技术标准相关技术成熟度提高以及市场对技术标准认可范围的扩大，技术标准应用不再局限于参与技术标准创立的产业联盟及少量其他机构，可以通过不断地对外许可技术标准及相关专利技术，吸收越来越多的供应商、制造商、服务商等，围绕该技术标准形成完整的产业结构与产业链，不断提高技术标准用户规模和产品市场份额，实现技术标准市场价值。在满足市场需求变化的过程中，让更多创新主体参与技术标准的应用与完善，不断升级技术标准，使技术标准在与同类竞争中胜出，提高整个产业创新层次。

6.2.3　产业创新链优化与升级路径

产业创新链是指围绕各类核心创新主体，以满足市场需求为导向，通过创新活动将相关的创新参与主体连接起来，以实现知识的经济化过程与创新系统优化目标的功能链节结构模式[45]。产业联盟作为重要的产业创新组织，其战略布局和高效运作对产业创新链优化与产业创新链升级起着至关重要的作用，如图6-3所示。

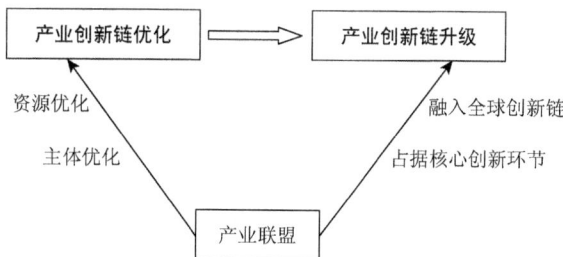

图 6-3　产业创新链优化与升级路径

1. 产业创新链优化

根据结构-行为-绩效理论，战略性新兴产业创新链结构决定了创新效率，也就是产业自主创新能力。而产业联盟在市场机制下通过优势互补建立了产学研三类创新主体间的长期协作关系，实现了产业知识资源、技术资源和产业化资源的有效衔接与均衡分布。同时，基于产业联盟的战略性新兴产业创新链，改变了以往"知识→技术→产品"的线性创新过程，而是将众多的创新族群的核心点连接起来[45]，形成了以三大类核心节点为主体构架的网络状产业创新链。

产业自主创新能力很大程度上受制于产业创新链的薄弱环节，因此，面向产业创新链优化布局产业联盟时，要面向产业创新链缺失、失衡、断层环节，通过产业联盟这一组织形式聚集优势创新主体及创新资源，弥补产业创新链薄弱环节，打造产业创新特色优势，支撑整个产业创新链高效运作。

2. 产业创新链升级

凭借创新优势和业务辐射范围，产业联盟必然成为战略性新兴产业参与国际创新竞争合作的桥梁与纽带，使得战略性新兴产业有效融入全球创新链，充分利用产业外部创新资源。在产业联盟高效运作过程中，凸显产业最具特色的创新优势，有利于带领战略性新兴产业占据全球创新链核心环节，并在国际创新分工中获得更多收益。

产业联盟是带动战略性新兴产业在全球创新链中实现持续升级的过程，也是对产业自主创新能力提升的过程。依据产业创新位势，大体上可以将全球创新链分成原始创新、集成创新和引进消化吸收再创新三个层级。通过产业联盟，首先可以较快对产业外部的创新成果进行快速引进消化吸收，并在产业内快速扩散，使得产业内更多组织具备创新能力；其次产业联盟会在引进消化吸收的基础上形成再创新能力，并有效地集成各类先进的技术创新成果，进而带动产业创新链升级到集成创新层次；最后产业联盟最终会升级成原始创新，将更多原始创新成果持续地向产业内甚至产业外扩散，使得产业创新链上升为全球创新链的高级环节，实现产业自主创新能力可持续发展。

6.2.4 产业自主创新能力提升路径比较

基于产业联盟的战略性新兴产业自主创新能力的三条提升路径，各有其路径特点、提升重点和适用条件，具体见表6-1。

表 6-1　基于产业联盟的产业自主创新能力提升路径比较

比较内容 路径类型	路径特点	提升重点	适用条件
产业关键共性技术研发与扩散路径	产业联盟创新优势与产业自主创新共性需求之间有效对接	突破创新瓶颈:突破制约产业自主创新能力提升的关键共性技术	产业内众多企业在自主创新过程中面临着共同技术瓶颈,产业联盟具备突破产业共性技术优势
产业技术标准化路径	围绕"专利化—标准化—产业化"进行逐层推进、滚动提升和循环发展	提升创新层次:通过产业联盟将产业创新由产品、技术上升到标准层次	产业联盟掌握了一定的产业核心技术,而产业内众多企业仍然处于低层次创新,未来产业技术发展方向存在模糊性
产业创新链优化与升级路径	产业联盟处于产业创新链核心位置,成为连接全球创新链的桥梁纽带,是带动产业创新链持续升级的核心力量	实现持续创新:在全球化背景下,发挥产业联盟对产业创新链的辐射带动作用,实现在全球创新链中的持续升级	联盟成员是产业创新链核心节点,所在产业创新链结构不合理,整体协作效率不高,且有被全球创新链边缘化的风险

6.3　产业自主创新能力提升路径选择与转化

6.3.1　提升路径选择关键因素分析

通过基于产业联盟的战略性新兴产业自主创新能力提升路径的比较分析可知,提升路径的选择首先要受制于产业联盟核心创新优势的特色与水平,其次还要和产业自主创新能力发展要求以及产业内外部创新环境变化相匹配。如图 6-4 所示,综合三方面因素选择产业自主创新能力最优提升路径。

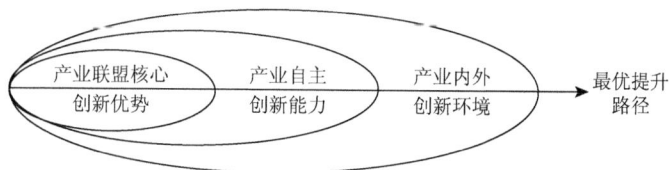

图 6-4　基于产业联盟的产业自主创新能力提升路径选择关键因素

1. 产业联盟核心创新优势辨识

产业联盟核心创新优势是未来战略性新兴产业自主创新能力形成与发展的基础[46],很大程度上决定了产业自主创新能力提升路径选择,基于产业联盟的分类、功能以及提升路径差异性,产业联盟核心创新优势辨识可以简化为基础性创新优势、核心技术优势以及国际化创新优势水平的对比评价,并构建指标体系见表 6-2。

表 6-2　产业联盟核心优势评价指标体系

一级指标	二级指标	二级指标权重
基础性创新优势 *A*	高校、科研院所数量比重	0.20
	基础性研究项目额比重	0.25
	共性技术成果数量比重	0.35
	三大检索论文数量	0.20
核心技术优势 *B*	发明专利数量	0.30
	技术标准数量	0.35
	科技奖励数量	0.15
	新兴技术产品销售额	0.20
国际化创新优势 *C*	跨国公司成员数量比重	0.20
	PCT 专利数量比重	0.30
	新兴技术产品出口额比重	0.20
	国际标准数量比重	0.30

在基于产业联盟的战略性新兴产业自主创新能力提升路径选择过程中，基础性创新优势、核心技术优势和国际化创新优势存在显著的层次性，依次为三条提升路径有效发挥作用的必要条件，因此，可以通过三个优势状态差异评价比较进行提升路径的初步选择。将三类核心创新优势确定为一级指标，对于不同的产业联盟，其优势特色应当存在差异性，所以将三个一级指标进行简单的综合评价，反而会模糊产业联盟创新优势特色，不利于产业联盟核心创新优势的辨识。因此，需要保留一级指标的评价结果，突出产业联盟的差异性，对三个一级指标也无需赋权，但为了得到一级指标的综合评价结果，需要对三个一级指标对应的二级指标进行分别赋权，赋权方法可采用层次分析法，通过聘请专家对二级指标进行相对重要性打分，并利用层次分析法进行计算确定其具体权重，具体见表 6-2。

将一级指标和二级指标的评价最高值设定为 20 分制，分别为优、良、中、差四档，其中二级指标的量化规则和打分标准见表 6-3。在此基础上，可选择政府科技管理部门、学术界和联盟实业界的相关专家依据规则打分，并计算每个二级指标平均分值，并结合二级指标权重，分别计算一级指标的综合分值及评价等级，为提升路径初步选择提供依据。

表 6-3　产业联盟核心优势二级评价指标的量化规则与打分标准

二级指标	量化规则与打分标准				注
	16~20（优）（中值18）	11~15（良）（中值13）	6~10（中）（中值8）	1~5（差）（中值3）	
高校、科研院所数量比重	40%以上	30%以上	20%以上	10%以上	
基础性研究项目额比重	50%以上	40%以上	30%以上	20%以上	主要是指承担的各类基础性和共性技术科技计划研究项目
共性技术成果数量比重	40%以上	30%以上	20%以上	10%以上	根据共性技术性质确定，重点考察高校、科研院所的技术成果
三大检索论文数量	400 篇以上	300 篇以上	200 篇以上	100 篇以上	具体标准可以参考该领域相关高校和科研院所排名及论文数量
发明专利数量	800 项以上	600 项以上	400 项以上	200 项以上	具体衡量标准还要看产业联盟涉及领域的核心专利规模和分布情况
技术标准数量	8 项以上	6 项以上	4 项以上	2 项以上	主要为产业联盟或其成员主导的标准数量
科技奖励数量	20 项以上	15 项以上	10 项以上	5 项以上	根据获得级别和等级可以进行当量计算
新兴技术产品销售额	50 亿元以上	40 亿元以上	30 亿元以上	20 亿元以上	
跨国公司成员数量比重	20%以上	15%以上	10%以上	5%以上	这些打分规则制定，需要参考同领域的国际知名产业联盟数据
PCT 专利数量比重	35%以上	25%以上	15%以上	5%以上	
新兴技术产品出口额比重	50%以上	40%以上	30%以上	20%以上	
国际标准数量比重	40%以上	30%以上	20%以上	10%以上	重点关注高于我国水平的一些国际产业或领域标准

2. 产业自主创新能力识别

根据战略性新兴产业自主创新能力的内涵本质、形成与演化规律以及提升路径的特点和适用条件，构建产业自主创新能力识别模型如图 6-5 所示。

（1）产业自主创新能力识别途径。产业自主创新能力本质是隐性的知识体系，其识别过程具有间接性与系统性，应当从产业自主创新能力的形成与发展最为相关的显性因素入手进行识别，主要能力识别途径包括产业核心优势分析、产业创新链分析以及产业战略要求分析等[47]。

能力识别途径　　　　　　能力识别重点

```
┌─────────────────┐          ┌─┬─────────────┐
│  产业核心优势分析 │───┐      │自│  特色识别    │
└─────────────────┘   │      │主├─────────────┤
┌─────────────────┐   │  ┌──►│创│ 发展阶段识别  │
│  产业创新链分析   │───┼──┘   │新├─────────────┤
└─────────────────┘   │      │能│ 能力缺口识别  │
┌─────────────────┐   │      │力│             │
│  产业战略要求分析 │───┘      │识│             │
└─────────────────┘          │别│             │
                             └─┴─────────────┘
```

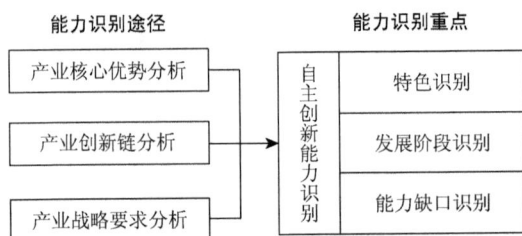

图 6-5　战略性新兴产业自主创新能力识别模型

　　首先是产业核心优势分析。核心优势是产业自主创新能力的形成基础与外在表现，是主导战略性新兴产业自主创新与可持续发展的一个或少量相关优势因素，因此，核心优势分析是产业自主创新能力识别的逻辑起点和关键点。服务于产业自主创新能力识别需要，产业核心优势分析主要突出为：本产业核心优势有别于其他地域同类产业的独特性分析；产业核心优势在产业创新资源整合、协同创新以及创新价值实现中的战略导向与辐射带动作用；现有核心优势的发展潜力以及转化的压力与可行性；产业核心优势也可以参考产业联盟核心创新优势进行定量分析，产业核心优势与产业联盟核心创新优势特色关联性和方向一致性很大程度上决定了基于产业联盟的提升路径的适宜性。

　　其次是产业创新链分析。主要突出产业独特的创新活动以及在全球创新链中的位势。第一，结合产业核心优势，分析产业创新活动独特性，尤其是确定产业创新链核心环节的创新产出与价值实现，还要分析产业创新链的薄弱环节以及整个价值链协同性；第二，从全球创新链视角，审视战略性新兴产业创新链与竞争对手优劣势，反映产业自主创新能力的特色创新优势、发展水平以及潜在的提升空间；第三，考察该产业创新链与全球创新链的协同性与承接性，把握产业自主创新能力未来发展方向与过程。

　　最后是产业战略要求分析。产业自主创新能力服务于产业自主创新活动与可持续发展，支撑产业战略地位和自主创新战略要求。第一，需要分析产业战略地位，即分析战略性新兴产业是属于主导产业还是配套产业，在所在地域的科技与经济的辐射带动作用下，不同产业地位对产业自主创新能力需求不同；第二，需要分析战略性新兴产业自主创新是要实现突破性创新还是渐进性创新，明确在原始创新、集成创新或引进消化吸收再创新三类创新中的战略侧重点，这对产业自主创新能力水平与提升重点提出了具体要求。总之，通过产业战略要求分析，结合产业自主创新能力现有特色与发展水平，可以确定产业自主创新能力可能面临的能力缺口。

　　（2）产业自主创新能力识别重点。选择基于产业联盟的提升路径为前提，就是要明确产业自主创新能力的特色是否与产业联盟核心创新优势相匹配，产业自主创新能力处于哪个发展阶段，以及其支撑产业持续发展的能力缺口是什么，这是对产业自主创新能力的系统识别。

首先是产业自主创新能力特色识别。产业自主创新能力的高低取决于其能力特色水平，因此，第一，需要辨识战略性新兴产业在哪些方面具有独特的创新能力；第二，和其他地域的竞争对手相比，产业自主创新能力异质性强弱如何；第三，还要明确产业自主创新能力特色支持产业自主创新活动的效果。

其次是产业自主创新能力发展阶段识别。产业自主创新能力具有周期性演化特征，遵循一般事物的发展规律，通常可以分成初创期、成长期、成熟期以及衰退期（或重构期）等阶段，且处于不同发展阶段的产业自主创新能力提升重点存在差异性[48]。

最后是产业自主创新能力缺口识别。面向战略性新兴产业自主创新战略及可持续发展要求，识别产业自主创新能力当前以及未来存在的战略缺口，从而进一步明确基于产业联盟的产业自主创新能力提升重点任务。

3. 产业内外部创新环境分析

基于产业联盟的战略性新兴产业自主创新能力提升路径要与创新环境进行动态匹配，才能更好地发挥产业联盟的提升作用。总的来说，提升路径选择主要受全球创新环境、国家（或区域）创新环境以及产业创新内环境三层环境因素的影响。

（1）全球创新环境。首先，全球创新环境的激烈变化源于科技重大变革，因此，从全球范围关注与本产业密切相关的重大科技变革，是产业联盟引领战略性新兴产业自主创新的出发点；其次，要关注与本产业存在创新雷同、替代甚至制约关系的其他国家或地区的竞争性产业的动向，便于寻找创新空白点或占据有利创新位势；最后，经济科技全球化对于战略性新兴产业发展是一把双刃剑，一方面，使得战略性新兴产业面临多面竞争，另一方面，也便于战略性新兴产业在全球创新链环境下充分整合全球资源进行全球化协同创新，并充分利用全球创新链升级与转移的机会，充分发挥后发优势以及开启追赶发达国家高（新）技术产业的机会窗口。总之，全球创新环境机遇与挑战并存，选择产业自主创新能力提升路径，很大程度上也就是基于产业联盟的产业自主创新全球化战略定位，路径的环境适应性有利于趋利避害。

（2）国家（或区域）创新环境。这里是指战略性新兴产业所在的国家（或区域）影响产业联盟辐射作用发挥和产业自主创新能力提升的相关资源条件状况，主要包括创新政策、知识产权保护、技术交易市场、创新资源禀赋等。首先，产业联盟推动产业自主创新带有很强的"公共品"性质，科技计划、创新平台、税收优惠等创新支撑政策有利于激发产业联盟进行创新与成果扩散的热情；其次，产业联盟本质也是在市场机制下追求"熊彼特租金"，基于产业联盟的创新成果有序扩散，需要完善的知识产权制度和技术交易市场机制得以保障；最后，无论是产业联盟还是战略性新兴产业开展自主创新活动，都需要大量人、财、物、信息等丰富的创新资源，这也是制约很多贫穷落后地区开展自主创新的重要因素。

（3）产业创新内环境。产业环境对战略性新兴产业自主创新能力提升路径选择的影响较为直接。首先是产业集聚化程度，产业集聚化的动因已经转向了创新网络，创新网络紧密程度与有序性，使得产业联盟与产业内广大中小新兴技术企业创新行动步调一致、创新分工明确，有利于产业创新资源有效整合和创新成果快速扩散，强化了产业联盟的辐射带动作用，保证产业联盟的高级别战略使命得到响应和有效贯彻；其次是产业创新主体差异性，主要是指产业联盟成员与其他广大新兴技术企业之间的创新素质差异性，通常差异性过大，使得产业联盟创新成果难以在产业内得到有效的消化吸收，而差异性过小，则产业联盟没有更高的核心位势转化为产业自主创新能力的必要，因此，产业联盟的产业提升功能的发挥受制于产业内广大组织机构的创新素质的影响；最后，基于产业联盟已经形成的产业自主创新能力提升路径具有很强的路径依赖性，如果在此基础上进行再选择，要考虑现行的提升路径的类型、特点与作用，如果已有的提升路径具有借鉴或改进的价值，则需要在原有基础上进行调整与变动，使得基于产业联盟的产业自主创新能力能够保持持续、稳定地提升。

6.3.2　提升路径选择框架

1. 提升路径初步选择

一般地，单从产业联盟核心创新优势评价结果来看，基于产业联盟的战略性新兴产业自主创新能力提升路径初步选择如图 6-6 所示。核心创新优势是产业联盟发挥产业自主创新能力提升的必要条件，很大程度上决定了产业自主创新能力提升路径的选择，可以起到提升路径初步选择的作用。基础性创新优势、核心技术优势以及国际化创新优势不仅反映了产业联盟的创新实力大小，而且也是联盟创新优势逐步提升的过程。例如，我国很多大企业创新能力偏弱，而高校、科研院所的优势又主要侧重于基础性研究或共性技术创新，因此，当前很多新成立的产业联盟在基础性创新优势方面显著，其产业创新功能也必然定位于产业共性技术创新，对应的产业自主创新能力提升路径通常为关键共性技术研发与扩散路径；随着产业联盟核心技术优势强化和在产业自主创新中的影响力扩大，可以承担高级别的提升任务。

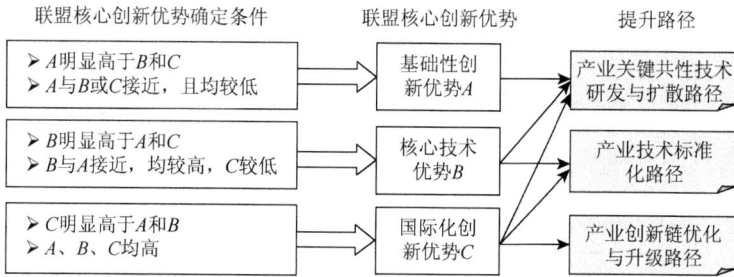

图 6-6　基于产业联盟的产业自主创新能力提升路径初步选择

2. 提升路径最优匹配选择

产业联盟核心创新优势只是提升路径选择的必要条件，或者说是限定了产业联盟的产业创新功能最大边界（或上限）[49]，随着产业联盟核心创新优势特色水平提升，其可以在原有基础上承担更具创新性的能力提升任务，此时需要结合产业自主创新能力发展态势和产业内外部创新环境变化，在可以胜任的范围内进一步确定产业联盟应当从事的产业创新提升任务，从而实现"优势-能力-环境"的最佳匹配，此时选择的提升路径是唯一的最佳路径。在提升路径初步选择的基础上，结合前面的产业自主创新能力识别模型与产业内外部创新环境分析重点，给出提升路径最优匹配选择策略见表 6-4。

表 6-4　基于产业联盟的产业自主创新能力提升路径最优匹配选择

产业联盟核心创新优势	产业自主创新能力	产业内外部创新环境	对应提升路径
基础性创新优势	存在制约产业创新的共性技术瓶颈	（1）顺应世界主流技术 （2）政策支持得力 （3）产业内具备基本创新素质，且与产业联盟存在一定的技术差距	产业关键共性技术研发与扩散路径
核心技术优势	（1）基础性创新优势存在发展潜力 （2）处于初创期或重构期 （3）制约产业发展的共性技术能力瓶颈突出	（1）未来技术变革重点 （2）政策支持得力或市场机制健全 （3）广大企业与产业联盟存在较大的技术差距，存在路径依赖	产业关键共性技术研发与扩散路径
核心技术优势	（1）产业创新能力围绕核心技术创新形成与发展 （2）处于成长期或重构期 （3）有待快速提升或跃迁	（1）面临创新多样化格局或技术重大变革 （2）优越地域创新环境 （3）产业集聚化程度高	产业技术标准化路径
国际化创新优势	（1）创新特色优势不突出 （2）处于初创期或重构期 （3）能力水平有待提高或扭转能力急速衰退的局面	（1）未来技术变革重点 （2）政府创新支持或市场机制健全 （3）广大企业与联盟成员差距大，存在路径依赖	产业关键共性技术研发与扩散路径

产业联盟核心创新优势	产业自主创新能力	产业内外部创新环境	对应提升路径
国际化创新优势	（1）具备一定的核心技术优势 （2）处于成长期或成熟期 （3）能力快速提升或延缓衰退	（1）高层次竞争激烈的创新环境 （2）政府创新支持或市场机制健全 （3）广大企业与联盟成员差距较大，存在一定的路径依赖	产业技术标准化路径
	（1）全球创新资源整合优势明显 （2）处于成熟期或重构期 （3）能力可持续发展问题	（1）与全球创新链协同度高，存在被边缘化风险 （2）优越地域创新环境 （3）产业集聚化程度高，产业联盟成为产业自主创新的原动力	产业创新链优化与升级路径

6.3.3 提升路径转化

在产业联盟核心创新优势、产业自主创新能力以及产业内外部创新环境三大因素综合作用下，基于产业联盟的战略性新兴产业自主创新能力提升路径存在动态转化问题。产业联盟提升战略性新兴产业自主创新能力的路径转化非常复杂，其本质是路径的再选择问题，且主要是满足动态环境下实现产业自主创新快速提升。在提升路径最优匹配选择的基础上，将产业自主创新能力发展因素简化为能力水平，并分为低、中、高三个档次，并在不影响分析结果的情况下，用其代表能力提升要求以及特定路径下的最有可能的提升结果，而将产业联盟核心创新优势作为另一分析维度，产业内外部创新环境则在路径转化中主要是通过影响能力水平和联盟核心技术优势来形成转化压力。为此，可以构建产业自主创新能力提升路径转化的二维矩阵，如图 6-7 所示。

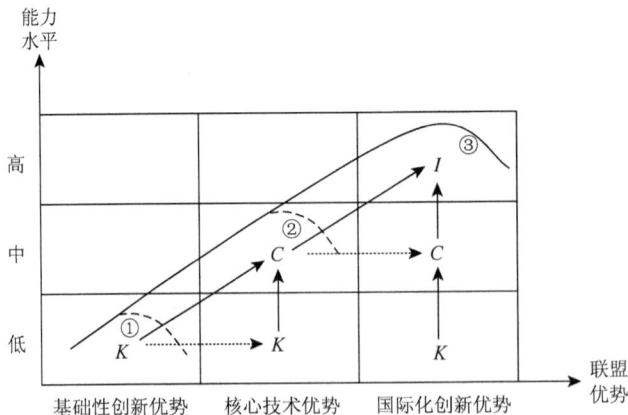

图 6-7 基于产业自主创新能力演化的提升路径转化过程

K 代表产业关键共性技术研发与扩散路径；C 代表产业技术标准化路径；
I 代表产业创新链优化与升级路径

在图 6-7 中，①～③分别代表产业自主创新在不同产业联盟核心创新优势下形成能力水平演化曲线示意图，从图 6-7 中也可以看出，具有基础性创新优势、核心技术优势和国际化创新优势的产业联盟最大提升作用依次增加，其中较好的提升路径转化为 $K \rightarrow C \rightarrow I$，即产业关键共性技术研发与扩散路径→产业技术标准化路径→产业创新链优化与升级路径，具体又有三个实现过程：

过程一：产业联盟核心创新优势由基础性创新优势向核心技术优势再向国际化创新优势依次转化，核心能力也相应地由低到中再到高逐步提升，联盟优势转化、能力演化与路径选择形成最佳匹配。

过程二：产业联盟核心技术优势由产业关键共性技术研发与扩散路径转向产业技术标准化路径，然后随着产业联盟转向国际化创新优势，提升路径也转化为产业创新链优化与升级路径，从而实现了核心能力持续提升。

过程三：围绕产业联盟的国际化创新优势，依次完成产业关键共性技术研发与扩散路径→产业核心技术标准化路径→产业创新链优化与升级路径，产业自主创新能力快速提升。

另外，在理论上，两条虚线（①和②）的出现，也会形成较为迂回的路径转化过程。

提升路径"为何转化""何时转化""怎么转化"仍然是重要的战略性决策问题，也就是要明确路径转化的目的、转化的时机和转化的动力。首先，转化的目的是明确突破产业自主创新能力提升的障碍以及在下一个阶段提升的重点，如产业自主创新能力由初创期的能力基强化向成长期的快速提升，产业联盟应当重点提升战略性新兴产业创新层次；相应地，成长期向成熟期转化，提升路径转化的目的则是要实现自主创新能力可持续发展。其次，转化的时机选择更多会受到战略性新兴产业内外部创新环境变化程度影响，通常竞争环境变化越激烈，则提升路径转化时机的选择也越关键，且应当迅速推进路径转化。转化的动力除了产业联盟成员追求创新收益之外，还要得以于政府部门提供各类优惠政策积极引导路径转化。

6.4　本　章　小　结

本章提出了基于产业联盟的战略性新兴产业自主创新能力提升路径内涵与构建原则，并结合产业联盟分类、产业创新功能定位以及对产业自主创新能力的提升机理，构建三条提升路径：产业关键共性技术研发与扩散路径、产业技术标准化路径、产业创新链优化与升级路径，给出各路径的特点、提升重点和适用条件。围绕产业联盟核心创新优势辨识、产业自主创新能力识别和产业内外部创新环境进行提升路径选择与转化的关键因素分析，构建提升路径初步选择和最优匹配选择的二阶段选择方法，并给出基于产业自主创新能力演化的提升路径与转化过程。

第 7 章　基于产业联盟提升战略性新兴产业自主创新能力的管理机制

7.1　面向产业创新的产学研结合模式与长效机制

产业联盟的本质就是面向产业重大创新的高端产学研合作，主要解决当前产学研合作动力不足、合作持续性差、组织松散、创新层面低等问题，因此，不同于一般产学研合作，产业联盟要形成面向产业重大创新的产学研结合模式与长效机制，这是产业联盟推动产业自主创新的前提。

7.1.1　产学研结合模式

1. 基于重大科技专项结合模式

重大科技专项是为了实现国家或区域自主创新战略目标，通过核心技术突破和资源集成，在一定时限内完成的重大战略产品、关键共性技术和重大工程，是科技发展的重中之重。国家重大科技专项工程来源于《国家中长期科学和技术发展规划纲要（2006~2020 年)》，集中力量办大事的思路和产业联盟成立的宗旨一致。因此，围绕重大科技专项是产业联盟结合的重要模式。2009 年成立的"集成电路封测产业链技术创新联盟"，是国家重大科技专项实施中创新产学研结合组织模式的第一家，也是中国在重大专项中推动产业技术创新战略联盟构建的一个良好开端。2009 年成立的"集成电路封测产业链技术创新联盟"由中国从事集成电路封测产业链制造、科研、开发、教学的 25 家骨干企事业单位发起并自愿作为首批成员组成。成立"集成电路封测产业链技术创新联盟"将有利于中国集成电路封测产业集聚和整合创新资源，有利于加快集成电路封测产业核心技术和关键产品的开发、应用及产业化，有利于开展产学研技术合作、成果转化和国内外科技交流等创新活动，从而提升中国集成电路封测产业自主创新能力和核心竞争力，推进中国集成电路封测产业技术的快速发展。

2. 基于产业创新平台结合模式

产业创新平台是战略性新兴产业技术创新链的核心节点，其中最为重要的就是高校或科研院所的重点实验室、工程中心，这类平台面向产业技术创新，重点解决制约产业发展的核心技术和关键共性技术。充分凸显高校、科研院所的创新源头和人才优势,基于产业创新平台成为产业联盟成员结合的关键连接点。黑龙江省高性能纤维及先进复合材料产业技术创新联盟就是依托材料领域的哈尔滨工业大学特种环境复合材料技术国家重点实验室、哈尔滨玻璃钢研究院国家树脂基复合材料工程中心以及黑龙江省先进复合材料产业基地等构成平台网络,将各类联盟成员结合在一起。

3. 基于优势企业结合模式

基于优势企业结合模式就是围绕优势企业组建面向产业技术的高端产学研联盟,是最常见的产学研结合模式。一方面,优势企业创新在战略性新兴产业中最具代表性,围绕优势企业组建产学研联盟能够更好地服务于产业创新能力提升;另一方面,优势企业是自主创新的主体,产学研联盟就是在市场机制作用下,将高校和科研院所的创新资源更好地优势企业聚集,从而综合三方优势来突破新兴技术企业面临的重大技术创新难题。采用此类集合模式的产业联盟较多,黑龙江省医药产业技术创新战略联盟的核心就是哈药集团有限公司,还吸纳了其他 42 家医药企业、6 家高校和 7 家科研院所,这一产业联盟成员涵盖了黑龙江省医药产业的所有优势企业,主导了该产业未来发展方向。

4. 三类典型结合模式优缺点比较

面向产业创新的产学研联盟属于战略层面合作,不同于以往的服务于个别企业技术创新的产学研合作,三类典型结合模式在推动产业创新方面各有其优势和劣势,具体见表 7-1。

表 7-1　三类典型结合模式优缺点比较

典型结合模式	优势	劣势
基于重大科技专项结合模式	产业联盟成为重大科技专项实施载体,有利于集中多方优势联合攻关,保证重担科技工程的顺利实施,同时重大科技专项也成为市场机制下政府推动高端产学研合作的有效手段	项目需求组合,非产业最优组合;联盟成员自身投入积极性差;通常会造成短平快行为,合作时间依项目而定,缺乏持续性
基于产业创新平台结合模式	产业创新平台集中特定产业领域的优势创新资源,是连接上下游创新链的桥梁纽带,充分发挥高校、科研院所作为产业创新源作用	高校、科研院所过分追求技术先进性,外加产业化资源投入不足,难以形成完整的产业创新链
基于优势企业结合模式	市场化运作程度高,确立了企业创新主体地位,体现了企业创新需求,避免了政府干预,有利于将社会优势创新资源向企业聚集	创新活动仅仅是为了企业个性化需求,或者将具有"公共品"性质的创新成果进行垄断

7.1.2　产学研结合长效机制

科学设计长效机制,才能保证面向产业技术的产学研合作持续发展[50],围绕产业联盟成长及创新活动过程，依次需要联盟形成机制、创新资源整合机制、创新任务协调与过程控制机制和创新利益分配机制，同时这些机制的成功构建与有效运行也需要政府的引导与支持，如图 7-1 所示。

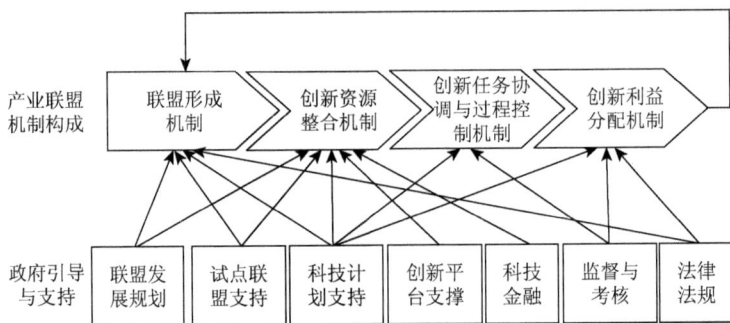

图 7-1　面向产业创新的产学研结合长效机制

1. 联盟形成机制

（1）联盟形成动力。产业联盟合作在市场机制下形成，每个成员参与此类产学研合作首要是利益追求，通过产学研合作更有利于成员自身长远发展需要，高校和科研院所创新成果进行快速转化，并且可以获得持续研发资金支持，培养出符合市场需要的创新人才，同时将高校和科研院所的各类创新资源有效聚集到企业，进一步确立企业自主创新的核心地位。当然此类产学研联盟构建面向产业创新，带有一定的"公共品"性质，因此，联盟形成动力机制也需要政府的引导与支持，如政府产业联盟发展规划引导、试点联盟优惠政策、产学研科技计划支持等也成为产学研联盟形成的外在动力。

（2）联盟伙伴动态选择。选择机制就是按照能力相容、优势互补、交易费用较小的原则，科学确定联盟伙伴的规则和程序。首先，面向产业技术的产学研联盟成员都应当是所属产业或领域的优势创新主体，这是联盟伙伴初筛的重要标准，当然盟主作为发起者（也就是产业联盟的理事长单位）是其中最具影响力的创新主体；其次，要根据联盟目标和联盟成员创新优势，构建产学研联盟伙伴选择标准，对联盟伙伴进行综合评价，联盟的盟主或主要牵头单位根据评价分析结果确定联盟成员，并将未能进入首批选择备选联盟伙伴，纳入伙伴备选库；最后，要保持联盟的对外开放性，在联盟运作过程中根据联盟成员表现形成联盟伙伴动态更新机制，同时积极吸收国外跨国公司加入联盟，提高联盟创新层次。在联盟伙伴选择过程中，政府对试点联盟提出了一些选择标准，定位于产业领域中的顶尖企事业单位组成的产业联盟，这也是很多联盟伙伴选择的重要参考，同时重大科技专项联合申报突出了各个承担单位优势特色互补，客观上形成了联盟伙伴选择机制[51]。

（3）联盟契约设计。2008 年科学技术部等六部门联合发布的《关于推动产业技术创新战略联盟构建的指导意见》中明确指出，要具有法律约束力的联盟协议，因此此类产学研联盟属于契约式联盟，联盟契约设计与签署是产业联盟形成的重要标志。在《关于推动产业技术创新战略联盟构建与发展的实施办法（试行）》中，对产业联盟合同要件进行了较为详细的规定。联盟契约是产业联盟成立时制定的章程、合同、协议等一系列规范产业联盟及其成员的创新行为规范，签署之后具有法律效力，当前比较典型的契约文件有联盟章程和具体技术合作协议等，如《黑龙江省高性能纤维及先进复合材料产业技术创新战略联盟协议书》对联盟名称、组织原则和组建宗旨，联盟的技术创新目标、任务和联盟成员的任务分工，联盟的组织机构及职责，联盟成员，联盟的经费管理，联盟的项目管理，联盟收益分配原则和知识产权管理，联盟的解散和清算，违约责任等提出了规范性条款，鉴于联盟成员间又进行了一系列技术合作，为此，在产业联盟协议框架下还有具体的技术合作协议，如哈尔滨玻璃钢研究院和哈尔滨工业大学之间签署了《高性能复合材料筋及阻燃制品在高铁上的应用技术协议书》。联盟契约的设计也受到了相关法律法规的影响，如知识产权保护、无形资产投入与价值估算等方面法律法规的健全性可以更好地消除联盟契约"不完整性"。

2. 创新资源整合机制

联盟成员可以在自有创新资源的基础上通过共享其他联盟成员的创新资源，从而突破单个创新主体的创新资源约束力。基于产业联盟创新战略与联盟成员资源优势，将联盟成员间通过特有资源的补缺与共享推动联盟创新资源的总体优化，联盟创新资源共享机制具体构建思路：联盟成员根据各自的创新资源余缺信息清单，在研发战略目标、模块分解、任务承接与平行关系、研发控制导向作用下进行资源交换和共享。①基于创新目标需要分析联盟成员的创新资源余缺情况，并将各成员的创新资源余缺信息输入该联盟资源共享信息系统。资源共享信息系统具有资源余缺分析、相关信息及时传递和创新资源协调功能，成为联盟成员提供资源的共享平台[52]。②资源共享信息系统对创新资源的供需状况进行分析后，联盟成员通过资源交换实现创新资源充分共享。③联盟成员通过联盟资源的共享实现了自有创新资源的更新，保证创新任务的顺利完成，并基于创新绩效的优劣和研发任务的动态调整形成联盟创新资源进一步共享与优化的信息反馈[51]。

产业联盟创新资源整合优势不仅仅来自于联盟成员间的资源互补与共享，而且在资源整合过程中还要得到政府资源支持与调控，首先重点战略性新兴产业联盟发展规划会从战略层面提出全方位支持产业联盟发展的资源保障措施，其次还有试点联盟的专项支持，尤其是重大科技计划和创新平台建设的资金支持，最后在政府引导下科技金融支持，这些政策性支持，为产业联盟不仅提供了必要的资金支持，而且对产业联盟成员资源投入与共享提供了重要的引导作用。

3. 创新任务协调与过程控制机制

（1）创新任务分配与协调。在产业联盟中，创新任务往往可以分解成多个各自独立并具有一定关联性的子任务，并通过联盟企业对各自承担的子任务的完成来实现联盟整个创新目标的实现。首先，根据产业联盟创新任务可分解性将联盟总体创新目标进行科学分解，相对应的研发任务便形成了一定的子任务。其次，根据联盟成员的特色创新资源和创新能力，对创新子任务进行匹配。最后，将子任务模块落实到联盟成员之后，根据子任务之间存在并行、互动、承接等关系，产业联盟成员间可以进行创新活动有效协调[51]。

产业联盟承担重大科技计划项目和创新平台建设工程，则这些项目任务书会有明确的任务分配与承担规定，这是相关科技管理部门对产业联盟创新活动进行任务分配与协调管理的重要依据。

（2）创新过程控制。时间、质量、成本是项目管理的三个维度，三者的协同控制是实现项目高效管理的关键，同样在联盟的创新过程管理中得以借鉴和运用。同时，联盟创新过程中伴随更多的不确定性和风险因素，因此有必要考虑风险控制问题。在联盟创新过程中，政府的一系列引导与支持手段也会产生控制作用，科技计划支持通常会对项目进度时间、预期创新成果都有严格要求，而且国家在《关于推动产业技术创新战略联盟构建与发展的实施办法（试行）》中对产学研联盟承担重大科技专项及相关政府扶持资金都有明确的经费管理要求，政府可以对产学研联盟运行效果进行监督与考核，促进了创新活动的规范化，如图 7-2 所示。

图 7-2　产学研联盟创新过程控制

4. 创新利益分配机制

一个好的利益分配机制不仅可以合理体现各联盟成员对产业联盟创新的资源投入以及承担的风险[53]。假设产业联盟仅有两个成员 a 和 b（多个成员同理），并假设如下：

I_a、I_b 为假设两个成员的创新资源投入；t 为产业联盟持续时间；$y(t)$ 为产业联盟运营期为 t 的创新收益；η_a、η_b 为两个成员各自的主观预期收益率；σ_a、σ_b 为两个成员各自承担的风险而造成的损失。K_a、K_b 为两个成员对各自投入所要求的收益份额；K_a^*、K_b^* 为两个成员对各自投入所要求的产权份额临界值。

则可以构建产业联盟利益分配模型为

$$\frac{K_a y(t) - I_a - \sigma_a}{I_a + \sigma_a} \geqslant \eta_a$$

$$\frac{K_b y(t) - I_b - \sigma_b}{I_b + \sigma_b} \geqslant \eta_b$$

并求解得

$$K_a \geqslant (1 + \eta_a) \times \frac{I_a + \sigma_a}{y(t)}$$

$$K_b \geqslant (1 + \eta_b) \times \frac{I_b + \sigma_b}{y(t)}$$

因此，两个成员的收益份额最低临界条件是

$$K_a^* = (1 + \eta_a) \times \frac{I_a + \sigma_a}{y(t)}$$

$$K_b^* = (1 + \eta_b) \times \frac{I_b + \sigma_b}{y(t)}$$

$$0 < K_a^* + K_b^* \leqslant 1$$

只有产业联盟成员实际分配收益分别大于 K_a^*、K_b^*，联盟采用积极性，有利于产业联盟稳定持续发展。

在利益分配中，政府部门科技计划支持、产业联盟监督与和考核以及相关的法律法规的完善，有利于产业联盟利益分配机制完善与有效运行。针对性的科技计划支持增加并正确引导产业联盟创新投入，降低创新成本与风险，并通过科技计划形成的一些创新收益让渡给了产业联盟，增加了产业联盟创新收益，使得联盟成员收益增加。产业联盟创新成果很多形成的是知识性、无形性极高的各类知识产权，这样使得产业联盟成员创新投入、风险承担甚至是知识产权归属权以及价值评估都成为难点，政府科技部门形成的产业联盟监督和考核机制更能从战略性新兴产业发展战略高度对产业联盟创新投入与成果价值进行更为客观的评价，法律法规使得知识产权归属权及其长期收益分配提供了依据。

7.2　基于产业联盟的产业自主创新引导机制

7.2.1　产业联盟布局

产业联盟布局主要就是围绕战略性新兴产业领域自主创新要求进行产业联盟系统布局，产业联盟在战略性新兴产业领域布局主要考虑技术创新因素，且主要受到产业当前技术发展水平与产业未来技术发展潜力两方面影响。

1. 产业当前技术发展水平

产业当前技术发展水平，选择产业专利授权数量、产业专利申请数、产业 R&D 人员、产业 R&D 经费投入量、新兴技术产品数量与产值以及产业专用固定资产总量等指标来反映。

（1）产业专利授权数量反映产业内部科技水平与科技实力，一般而言产业专利授权数量越高，产业自主创新能力越强，产业前期的创新基础越雄厚，产业联盟发展越具优势。产业专利申请数量反映产业内部科技创新活动活跃程度，产业内部企业、科研院所等创新意识越强，越愿意开展技术联盟产业共性技术研发与创新，因此专利申请数量越高的产业领域形成的技术联盟发展空间越大。

（2）产业 R&D 人员是技术创新活动有效开展的能动性因素，决定产业技术发展水平以及产业联盟的发展潜力，一般而言，产业 R&D 人员数量越多，越容易布局产业联盟。

（3）产业 R&D 经费投入量反映产业开展技术联盟的资金保障情况，而占销售收入的比重则反映了产业对研发活动的重视程度以及支持力度。

（4）新兴技术产品数量与产值主要从技术视角反映产业技术成果产业化效率，而新兴技术产品产值则主要从市场接受度与产品适用性等角度反映产业技术成果产业化效果。

（5）产业专用固定资产总量反映一个产业为了开展技术创新与研发而付出的定向投入，是产业创新规模和实力的体现。

2. 产业未来技术发展潜力

产业未来技术发展潜力采用以上指标的各年增长率来反映，各项指标的增长率越快，表明产业技术创新越具发展空间。

3. 产业联盟的领域布局策略

以产业技术发展水平、产业技术发展潜力两个维度的综合得分分别作为坐标系纵轴与横轴上的取值，并以综合得分 0.5 作为分界点，则依次将产业领域分为优势领域、主导领域、前景领域以及改造领域，则产业联盟的领域布局策略如图 7-3 所示。

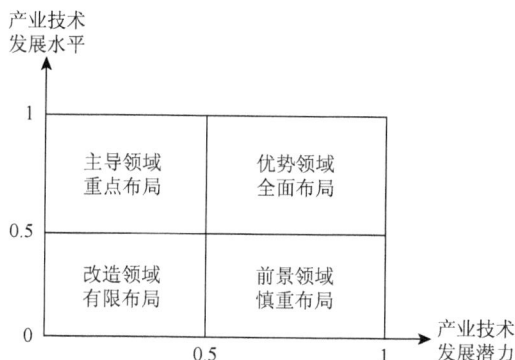

图 7-3　产业联盟的领域布局策略

（1）优势领域：进行产业联盟全面布局，且支持产业联盟发展国际领先技术，重点技术标准化，通过产业联盟带领产业参与国际创新链高端竞争。

（2）主导领域：重点围绕产业技术改造与升级进行产业联盟的布局，支持产业联盟攻关产业发展技术瓶颈，进而实现产业创新链优化升级。

（3）前景领域：有效整合各方力量，准确选择最具发展潜力的技术或新兴技术产品构建产业联盟，重点掌握核心技术和主导该领域发展的技术标准。

（4）改造领域：对领域改造的技术和市场可行性进行评价，挖掘该领域技术创新资源特色和未来可能的创新潜力空间，然后进行有限的产业联盟布局。

7.2.2　产业技术路线图制定与实施

1. 产业联盟制定与实施产业技术路线图优势

（1）产业联盟面向产业技术创新，其联盟成员均为所属产业的优势企业、高校和科研院所，在产业中具有一定的影响力和代表性，通过产业联盟制定产业技术路线图，突出产业自主创新战略重点，表达行业重大需求。

（2）产业联盟是所属产业领域的高端产学研联盟，在健全的产学研协同机制下，产业联盟可以围绕科学研究、技术实现和市场潜力等系统制定产业技术路线图。因此，通过产业联盟制定产业技术路线图，产业技术发展定位与方向更为明确，产业关键技术瓶颈更为现实，技术路线选择更为科学性，重大项目凝练更具前瞻性和科学性。

（3）产业联盟集聚了产业优势创新资源，承担产业技术路线图核心环节和重点技术攻关任务，是将产业技术路线图付诸实施的重要载体和推动力量。

总之，建立基于产业联盟的产业技术路线图制定与实施机制，确保了产业技术路线图的引领性、科学性和可行性。

2. 基于产业联盟的产业技术路线图绘制过程

产业联盟是产业技术路线图绘制的主体，但是产业技术路线图毕竟是一项具有"公共品"性质的行为，政府和行业协会可以作为委托方和监督方参与制定工作，这样基本上代表了产业技术发展的所有相关利益者。产业技术路线图绘制过程主要包括准备阶段、绘制阶段和更新阶段[54]，基于产业联盟的产业技术路线图绘制过程见表7-2。

表7-2　产业技术路线图绘制过程

相关利益代表		准备阶段	绘制阶段	更新阶段
产业联盟成员	企业	提供产业技术、产品以及市场等相关信息	（1）根据产业技术和市场潜力确定未来产品图，并给出产品关键属性； （2）明确不同时期产品研发与生产重点	根据市场竞争态势精确调整产品开发重点与时间点
	高校	提供行业技术前沿动态信息以及专家团队支持	（1）支撑产业发展的科学研究路线图； （2）创新人才培养方案； （3）创新成果产业化方案	根据最新科学技术变化调整或增加新的研究重点
	科研院所	提供产业技术工程化、工艺化信息	（1）共性技术创新路线图； （2）产品工程化和工艺技术实现方案	动态实现科学技术与产品市场化之间的有效衔接
政府		建立领导团队，与产业联盟签订委托协议，提供必要的资金支持	（1）传达产业技术中长期发展相关规划； （2）确定未来产业技术发展定位与目标； （3）明确科技计划、创新平台等支持重点	（1）动态评估产业技术路线图； （2）根据推进反馈及时组织调整产业技术路线图支持政策
行业协会		建立第三方监督团队，提供行业技术发展信息	监督产业技术路线图切实反映产业发展需求，并代表非联盟企业补充并完善配套产品、技术与服务的路线图	（1）监督产业技术路线图推进； （2）代表新的行业发展要求提出调整建议

3. 基于产业联盟的产业技术路线图实施

基于产业联盟的产业技术路线图制定很大程度上已经考虑了产业联盟在产业自主创新过程中的关键引导作用。根据已经绘制好的产业技术路线图，产业联盟要围绕纵向与横向两个维度承担核心战略任务与发挥主导作用，推进产业技术路线图有效实施，如图7-4所示。

（1）纵向实施。从纵向看，产业技术路线图包含了产业目标、市场需求、产品、产业技术和创新资源等要点，且存在严密的战略逻辑关系，因此，基于产业联盟的产业技术路线图的实施也需要充分体现这些战略要点及其逻辑关系，充分发挥产业联盟在产业技术路线图实施中的战略重点承担者，主要包括：承担产业

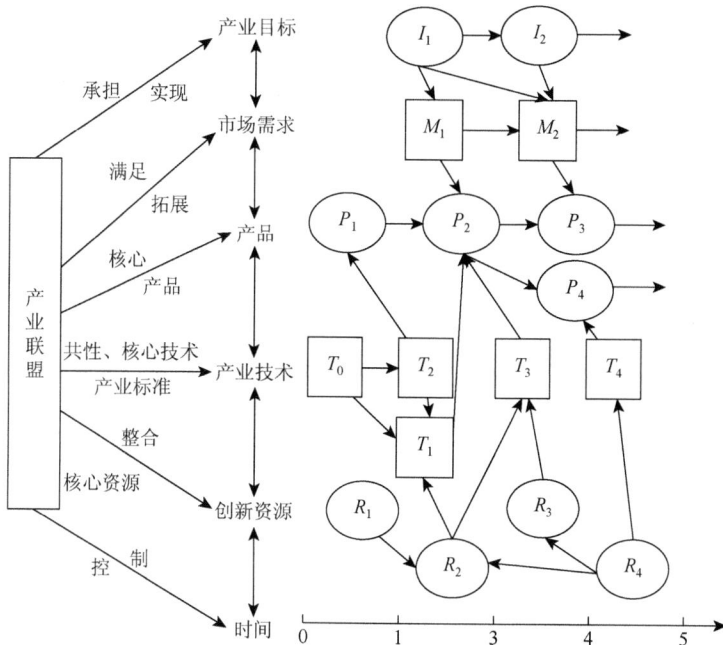

图 7-4　基于产业联盟的产业技术路线图实施

核心目标任务与有效实现；产业联盟不仅要成为市场的重要供给者，而且是市场的重要开拓者，即增加市场份额和扩展市场覆盖率等；为了满足并主导市场需求，产业联盟要成为核心产品供给者；新兴技术产品属于知识密集型、技术密集型产品，技术含量决定了价值高低，因此，产业联盟必须要积极创新，重点掌握产业关键共性技术、核心技术以及相关产业标准；产业联盟要完成重要战略任务，就需要充分整合内外部优势创新资源。总之，通过由上而下的逐步分解与由下而上的逐步支撑，保证了产业联盟对产业技术路线图的全面战略推进，并引导整个产业活动始终服务于产业创新目标的实现。

（2）横向实施。横向实施就是通过产业联盟来确保产业技术路线图在时间维度上有效推进，突出表现为产业联盟将产业技术路线图中的短期、中期以及长期技术战略进行逐步推进与有效衔接。不同于一般创新主体，产业联盟控制产业技术战略推进中的关键点，尤其是更具远见的战略性控制，在一个产业技术战略期实施过程中就开始进行下一个战略期的资源、技术以及核心产品储备，当阶段性战略目标实现后，能够率先进行战略转化[55]，引导整个战略性新兴产业迈向下一个战略期。

另外，基于产业联盟的产业技术路线图的制定与实施是一个互动过程，一方面，产业技术路线图为产业近期技术瓶颈，尤其是长期的产业技术储备性创新指明了方向；另一方面，产业技术路线图近期内容比较明确，而长期目标则比较模糊，随着时间的推移，长期目标转化为界定性的短期目标，产业联盟不仅是产业目标忠实守护者，而且也是产业目标的逐步明晰与调整者。总之，在产业技术路线图的制定与实施互动过程中，产业联盟发挥了关键作用，从而保证了产业沿最优路径推进自主创新战略和快速提升自主创新能力。

7.2.3 产业联盟引领产业自主创新的政策支持机制

对战略性新兴产业联盟进行领域布局以及通过产业联盟制定并实施产业技术路线图，如何使产业联盟发展与产业自主创新战略目标一致，如何有效地发挥产业对产业自主创新的引领作用，则还需要相应的政策支持机制得以保障。如图7-5所示，通过科技计划、创新平台、创新方法和创新人才等典型的政策支持，产业联盟对整个产业自主创新起到引领作用。

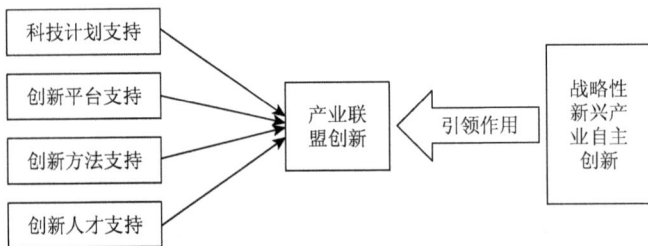

图 7-5　产业联盟引领产业自主创新的支持机制

1. 科技计划支持

围绕产业技术路线图的创新重点和凝练的项目，各类重大科技计划要向产业联盟倾斜，尤其是实施重大科技专项，可以规定产业联盟或其成员才有资格承担。根据产业技术或产品之间的配套与支撑作用，对其他科技计划项目进行顶层设计与优化布局，形成项目指南，使得其他承担科技计划的单位也在围绕产业联盟进行协同创新。

2. 创新平台支持

创新平台是整合创新资源支撑战略性新兴产业创新的关键力量，一系列公共服务平台、研发平台和产业化平台构成的平台网络也必然成为战略性新兴产业创新体系的重要节点架构。因此，要突出产业联盟及其成员所拥有的创新平台，将这些平台作为核心节点，进行产业创新平台网络构建，才能更好地实现产业联盟对战略性新兴产业自主创新引领作用。

3. 创新方法支持

"自主创新,方法先行",对产业联盟及其成员进行创新方法推广,形成"以点连线、以线及面"的产业层面创新方法推广格局。一方面,政府相关部门在组织创新方法推广时,应当将联盟成员作为创新方法试点单位,打造成功典范,对整个战略性新兴产业积累经验和形成示范效应;另一方面,产业层面创新方法的推广又不同于企业推广,产业联盟是属于新型的产业层面的组织形式,又是产业创新的核心力量,因此积极加大产业联盟创新方法应用推广,必然提升了产业自主创新效率与能力。

4. 创新人才支持

自主创新归根结底依赖于人的智力能动性,高级人才培养体系需要围绕产业联盟这一高端产学研合作进行构建,将更多的人才培养支持计划向产业联盟倾斜,使得产业内更多的优秀人才出自并服务于产业联盟,提升产业联盟对整个产业的辐射力度,加强产业联盟与众多企业的知识技术渊源。

7.3　产业联盟创新扩散机制

7.3.1　产业联盟创新扩散渠道

产业联盟向所属的战略性新兴产业主要扩散共性技术、专有技术和技术标准等典型创新成果,常见的技术扩散渠道有产品交易、技术交易、公共推广、培训学习、人才流动、非正式交流六种渠道,当然这些渠道对三类技术的传递适宜性和效率存在差异,如图 7-6 所示。

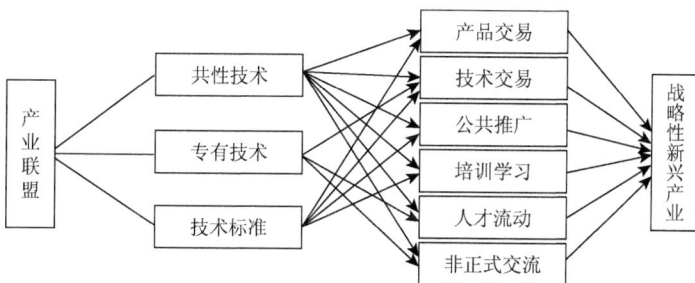

图 7-6　产业联盟创新成果及其扩散渠道

1. 共性技术扩散渠道

共性技术是指对产业内众多企业技术创新能力与水平产生影响的技术，当然根据技术成熟度可以分为基础性共性技术、竞争前共性技术和应用类共性技术，可见，共性技术范围极广，依附载体和表现形式多样化，其扩散渠道选择空间也最大。一些成熟度比较高的共性技术可以形成专利技术，而且和专有技术集合在一起还可以成为生产性产品，因此，共性技术可以通过技术交易和产品交易进行扩散。当然，产业共性技术通常具有一定的"公共品"性质，公共部门也作为中介力量，推动制约整个产业创新能力提升的关键共性技术推广应用。产业联盟的可持续发展也需要依托一定产业配套能力，产业联盟也会有选择地通过正式的培训学习进行扩散。战略性新兴产业集聚和社会网络关系，技术人才流动、企业中高层之间非正式交流也会促进共性技术的扩散。

2. 专有技术扩散渠道

产业联盟的专有技术通常是为了满足自身产品和服务竞争的需要，从产业联盟利益角度出发，可供选择的扩散渠道存在一定的限制。产业联盟专有技术通常分为专利技术和技术秘密两种。其中，专利技术可以通过技术交易方式进行专利权转让或许可。技术秘密则经常是在非自愿的情况下进行扩散的，当然客观上也推动了战略性新兴产业自主创新能力提升，产业联盟培养的高素质人才流动带走了一些技术秘密，战略性新兴产业聚集区的产业联盟示范效应与其他企业非正式交流学习，使得很多技术秘密不再是秘密。

3. 技术标准扩散渠道

技术标准分为法定标准和事实标准，其中法定标准扩散的前提就是政府对标准的合法化认定，当然在扩散过程中也会有赖于公共部门的推动作用。对于具有事实性质的标准，尤其是产业联盟拥有一定的垄断权，则可以通过产品之间的配套与市场交易让更多新兴技术企业采用该标准；当然技术标准通常由很多专利技术构成，产业联盟可以通过技术交易的方式将产业标准推向整个产业；产业标准转化为生产力的关键就是要看这个标准使用的规模，因此，产业联盟通常也会积极主动对相关企业进行标准推广培训学习。

7.3.2 产业联盟创新扩散的动力机制

由于产业联盟所拥有的创新成果的公共性程度不同，在战略性新兴产业进行扩散时，有时依赖于市场机制下的产业联盟创新收益追求动力，有时则更需要政府部门服务于整个产业发展所做的努力，这分别就是产业联盟创新成果向产业扩散的内在动力和外在动力。如图 7-7 所示，随着技术公共性增加，产业联盟进行技术扩散的内在动力机制作用（积极性）在降低，而政府外部动力机制作用（激励性）在增强。事实上，专有技术和公共技术之分，只是一个相对的概念，完全专有和完全共有只是技术所用权的两个极端，事实上大量的技术都介于这两种情况之间，形成了技术公共性连续体。根据内在动力机制和外在动力机制的此消彼长的变换状态，可以构建产业联盟创新扩散的三种动力机制组合。

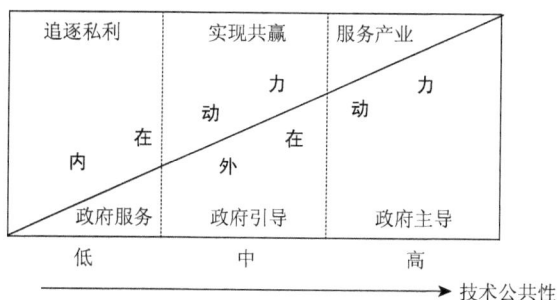

图 7-7　产业联盟创新扩散的动力机制

1. 追逐私利——政府服务

适合于产业联盟技术公共性较低的情况，通常是典型的专有技术，成果专属权边界明确，此时产业联盟将该技术向产业扩散的强大动力就是内在的追逐私利，而且技术接收方也是比较明确的特定企业（群），通常适合在市场环境下进行交易。当然，政府干预作用不显著，但是不代表政府就要"无为而治"，而是应当积极地提供环境保障，降低技术的交易成本，也就是突出政府的服务作用。首先，政府要提供法律环境保障，尤其是知识产权法律法规一定要完善，避免产业联盟的创新成果所有权受到侵犯；其次，政府要积极牵线搭桥，如构建各类技术交易平台，保障技术交易的顺畅进行。

2. 实现共赢——政府引导

随着产业联盟技术公共性达到中等水平，产业联盟将技术向产业内扩散的积极性在减弱，通常会对能够实现共赢的技术扩散具有内在动力，这类技术包括部分应用类产业共性技术、升级产业联盟配套产品的专有技术和需要扩大市场影响力的技术标准等。此时，政府作用需要加强，以推动产业联盟利益与产业自主创新能力提升实现共赢，即由政府服务增强为政府引导，如在支持产业联盟的科技计划支持中明确产业联盟技术扩散义务，引导技术标准市场化竞争，对于具有一定市场影响力的技术标准才能通过政府相关部门批准为法定标准，还可以支持行业协会或产业联盟开展技术交流论坛等。

3. 服务产业——政府主导

随着产业联盟技术公共性进一步增强，产业联盟向产业扩散技术的内在动力仅仅是一种"社会道义"，没有更多的责任与义务，也不想承担任何扩散成本。然而这类技术往往又是产业波及面最广的共性技术，因此，政府应当发挥主导作用，构建强大的外在动力机制。具体地，政府应当通过购买方式将产业联盟技术对外公开；对于完全政府资助形成的公性技术至少应当保留成果使用权；对于科技计划支持，尤其是重大科技专项，应当在项目实施的全过程将技术扩散作为重要考核指标，并安排相应的经费预算和奖励措施。

7.4　产业自主创新能力提升管理机制匹配策略

产业自主创新能力提升管理机制，就是要保证产业联盟始终沿着最优路径提升产业自主创新能力。基于产业联盟提升战略性新兴产业自主创新能力大体上可以分路径起点、路径方向与路径过程三个部分，相应的管理机制依次为联盟结合模式与长效机制、联盟创新引导机制、联盟创新扩散机制，因此，面向提升路径的管理机制匹配思路与框架，如图 7-8 所示。

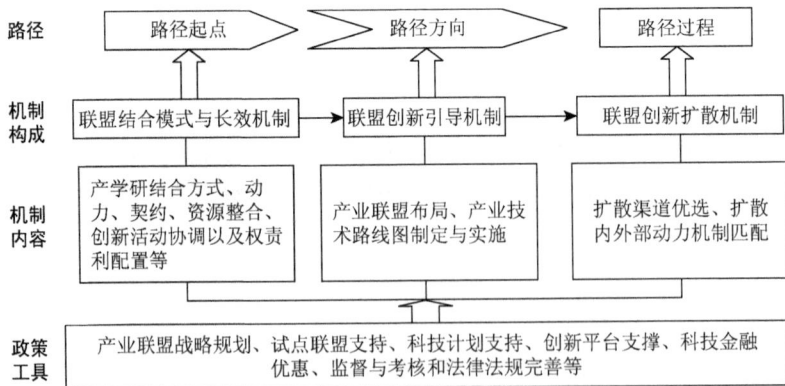

图 7-8　产业自主创新能力提升管理机制匹配思路与框架

产业联盟提升战略性新兴产业自主创新能力有三条路径，各有其战略侧重点，相应地管理机制也需要围绕这些侧重点进行匹配，见表 7-3。

表 7-3　产业自主创新能力提升管理机制匹配重点

路径机制	产业关键共性技术研发与扩散路径	产业技术标准化路径	产业创新链优化与升级路径
结合模式与长效机制	通常基于重大科技专项或产业创新平台进行结合，在产业联盟全套长效结合机制都需要政府强有力支持	通常基于创新平台进行结合，产业联盟创新资源整合协同创新机制是关键	通常基于重大科技专项或优势企业进行结合，重点加强联盟伙伴选择机制科学构建
创新引导机制	加强产业联盟引领产业创新的相关政策支持	加强产业技术路线图制定与推进工作，加强政府对法定标准资格认定与创立过程的支持	联盟领域布局在于凸显产业创新链特色环节以及不同环节之间的有效协同，产业技术路线图制定与实施要面向全球化创新态势
创新扩散机制	形成有效的创新扩散外在动力机制	加强政府引导，实现联盟与产业内众多新兴技术企业间共赢	多样性技术扩散，针对内在动力不足之处加强政府支持

7.5　本 章 小 结

本章提出了面向战略性新兴产业自主创新的高端产学研结合模式与长效机制；围绕产业联盟布局、产业技术路线图制定与实施以及相关政策支持构建基于产业联盟的战略性新兴产业自主创新引导机制；设计产业联盟形成的关键共性技术、专有技术以及技术标准等向产业扩散的渠道和动力机制；并给出服务于提升路径的管理机制匹配思路、框架和重点。

第8章 基于产业联盟的战略性新兴产业自主创新能力提升效果评价体系

8.1 产业自主创新能力提升效果关键维度分析

产业联盟是所属战略性新兴产业核心创新优势的集中体现，其对产业自主创新能力的提升作用，实质上就是将产业联盟创新优势转化为产业自主创新能力的过程。如图 8-1 所示，产业联盟对战略性新兴产业自主创新能力六个维度均会产生提升作用。

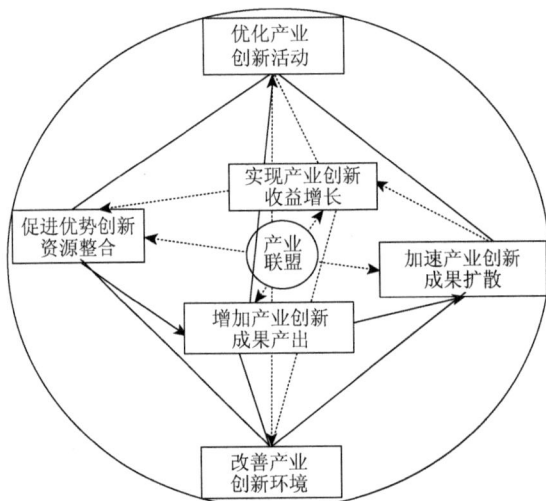

图 8-1 基于产业联盟的产业自主创新能力提升效果关键维度

1. 促进优势创新资源整合

产业联盟是有效整合产业优势创新资源的新型产业组织形式，通过高端产学研合作将各类优势创新资源进行互补性集聚、共享和集中投入，同时产业联盟也有实力在更大范围内建立创新联系，加强产业对外部创新资源的充分利用。

2. 增加产业创新成果产出

产业联盟就是要集中优势创新资源完成产业重大创新使命，形成更多标志性成果，如产业关键共性技术、专有技术、技术标准等，提升产业创新成果产出效率与水平。

3. 加速产业创新成果扩散

首先，产业联盟将众多优势高校、科研院所和企业有效结合，可以实现创新成果在联盟成员之间快速扩散；其次，产业联盟主导了产业自主创新方向，也更有实力将创新成果向整个产业推广；最后，产学研各类联盟成员作为核心中介，消除了不同创新族群间的障碍，加速了产业创新成果快速流动。

4. 实现产业创新收益增长

产业联盟可以快速地将创新成果在内部进行产业化，并且引导广大中小企业进行产品与服务配套；另外，产业联盟具有更强的涉外能力，带动整个产业的新兴技术及产品与服务的对外输出，实现创新收益增长。

5. 优化产业创新活动

产业联盟重在将知识创新、技术创新、产业化上的核心创新主体进行集合，成为完整的产业创新链核心架构，然后围绕这一架构连接产业内其他组织机构，从而形成更为紧密、顺畅和稳定的产业创新链，可以有效地支撑并协调各个环节的产业自主创新活动。

6. 改善产业创新环境

产业联盟树立了创新榜样，规范了产业创新行为，营造了产业积极的创新氛围；产业联盟是产业创新政策的重要实施载体，发展产业联盟也推动了更多新政策出台；产业联盟更有实力投资产业创新设施建设，并加强各类创新设施的整合与共享，改善产业创新硬件环境。

8.2　产业自主创新能力提升效果评价指标

8.2.1　评价体系设计原则

为了准确而有效地评价产业联盟对战略性新兴产业自主创新能力提升效果，相应的评价指标体系的建立应遵循以下原则。

（1）科学性原则。该评价指标体系既要体现高投入、高风险、高收益等战略性新兴产业发展特点，又要反映产业联盟中间型组织特点，还要准确把握自主创新战略要求，因此指标体系应能科学、准确地描述产业自主创新能力提升效果，其结构科学合理、重点突出，指标的选取具有代表性和简明性，符合我国及经济合作与发展组织（Organization for Economic Cooperation and Development，OECD）科技指标调查和统计规范。

（2）系统性原则。评价指标体系应从系统角度考虑各指标的相关性、层次性和目标性以及指标的合理匹配，形成有机的整体，实现全面、科学的评价。

（3）定量与定性相结合原则。影响产业自主创新能力提升效果的因素是多方面的，既有定量因素又有定性因素，因此指标体系应定量与定性相结合，所选取的定量指标要符合统计规范，计算方法明确，定性指标按照一定的规则可定量化处理。

（4）实用性和可操作原则。基于产业联盟的产业自主创新能力提升效果评价体系不仅要反映产业联盟重要作用，还要为战略性新兴产业及产业联盟自主创新的管理和决策提供科学依据，因此，选取的指标应注意指标资料和数据的可获得性，便于采集、易于量化、实用性和可操作性强。

（5）可比性原则。评价指标体系设计既要满足单个战略性新兴产业自主创新能力评价需要，又要适应不同发展阶段甚至不同战略性新兴产业的评价与比较分析，使评价具有一定的可比性。

8.2.2 评价指标体系的设计

在对基于产业联盟的战略性新兴产业自主创新能力提升效果关键因素分析的基础上，遵循 8.2.1 节的设计原则，设计提升效果评价指标体系见表 8-1。

表 8-1 基于产业联盟的产业自主创新能力提升效果评价指标

一级指标	二级指标	三级指标
基于产业联盟的战略性新兴产业自主创新能力提升效果 V	产业创新资源整合效果 V_1	产业联盟 R&D 人才占产业比重 V_{11}
		产业联盟 R&D 经费占产业比重 V_{12}
		产业 R&D 经费投入增长率 V_{13}
		产业内产学研合作项目额增长率 V_{14}
		国际合作项目额增长率 V_{15}
	产业创新成果产出增加 V_2	专利增长率 V_{21}
		技术标准增长率 V_{22}
		获奖增长率 V_{23}
		新兴技术产品数增长率 V_{24}

续表

一级指标	二级指标	三级指标
基于产业联盟的战略性新兴产业自主创新能力提升效果 V	产业创新成果扩散效果 V_3	产业内技术交易额增长率 V_{31}
		规模以上企业加入技术标准比率 V_{32}
		产业联盟技术流向领域范围 V_{33}
	产业创新收益效果 V_4	新兴技术销售收入增长率 V_{41}
		新兴技术产品销售收入增长率 V_{42}
		新兴技术产品出口额增长率 V_{43}
	产业创新活动优化效果 V_5	新兴技术产品研发平均周期缩短率 V_{51}
		新兴技术产品研发成本节约率 V_{52}
		技术引进消化吸收再创新增长率 V_{53}
		新兴技术对外依存度降低率 V_{54}
	产业创新环境改善效果 V_6	产业创新文化氛围改善 V_{61}
		产业创新政策完善性 V_{62}
		产业创新设施环境改善 V_{63}

8.2.3　评价指标测算方法及说明

在基于产业联盟提升战略性新兴产业自主创新能力效果的评价指标体系中，最大限度地采用了定量化指标，即 19 个指标为定量指标，3 个指标为定性指标，关于定量指标内涵说明和测算方法如下。

（1）产业联盟 R&D 人才占产业比重：指产业联盟成员创新人才的总和占所属产业的创新人才的比重，反映了产业联盟这一组织对产业创新人才的整合程度。计算公式为（产业联盟创新人才/所属产业创新人才）×100%。

（2）产业联盟 R&D 经费占产业比重：指产业联盟 R&D 经费投入占所属产业 R&D 经费总投入的比重，反映了产业联盟对产业研发资金的整合程度。计算公式为（产业联盟 R&D 经费/所属产业 R&D 经费）×100%。

（3）产业 R&D 经费投入增长率：指在产业联盟推动下战略性新兴产业 R&D 经费投入增加情况。计算公式为 [（本期产业 R&D 经费额–上期产业 R&D 经费额）/上期产业 R&D 经费额] ×100%。

（4）产业内产学研合作项目额增长率：指在产业联盟推动下知识创新、技术创新以及产业化资源整合力度，可以用产学研合作项目额增长率反映。计算公式为 [（本期产学研合作项目额–上期产学研合作项目额）/上期产学研合作项目额] ×100%。

（5）国际合作项目额增长率：通过产业联盟推动产业形成更多的国际合作项目，反映通过产业联盟对外部创新资源的整合力度。计算公式为［（本期国际合作项目额–上期国际合作项目额）/上期国际合作项目额］×100%。

（6）专利增长率：指产业联盟直接或间接作用促进专利增长率，反映了产业创新成果产出能力。计算公式为［（本期专利授权数–上期专利授权数）/上期专利授权数］×100%，其中专利授权数当量＝发明专利数＋0.5×实用新型专利数＋0.2×外观设计专利数。

（7）技术标准增长率：反映产业联盟主持或参与形成的技术标准增加情况。计算公式为［（本期产业技术标准数–上期产业技术标准数）/上期产业技术标准数）］×100%，其中技术标准数当量＝国际标准数＋0.5×国家标准（或行业标准）数＋0.2×地方标准数。同一成果不能重复计算，以高级别为准。

（8）获奖增长率：指产业联盟获得或影响形成的标志性成果增加率，反映成果产出水平提升能力。计算公式为［（本期获奖数–上期获奖数)/上期获奖数］×100%，其中获奖数当量＝A_1＋0.5×A_2，其中 A_i＝一等奖数＋0.5×二等奖数＋0.2×三等奖数（A_1 为国家级奖数当量，A_2 为省部级奖数当量，i 为 1 或 2）。同一成果不能重复计算，以高级别为准。

（9）新兴技术产品数增长率：指产业联盟直接或间接形成新兴技术产品数增长率。计算公式为［（本期新兴技术产品数–上期新兴技术产品数）/上期新兴技术产品数］×100%。

（10）产业内技术交易额增长率：指通过产业联盟带动形成的技术交易额增长情况，反映创新成果扩散规模变化情况。计算公式为［（本期技术交易合同额–上期技术交易合同额）/上期技术交易合同额］×100%。

（11）规模以上企业加入技术标准比率：指产业联盟主导或参与形成的技术标准对整个产业辐射范围。计算公式为（参与技术标准规模以上企业/规模以上企业数）×100%。可以根据行业要求来规定规模以上企业，规模以上新兴企业通常要求年销售收入在 500 万元以上。

（12）产业联盟技术流向领域范围：指产业联盟技术成果在产业中的扩散范围。计算公式为（采用产业联盟技术企业数/总企业数）×100%。

（13）新兴技术销售收入增长率：指在产业联盟引致的技术销售收入增长情况，反映产业技术收益增加效果。计算公式为［（本期技术销售收入–上期技术销售收入）/上期产业技术销售收入］×100%。

（14）新兴技术产品销售收入增长率：指在产业联盟辐射带动下新兴技术产品销售收入增长情况，反映了产业创新经济效益规模变化情况。计算公式为［（本期新兴技术产品销售收入–上期新兴技术产品销售收入）/上期新兴技术产品销售收入］×100%。

（15）新兴技术产品出口额增长率：指在产业联盟推动下新兴技术产品出口增长情况，同时也表明了产业联盟在参与全球竞争中的创新支撑作用。计算公式为［（本期新兴技术产品出口额–上期新兴技术产品出口额）/上期新兴技术产品出口额］×100%。

（16）新兴技术产品研发平均周期缩短率：指在产业联盟作用下使得产业从知识转化为产品的效率提高，反映产业创新系统优化程度[56]。计算公式为［（上期新兴技术产品平均研发时间–本期新兴技术产品平均研发时间）/上期新兴技术产品平均研发时间］×100%。

（17）新兴技术产品研发成本节约率：产业创新系统优化不仅表现为新兴技术产品研发时间缩短，而且还会降低研发成本，既要"快"，更要"省"，突出表现为新兴技术产品研发成本节约情况。计算公式为［（本期新兴技术产品平均研发成本–上期新兴技术产品平均研发成本）/上期新兴技术产品平均研发成本］×100%。

（18）技术引进消化吸收再创新增长率：产业创新系统优化也表现为对国外技术引进消化吸收再创新的效率。计算公式为［（本期技术引进消化吸收再创新数量–上期技术引进消化吸收再创新数量）/上期技术引进消化吸收再创新数量］×100%。

（19）新兴技术对外依存度降低率：产业创新系统优化也表现为创新层次提升，技术的自给水平提升，可以用新兴技术对外依存度降低率来反映。计算公式为［（上期新兴技术对外依存度降低率–本期新兴技术对外依存度降低率）/本期新兴技术对外依存度降低率］×100%。

关于定性指标的说明如下。

（1）产业创新文化氛围改善：产业创新氛围包括积极的创新意识与精神、容忍失败、鼓励创新的人文环境等。产业联盟积极意义不仅为产业创造了更多的成果，而且树立了榜样，规范了产业创新行为，为产业营造了更好的创新氛围，从而转化成产业自主能力文化意识层内容。

（2）产业创新政策完善性：产业联盟是政府管理产业的抓手，是政策创造性实施的重要载体，同时产业联盟也具有更好地游说政府调整和出台新政策的能力，通过产业联盟可以完善包括产业规划布局、科技计划支持、知识产权制度、科技金融、税收等科技产业政策。

（3）产业创新设施环境改善：产业联盟比单个企业更有实力投资于面向产业创新的基础设施建设，同时政府也会更加注重对产业联盟投资公共创新基础设施建设项目，并经常会委托产业联盟承担这些设施的建设与运营工作，从而更好地支撑产业自主创新。

8.2.4　评价指标权重确定方法

鉴于基于产业联盟的战略性新兴产业自主创新能力提升效果评价是一项独特

新颖的工作，历史数据积累少，本节主要采用层次分析法对评价指标权重进行设置。层次分析法是将决策元素分解成目标层、准则层和方案层，在此基础之上进行定性和定量分析的决策方法。层次分析法先通过专家的主观打分获得原始数值，然后将专家的经验和理性的分析相结合，大大降低主观分析中的不确定因素，具体运算原理与过程如下。

1. 构造判断矩阵

判断矩阵 A 中元素 a_{ij} 表示 i 元素与 j 元素相对重要程度之比，且有下述关系：

$$a_{ij} = 1 / a_{ji}, C_i = (0, 0.5030, 1.2108) = 1(i, j = 1, 2, \cdots, n)$$

比值越大，i 的重要程度就越高。为了方便，一般采用这样的尺度，规定用 1、3、5、7、9 分别表示 i 元素与 j 元素同样、i 元素与 j 元素相比比较重要、重要、很重要、极重要。2、4、6、8 则分别表示 i 元素与 j 元素相比重要程度界于上述比较结果之间。

2. 相对重要程度的计算

第一步，计算矩阵每一行元素的乘积，$M_i = I = (1, 2, 3)(i = 1, 2, \cdots, n)$。

第二步，计算 M_i 的 n 次方根，$\underline{W_i} = \sqrt[n]{M_i}$。

第三步，对 $\underline{W_i}$ 作归一化处理，即 $W_i = \underline{W_i} / I(1, 3)$。

第四步，计算判断矩阵 R 的最大特征值，$\lambda_{\max} = v(m) - v(m / 1)$。

第三步求出的 W_i 就组成了权向量集，$W = [W_1, W_2, \cdots, W_n]$ 为所求的各指标的权重集。

3. 一致性检验

应用层次分析法构造判断矩阵时，有时容易产生循环而不满足一致性公理。因此，要对判断矩阵做一致性检验。一般一致性指标 CI 的计算方法为 $\mathrm{CI} = (\lambda_{\max} - n) / (n - 1)$，计算方法为 $\mathrm{CR} = \mathrm{CI} / \mathrm{RI}$，RI 的标准值见表 8-2。当 CR < 0.1 时，判断矩阵的一致性是可以接受的。

表 8-2 RI 的标准值表

指标	3	4	5	6	7	8	9	10	11	12
RI	0.52	0.89	1.12	1.26	1.36	1.41	1.46	1.49	1.52	1.52

8.3　产业自主创新能力提升效果综合评价方法

模糊综合评价可以充分发挥专家集体的智慧,实现定性与定量评价有效衔接,鉴于产业联盟对战略性新兴产业自主创新能力的提升效果以定量化为主,可以通过相对优属度计算来确定评价指标的隶属度,也就是采用灰模糊评价原理来构建综合评价模型,主要步骤如下。

1. 构建指标特征值矩阵

产业联盟对战略性新兴产业自主创新能力提升效果指标特征值矩阵为

$$B = \begin{bmatrix} b_{11} & b_{12} & \cdots & b_{1l} \\ b_{21} & b_{22} & \cdots & b_{2l} \\ \vdots & \vdots & & \vdots \\ b_{15,1} & b_{15,2} & \cdots & b_{15,l} \end{bmatrix} = (b_{ij})$$

式中,l 为评价样本数量;b_{ij} 为二级指标的实际观察值。

2. 计算隶属度

b_{ij} 均为定量化数值,通过相对优属度计算形成模糊评价隶属度矩阵的过程为

$$隶属度矩阵\ R = \begin{bmatrix} r_{11} & r_{12} & \cdots & r_{1l} \\ r_{21} & r_{22} & \cdots & r_{2l} \\ \vdots & \vdots & & \vdots \\ r_{15,1} & r_{15,2} & \cdots & r_{15,l} \end{bmatrix}$$

其中,$r_{ij} = \begin{cases} 0 & b_{ij} = \wedge b_{ij} \\ \dfrac{b_{ij} - \wedge b_{ij}}{\vee b_{ij} - \wedge b_{ij}} & \vee b_{ij} < h_{ij} < \wedge b_{ij} \\ 1 & b_{ij} = \vee b_{ij} \end{cases}$

式中,$\wedge$ 为 b_{ij} 观察值中最小值;$\vee$ 为最大值。

3. 计算综合评价值

模糊合成值 $V = W \times R$,然后进行综合得分相对排序和评价结果隶属度分析。

8.4　产业自主创新能力提升效果评价体系应用策略

1. 指标的数据来源

评价指标的设计遵循数据的可获得性和可定量化原则,因此,绝大多数的

指标是可以通过一般的统计数据获得的，当然提升效果的评价主要考察增量的综合变化情况，同时这些数据基本上要进行一定的处理。因此，$V_1 \sim V_5$ 的 19 个三级指标的数据均可以通过统计数据查阅再经过一定的计算或转换获得，而 V_6 的 3 个三级指标属于定性指标，通常要查阅资料、调查访谈并经过处理或由专家打分而获得，同时这些定性指标可按照优、良、中、合格、差 5 个档次，设计相应的评价规则和标准，并由相关利益主体代表或专家进行判断打分。

2. 评价基准的确定

理论界常用的评价基准有计划基准、时间基准、空间基准和经验理论基准。①计划基准是以计划指标、定额指标作为对比的尺度，采用计划基准可以实时监测战略、计划的执行进度和完成情况，有利于发挥战略的计划性特征，但对战略目标要求较为详细和准确，缺乏对经济、技术环境变化的适应能力；②时间基准又被称为历史基准，它是以评价对象的历史水平作为对比尺度，将各项评价指标报告期的实际数值水平与某一历史时期的水平进行对比，以判断报告期的发展水平高低、发展速度快慢等；③空间基准是将一定空间范围内具有代表性的对象作为评价尺度而建立的标准，将评价对象和该基准进行对比，也就是在一定时期内，用相近发展环境下的其他同类对象作为评价基准进行产业自主创新能力提升效果判断；④经验理论基准是以大量的实际资料归纳总结得出的数据或通过理论推导而得出的数据作为评价基准，采用经验理论基准，有利于反映实际情况和理论理想值之间的差距，促进理论假设与时间相结合，但需要大量实际数据和成熟的理论做支持。通过产业联盟提升战略性新兴产业自主创新效果的评价是一项系统工程，涉及计划、时间、空间以及领域经验四个纬度，所以评价指标实际应用过程中考虑这些基准的优化组合。

3. 评价指标的运用

评价指标的运用包括设计运用和分析运用两个方面。针对不同战略性新兴产业实际评价需要，结合指标数据获取的难易程度以及指标间共线性，可对评价指标体系进一步筛选，以收敛指标体系。在进行评价分析时要强调单指标和多指标的联合使用，一级指标综合体现了产业自主创新能力提升幅度，二级指标体现了产业自主创新能力的六个维度，反映了不同能力因子的发展状况，三级指标定量化程度较高，可以精确分析能力提升效果具体表现。

4. 评价结果有效反馈

评价的目的在于进行动态调控管理，将评价结果按照关联度大小分为优秀（$R \geq 0.8$）、良好（$0.6 \leq R < 0.80$）、中等（$0.45 \leq R < 0.6$）和较差（$R < 0.45$），且根

据不同的提升效果，需要对相应的提升路径、管理机制和过程管理方法进行动态调整与转换。

8.5　本　章　小　结

首先，围绕产业优势创新资源整合、增加产业创新成果产出、加速产业创新成果扩散、实现产业创新收益增长、优化产业创新活动和改善产业创新环境分析产业联盟对战略性新兴产业自主创新能力提升效果，在此基础上，构建基于产业联盟的战略性新兴产业自主创新能力提升效果评价指标，给出评价指标测算方法与说明，并设计基于层次分析法的指标权重确定方法；其次，产业联盟对战略性新兴产业自主创新能力提升效用评价属于多维度、多层次综合评价，并基于灰模糊评价原理构建综合评价方法；最后，从评价体系实际应用角度给出了提升效果评价体系应用策略。

第9章　基于产业联盟的黑龙江省新材料产业自主创新能力提升实证研究

9.1　黑龙江省新材料产业自主创新能力提升效果与管理现状

9.1.1　新材料产业自主创新及产业联盟发展情况

1. 新材料产业发展及自主创新基本情况

近年来，世界材料产业的产值以每年约30%的速度增长。作为黑龙江省"十二五"期间重点推进的十大产业之一，新材料产业正以产业化、集团化、国际化为目标阔步前行。截至2013年，全省新材料产业实现主营业务收入660亿元，截至2015年达1000亿元，打造我国乃至世界领先水平的新材料产业。黑龙江省新材料优势主要集中在复合材料、金属材料和无机非金属材料三大领域。

高性能碳纤维作为制造先进复合材料最重要的增强材料，世界各国都十分重视其应用开发。黑龙江省高性能复合材料及增强纤维材料发展基础较好。以哈尔滨天顺化工科技开发有限公司、哈尔滨哈飞空客复合材料制造中心等为龙头，以哈尔滨工业大学、哈尔滨玻璃钢研究所等为技术支撑，初步形成了以哈尔滨为中心的高性能纤维及先进复合材料产业基地，重点开发生产高性能碳纤维、超高分子量聚乙烯纤维、高收缩腈纶、多功能差别化涤纶、玄武岩纤维等产品。在进一步开发航空航天、国防军工等国家重点工程应用高档纤维复合材料制品的同时，大力发展工业用高性能纤维及先进复合材料产业。通过挖潜改造，进一步降低生产成本，开发生产中高档民用纤维复合材料新兴技术产品，鼓励相关领域对纤维复合材料制品的试用和推广应用，形成具有国内重要地位的高性能纤维复合材料产业群。先进复合材料产业集群重点发展高性能碳纤维、先进复合材料电机护环、先进复合材料游艇、高速铁路用先进复合材料加强筋等，预计2015年实现200亿元。

以东北轻合金有限责任公司（原东北轻合金加工厂）、鸡西天诚镁业有限公司等为龙头，重点发展铝合金、镁合金、镁锂合金、钛合金、新型焊接材料，促进哈尔滨工业大学、哈尔滨工程大学、哈尔滨焊接研究所与企业间的合作，加快上述新材料科技成果产业化步伐，研究开发应用领域，培育高性能金属材料产业群。2009 年 5 月被科学技术部正式认定，成为国内仅有的两家国家级铝镁合金新材料产业化基地之一。基地总规划面积为 6.4 平方公里，一批重大产业化项目已经实施，其中高端铝合金新材料、高端铝镁合金精密成型等方面的 10 项重点技术创新项目已列入国家、省市部门重点项目。

以鸡西浩市新能源材料有限公司、黑龙江奥宇石墨集团有限公司为龙头，以中橡集团炭黑工业研究设计院为技术支撑，依托萝北云山石墨工业园，严格采矿许可制度，采取提高行业准入条件等措施，加快淘汰落后石墨产能。超前做好技术储备，研制与开发石墨系列产品，提高深加工产品比重，抢占科技制高点，不断延长产业链条，实现产业持续发展。重点发展石墨微粉、柔性石墨、石墨乳、高碳高纯石墨以及石墨电极、导电塑料、导电涂料、石墨催化剂、人造金刚石等高档石墨深加工制品。截至 2012 年底，园区入驻石墨生产企业 20 余家，产品多为含碳 80%～98% 的中高碳石墨初级产品，主要销往国内，少部分出口到国外。"十二五"期间，鸡西浩市新能源材料有限公司、鸡西金宇石墨有限公司、黑龙江奥宇石墨集团有限公司投资 9.35 亿元，开发建设高纯石墨及制品、球形石墨、超纯超细石墨微粉等高端石墨及制品项目。

2. 新材料产业联盟发展情况

围绕黑龙江省新材料产业优势领域建立了先进复合材料产业技术创新战略联盟、铝镁合金新材料产业技术创新战略联盟和石墨产业技术创新战略联盟，具体见表 9-1。

表 9-1　新材料产业联盟布局情况

产业联盟名称	理事长单位	成员单位数量及构成	所属领域
先进复合材料产业技术创新战略联盟	东北轻合金有限责任公司	成员单位 16 家，其中企业 8 家院校 3 家，科研院所 5 家	复合材料
铝镁合金新材料产业技术创新战略联盟	哈尔滨工业大学复合材料与结构研究所	成员单位 28 家，其中企业 17 家，院校 6 家，科研院所 5 家	金属材料
石墨产业技术创新战略联盟	黑龙江奥宇石墨集团有限公司	成员单位 38 家，其中科研院所 2 家，企业 28 家，高校 8 家	无机非金属材料

9.1.2　新材料产业自主创新能力提升效果评价

从数据的可获得性和指标相关性角度，将第 8 章表 8-1 的指标进行适当收敛，形成基于产业联盟的新材料产业自主创新能力提升效果评价指标，见表 9-2。

1. 确定指标权重

通过 15 位专家（包括 5 位产业联盟管理者、5 位科技管理部门负责人和 5 位创新管理教授）对一级指标相对重要程度打分并求平均值，形成判断矩阵：

$$
B = \begin{bmatrix}
1 & 1.6219 & 1.1860 & 0.9668 & 2.4090 & 2.9860 \\
0.6167 & 1 & 0.6167 & 0.5962 & 1.4857 & 1.8416 \\
0.8434 & 1.3675 & 1 & 0.8153 & 2.0317 & 2.5184 \\
1.0344 & 1.6772 & 1.2265 & 1 & 2.4918 & 3.0887 \\
0.4151 & 0.6731 & 0.4922 & 0.4013 & 1 & 1.2395 \\
0.3349 & 0.5430 & 0.3971 & 0.3238 & 0.8067 & 1
\end{bmatrix}
$$

通过求根法和归一化处理，得一级指标权重 $W = (w_1, w_2, w_3, w_4, w_5, w_6) = (0.2356, 0.1453, 0.1987, 0.2437, 0.0978, 0.0789)$。

一致性检验 $CR = CI/RI = 0.023 < 0.1$，判断矩阵 A 具有满意的一致性。

同理，依次得到二级指标权重：$W_1 = (w_{11}, w_{12}, w_{13}) = (0.2411, 0.3264, 0.4325)$；$W_2 = (w_{21}, w_{22}, w_{23}) = (0.2505, 0.4591, 0.2904)$；$W_3 = (w_{31}, w_{32}) = (0.5873, 0.4127)$；$W_4 = (w_{41}, w_{42}) = (0.5450, 0.4551)$；$W_5 = (w_{51}, w_{52}, w_{52}) = (0.2076, 0.1350, 0.6574)$；$W_6 = (w_{61}, w_{62}) = (0.2738, 0.7262)$，具体指标对应的权重值见表 9-2。

表 9-2　基于产业联盟的新材料产业自主创新能力提升效果评价指标及权重

评价目标	一级指标	一级指标权重	二级指标	二级指标权重
基于产业联盟的黑龙江省新材料产业自主创新能力提升效果 V	产业创新资源整合效果 V_1	0.2356	产业联盟 R&D 人才占产业比重 V_{11}	0.2411
			产业联盟 R&D 经费占产业比重 V_{12}	0.3264
			产业内产学研合作项目额增长率 V_{13}	0.4325
	产业创新成果产出增加效果 V_2	0.1453	专利增长率 V_{21}	0.2505
			技术标准增长率 V_{22}	0.4591
			新兴技术产品数增长率 V_{23}	0.2904
	产业创新成果扩散效果 V_3	0.1987	规模以上企业加入技术标准的企业比率 V_{31}	0.5873
			产业联盟技术流向流域范围 V_{32}	0.4127
	产业创新经济效益 V_4	0.2437	新兴技术产品销售收入增长率 V_{41}	0.5450
			新兴技术产品出口额增长率 V_{42}	0.4550

续表

评价目标	一级指标	一级指标权重	二级指标	二级指标权重
基于产业联盟的黑龙江省新材料产业自主创新能力提升效果 V	产业创新系统优化效果 V_5	0.0978	新兴技术产品研发平均周期缩短率 V_{51}	0.2076
			新兴技术产品研发成本节约率 V_{52}	0.1350
			新兴技术对外依存度降低率 V_{53}	0.6574
	产业创新环境改善效果 V_6	0.0789	产业创新文化氛围改善 V_{61}	0.2738
			产业创新政策完善性 V_{62}	0.7262

2. 综合评价分析

通过查阅《黑龙江统计年鉴》以及对产业联盟、科技管理部门的调研走访，获得 2010 年和 2011 年的基础统计数据，并通过公式计算获得 $V_{11}\sim V_{42}$ 前 10 个指标值。$V_{51}\sim V_{62}$ 后 5 个指标没有统计数据，请已选定的 15 位专家进行模糊打分求平均值，鉴于评价时间跨度为 1 年，规定 5 个指标选择优、良、中、差的中值分别为 0.05、0.15、0.25、0.65。具体二级指标值见表 9-3。

表 9-3 基于产业联盟的新材料产业自主创新能力提升效果评价指标值

二级指标	先进复合材料产业技术创新战略联盟	铝镁合金新材料产业技术创新战略联盟	石墨产业技术创新战略联盟
产业联盟 R&D 人才占产业比重 V_{11}	0.1400	0.1302	0.0413
产业联盟 R&D 经费占产业比重 V_{12}	0.3904	0.4300	0.0612
产业内产学研合作项目额增长率 V_{13}	0.3189	0.2401	0.1874
专利增长率 V_{21}	0.1804	0.3689	0.2674
技术标准增长率 V_{22}	0.3667	0.1667	0
新兴技术产品数增长率 V_{23}	0.2000	0.1544	0.2650
规模以上企业加入技术标准比率 V_{31}	0.1500	0.0667	0
产业联盟技术流向领域范围 V_{32}	0.1456	0.4178	0.1146
新兴技术产品销售收入增长率 V_{41}	0.2605	0.5420	0.1000
新兴技术产品出口额增长率 V_{42}	0.1321	0.3315	0.0977
新兴技术产品研发平均周期缩短率 V_{51}	0.1123	0.3423	0.2144
新兴技术产品研发成本节约率 V_{52}	0.1312	0.1567	0.0545
新兴技术对外依存度降低率 V_{53}	0.2106	0.5667	0
产业创新文化氛围改善 V_{61}	0.2334	0.2489	0.3256
产业创新政策完善性 V_{62}	0.4500	0.2467	0.1667

通过相对优属度计算，获得模糊综合评价隶属度矩阵：

$$R^{\mathrm{T}} = \left[R_1, R_2, R_3, R_4, R_5, R_6 \right]^{\mathrm{T}} = \begin{bmatrix} 1.0000 & 0.9007 & 0.0000 \\ 0.8926 & 1.0000 & 0.0000 \\ 1.0000 & 0.4008 & 0.0000 \\ 0.0000 & 1.0000 & 0.4615 \\ 1.0000 & 0.4546 & 0.0000 \\ 0.4123 & 0.0000 & 1.0000 \\ 1.0000 & 0.4447 & 0.0000 \\ 0.1022 & 1.0000 & 0.0000 \\ 0.3631 & 1.0000 & 0.0000 \\ 0.1471 & 1.0000 & 0.4439 \\ 0.0000 & 1.0000 & 0.4439 \\ 0.7505 & 1.0000 & 0.0000 \\ 0.3716 & 1.0000 & 0.0000 \\ 0.0000 & 0.1681 & 1.0000 \\ 1.0000 & 0.2824 & 0.0000 \end{bmatrix}$$

由 $V_i = W_i \times R_i (i = 1, 2, \cdots, 6)$ ，得一级指标评价结果见表9-4。

表9-4　基于产业联盟的新材料产业自主创新能力提升效果一级指标评价

二级指标	先进复合材料产业技术创新战略联盟	铝镁合金新材料产业技术创新战略联盟	石墨产业技术创新战略联盟
产业创新资源整合效果 V_1	0.9650	0.7169	0.0000
产业创新成果产出增加效果 V_2	0.5788	0.4592	0.4060
产业创新成果扩散效果 V_3	0.6295	0.6739	0.0000
产业创新经济效益 V_4	0.2648	1.0000	0.0000
产业创新系统优化效果 V_5	0.3456	1.0000	0.0922
产业创新环境改善效果 V_6	0.7262	0.2511	0.2738

由 $V = W \times [V_1, V_2, V_3, V_4, V_5, V_6]^{\mathrm{T}}$ ，得三个产业联盟对所属领域自主创新能力提升效果的综合评价得分，并给出相对排名。评价结果是建立在相对优属度基础上，因此，此时模糊区间确定不再受时间跨度影响，假定模糊区间均匀分布，即优、良、中、差对应的模糊区间依次为：[0.75, 1]、[0.5, 0.75]、[0.25, 0.5]、[0, 0.25]。综合评价结果见表9-5。

表9-5 基于产业联盟的新材料产业自主创新能力提升效果综合评价结果

评价结果	先进复合材料产业技术创新战略联盟	铝镁合金新材料产业技术创新战略联盟	石墨产业技术创新战略联盟
综合得分	0.592 17	0.730 828	0.089 61
相对排名	2	1	3
模糊结果	良	良	中

从综合评价结果来看，基于产业联盟的黑龙江省新材料产业自主创新能力提升效果总体偏低，相比而言，铝镁合金新材料产业技术创新战略联盟对金属材料领域自主创新能力提升效果相对较好，而石墨产业技术创新战略联盟在无机非金属材料领域的产业则最差。从一级指标分析也可以看出，先进复合材料产业技术创新战略联盟在产业创新经济效益和产业创新系统优化效果方面偏弱，制约了其提升作用，而黑龙江省石墨产业深加工技术正处于发展初期，石墨产业技术创新战略联盟主要是在发明专利方面有一些贡献，其他方面有待进一步加强。

9.1.3 新材料产业自主创新能力提升管理现状分析

通过分析三个产业联盟协议、章程以及相关创新合作合同，尤其是对产业联盟成立创新活动以来对所属战略性新兴产业（领域）创新辐射带动作用的调查，来分析基于产业联盟的新材料产业自主创新能力提升路径和提升管理机制。

1. 提升路径分析

在产业联盟协议和章程中，三个产业联盟都将关键共性技术联合攻关、参与制订行业标准、打造产业创新链等作为其宗旨、目标和重点任务，还并列有组织设立公共技术平台、实施技术转移和市场开拓、技术交流和技术培训等内容，这在一定程度上凸显了产业联盟在推动产业自主创新中的战略定位与作用，在这两三年内也的确发挥了产业自主创新能力提升作用。然而，随着产业联盟"一哄而建"甚至"一哄而上"的发展初创期结束之后，现在已经迎来了产业联盟提升产业自主创新能力的深入发展期，产业联盟核心创新优势、产业自主创新能力提升要求乃至对产业创新环境变化态势不明确，使得将三个产业联盟核心创新优势分别转化为所属的新材料产业领域的自主创新能力的通道不畅通。

（1）产业联盟提升产业自主创新能力缺乏独特性。产业联盟对产业自主创新能力的提升，并没有过多地考虑产业联盟核心优势所在，使得产业联盟在产业自主创新中的定位模糊或雷同，黑龙江省新材料领域产业联盟的战略使命几乎很难反映各自的独特性，见表9-6。

表9-6　新材料三个产业联盟的战略使命

产业联盟名称	产业联盟创新战略使命
先进复合材料产业技术创新战略联盟	集中打造具有国内领先水平的先进复合材料产业集群和基地，实现黑龙江省新材料产业战略突破提供了一个强大的合作与实践平台
铝镁合金新材料产业技术创新战略联盟	重点发展高端铝合金新材料、高端铝镁合金精密成型、镁合金材料塑性加工三大产业链
石墨产业技术创新战略联盟	集中力量开发研制石墨制品深加工技术，进行关键技术攻关，提高我国石墨产业研发能力和技术水平，缩短与发达国家的技术差距

（2）产业联盟提升产业自主创新能力缺乏重点性。对产业自主创新能力水平、缺口乃至提升空间缺乏明确认识，只是觉得产业自主创新能力应当全面提升，这个也是不现实的，也不利于产业联盟特色优势的发挥，如三个联盟的产业创新任务都提出了 10 多条，其实，并不是每条都是所在产业急需的能力提升重点。尽管产业标准属于高层次竞争需要，但是并不是铝镁合金产业、复合材料产业以及石墨产业都需要运作产业标准来提升自主创新能力，有的产业可能不是竞争的主流，而有的产业则由于创新实力太弱，形成的低层次产业标准反而会产生锁定效应。

（3）产业联盟提升产业自主创新能力缺乏过程性。提升路径集产业联盟的产业创新战略定位与实施于一体，体现产业联盟提升产业自主创新能力过程性，而当前的三个产业联盟只是进行了战略定位，对将产业联盟核心创新优势转化为产业自主创新能力的具体战略实施过程仍然不明确。

总之，黑龙江省基于产业联盟提升新材料产业自主创新能力的科学明确的路径仍然缺乏，很大程度上阻碍了产业联盟的产业创新辐射带动作用的有效发挥。

2. 提升管理机制分析

（1）面向产业创新的产学研结合模式与长效机制。三个产业联盟成立之后，其结合模式与长效机制框架基本形成，三个产业联盟成立之时，就明确提出了产业联盟协议或章程等纲领性文件，强调了联盟对外开放性，提出了后续成员加盟的条件与程序、联盟经费缴纳与管理、联盟项目运作管理以及联盟收益与知识产权分配规则等，如先进复合材料产业技术创新战略联盟成员间还公开签署了一系列产学研合作项目合同。在结合模式与长效机制形成过程中，黑龙江省政府部门并没有专门针对产业联盟提供更多的政策支持，客观上主要通过依托特色产业化基地和科技计划进行了支持。

总的来说，产业联盟伙伴动态选择机制缺乏，自三个产业联盟成立以来，联盟成员并没有增减，对于产业联盟创新实力增强与可持续发展极为不利；产业联盟的资源整合力度不够，很多联盟成员仅仅认为产业联盟只是进一步进行产学研合作伙伴的备选库，联盟成员间创新资源共享程度极低，产业联盟能够动用的也是联盟成员缴纳的有限会员费用；产业联盟运作形式仍然是通过成员之间 R&D 联盟或产学研合作项目形式进行企业联盟，产业联盟整体大规模协同创新机制仍然没有形成，从而造成三个产业联盟仍然是松散的组织形式。

（2）基于产业联盟的产业自主创新引导机制。三个产业联盟主要布局在黑龙江省新材料产业主导领域与优势领域，突出了产业发展重点与特色。当前黑龙江省政府部门组织产业联盟中的核心成员着手绘制新材料产业技术路线图，但是并没有通过产业联盟来进行对应的三大新材料领域的产业技术路线图的绘制。总之，产业联盟布局和产业技术路线图的制定与实施均属于产业创新战略顶层设计与实施机制，然而并没有引起政府部门进一步重视。

（3）产业联盟创新扩散机制。围绕产业联盟或其核心成员的各类产业化基地、产业集中区以及创新平台建设，客观上推动了三个产业联盟创新成果向新材料产业扩散，同时产业联盟承担的政府重大科技项目也规定了创新成果扩散的义务，然而，当前产业联盟创新扩散渠道有限，且没有根据创新成果的公共外部性水平，综合运用市场内在机制和政府外在推动作用构建不同层次的扩散动力机制。

9.2　黑龙江省新材料产业自主创新能力提升路径与管理方法

9.2.1　新材料产业自主创新能力提升路径选择

1. 产业自主创新能力提升路径初选

邀请黑龙江省科技部门、学术界和产业联盟管理者共五个专家对三个产业联盟核心创新优势二级指标分别打分并求平均值，见表 9-7。

表 9-7　产业联盟核心创新优势二级评价指标评分值

二级指标	先进复合材料产业技术创新战略联盟	铝镁合金新材料产业技术创新战略联盟	石墨产业技术创新战略联盟
x_1	11	16	16
x_2	10	12	6
x_3	6	15	10
x_4	12	10	9
x_5	18	16	12
x_6	10	11	2
x_7	16	20	8

续表

二级指标	先进复合材料产业技术创新战略联盟	铝镁合金新材料产业技术创新战略联盟	石墨产业技术创新战略联盟
x_8	17	13	5
x_9	0	14	0
x_{10}	0	8	0
x_{11}	8	13	5
x_{12}	3	19	0

在二级指标评分值的基础上，结合各指标权重，分别计算出三个产业联盟核心创新优势一级的评价结果，见表9-8。从评价结果可以看出，铝镁合金新材料产业技术创新战略联盟三个一级指标的综合得分比较接近，且均处于良的水平，其核心创新优势为国际化创新优势，其提升路径有待进一步确定；先进复合材料产业技术创新战略联盟的核心技术优势指标较高，其对应的路径为技术标准化路径，当然也有可能为关键共性技术研发与扩散路径；石墨产业技术创新战略联盟核心创新优势不突出，当前来看只能是定位于基础性创新优势，其提升路径也只能选择关键共性技术研发与扩散路径。

表9-8　产业联盟核心创新优势一级评价指标评分值

一级指标	先进复合材料产业技术创新战略联盟	铝镁合金新材料产业技术创新战略联盟	石墨产业技术创新战略联盟
基础性创新优势 A	9.2	13.45	10
核心技术优势 B	14.7	14.25	6.5
国际化创新优势 C	2.5	13.50	1

2. 产业自主创新能力提升路径最优匹配选择

（1）基于先进复合材料产业技术创新战略联盟的复合材料产业自主创新能力提升路径确定。黑龙江省复合材料产业的特色优势与其产业联盟的核心优势基本一致，主要在碳纤维原料及其应用方面，哈尔滨天顺化工科技开发有限公司自主研发完成碳纤维原丝制备技术，哈尔滨工业大学也联合业内相关企业完成了碳纤维相关应用技术开发，均取得了独立的自主知识产权，低温三元成型技术、某些在线控制技术、原丝油剂的开发与应用等方面达到了国内领先水平，填补了我国技术空白。这一系列核心技术的开发，使得黑龙江省复合材料产业迅速发展，产业自主创新能力进入了快速发展期。

在当今的飞机制造业中，复合材料的用量已成为衡量飞行器先进性的重要指标之一，波音787飞机就是全球第一款以碳纤维合成物为主体材料的民用喷气客机。

碳纤维生产与加工工艺技术复杂，涵盖多门学科，至今全世界具有规模生产企业不超过10家。目前，我国碳纤维原料及其复合材料相关技术完全依赖进口，这已成为中国飞机制造业一个亟待突破的瓶颈问题。胡锦涛和温家宝同志多次指出，我国要想站在较高起点参与国际大飞机市场竞争，就必须在飞机大型结构件碳纤维复合材料应用方面取得突破。我国在2010年进口碳纤维复合材料7万多吨，达210亿元。

　　黑龙江省碳纤维复合材料产业自主创新能力有着广阔的提升空间，以现有核心技术突破点为契机，通过先进复合材料产业技术创新战略联盟加强一系列核心技术创新，进而主导形成该产业技术标准，可以有助于我国碳纤维复合材料全方位进口替代战略的有效实施。因此，可以明确基于先进复合材料产业技术创新战略联盟的复合材料产业自主创新能力提升路径为：产业技术标准化路径。

　　（2）基于铝镁合金新材料产业技术创新战略联盟的金属材料产业自主创新能力提升路径确定。黑龙江省金属材料产业主要突出了铝镁合金等有色轻金属材料，并围绕东北轻合金有限责任公司、哈尔滨东安实业发展有限公司等龙头企业形成了轻金属材料产业群。黑龙江省铝镁合金产业具有较强传统产业优势，甚至和加拿大铝业集团、住友金属工业株式会社等跨国公司相比，一些龙头企业也形成了一定的局部优势。当然，铝镁合金产业在新材料产业中相对其他领域技术较为成熟，市场也相对稳定，黑龙江省铝镁合金产业自主创新能力处于成熟期，面临着技术、产品升级换代和在新一轮竞争中被国际创新链边缘化的双重压力。

　　成立的铝镁合金新材料产业技术创新战略联盟在基础性创新优势、核心技术优势和国际化创新优势均较强，以其中的龙头企业东北轻合金有限责任公司为例，东北轻合金有限责任公司是我国成立的第一个铝镁合金加工企业，是国家"一五"期间156项重点工程中的两项，1995年被国务院发展研究中心认定为"中国最大的铝镁合金加工基地"，被盛誉为"祖国的银色支柱""中国铝镁加工业的摇篮"，作为老军工生产基地，东北轻合金有限责任公司具有扎实的人才、技术、工艺、管理基础，特别是在多品种、特殊合金产品、高技术军工产品的研究和开发与生产上，同国内外相比都有较大优势，截至2011年底，共完成军工新材料试制任务8000多项，先后取得240多项科研成果。22家产业联盟从铝镁合金知识创新、技术创新到产业化构建了完整的产业创新链，产业联盟中不仅包含了黑龙江省优势创新主体，而且联盟对外开放程度较高，将全国乃至全球的铝镁合金具有创新优势的著名大学、科研院所作为联盟成员，值得一提的是，日本国立长冈技术科学大学的高性能镁工学研究中心、俄罗斯乌法国立航空技术大学等世界顶级研发机构作为推荐成员加入，使得铝镁合金新材料产业技术创新战略联盟的国际化创新优势更具发展潜力，有利于将黑龙江省铝镁合金产业乃至整个产业嵌入全球创新链并实现升级。因此，可以确定基于铝镁合金新材料产业技术创新战略联盟的金属材料产业自主创新能力提升路径为：产业创新链优化与升级路径。

（3）基于石墨产业技术创新战略联盟的石墨产业自主创新能力提升路径合理性分析。从石墨产业技术创新战略联盟的核心创新优势识别来看，石墨产业核心优势不突出，只能选择关键共性技术研发与扩散路径。石墨是黑龙江省的优势资源，储量居全国之首，约占全国石墨储量的 60%以上，行业整体自主创新能力弱，尤其是石墨产业深加工技术匮乏。黑龙江省石墨产业处于由资源优势向产业创新优势转化的关键时期，产业自主创新能力处于发展初创期。为此，黑龙江省组织 16 户重点石墨企业与国内 10 家科研院所及省内外 11 户知名企业组建了石墨产业技术创新战略联盟，实现了企业、大学和科研院所等在战略层面的有效结合，开展了石墨低温成型技术、石墨基复合材料、石墨尾矿处理等方面的关键共性技术研发。总之，基于石墨产业技术创新战略联盟的产业关键共性技术研发与扩散是最佳提升路径。

9.2.2 新材料产业自主创新能力提升管理机制建设

1. 共有性机制建设

主要从机制完备性和支撑产业联盟创新带动作用的一般性角度出发，结合现有三个联盟存在的机制缺失问题，进行相关机制建立与完善。

在新材料产业联盟长效结合机制方面，应当加强产业联盟成员绩效考核，对无作为的成员形成一定的淘汰机制，另外要加强产业联盟的对外开放程度，要在全国甚至全球范围内选择优秀创新机构加入，强化产业联盟核心创新优势与可持续发展；加强产业联盟创新资源共享程度，不要局限于联盟伙伴间产学研合作项目来进行资源整合，可以通过组建跨组织创新团队、联盟交流论坛、联盟资源信息系统等方式加强各类创新资源互通有无。在这些机制构建过程中，政府部门不仅要强化更具针对性的产业联盟科技计划与平台支持，还要引入科技金融、绩效考核等政策措施。

在基于产业联盟的新材料产业自主引导机制方面，重点应当强化产业联盟在产业自主创新战略顶层设计制定与实施中的核心作用，当前应当通过产业联盟加快制定面向所在新材料产业领域的产业技术路线图制定工作，从而使得产业技术路线图制定更具代表性和可行性。

针对产业联盟创新扩散渠道不畅通和扩散动力机制不匹配问题，首先，将产业联盟创新成果通过公共创新服务平台、技术交易机构、政府推广等进行扩散；其次，一方面要加强创新成果知识产权保护，提升产业联盟创新扩散的内在动力，另一方面，公共性比较强的成果，应当通过加强政府力量强化创新扩散外在动力机制。

2. 特色性机制建设

三个产业联盟各有其创新特色优势，并对应着不同的产业自主创新能力提升路径，因此，需要构建的提升管理机制各有其侧重点，见表9-9。

表 9-9　三个产业联盟的特色性管理机制构建

联盟机制	先进复合材料产业技术创新战略联盟	铝镁合金新材料产业技术创新战略联盟	石墨产业技术创新战略联盟
面向产业创新的产学研结合模式与长效机制	吸引更多碳纤维应用方面的大型航空航天企业加入，通过重大科技专项支撑碳纤维类核心技术开发，并通过科技金融提高产业联盟创新成果产业化规模	加强产业联盟的对外开放程度，积极吸收更多国际顶级创新机构加入，提升该产业联盟的国际化创新优势	吸引更优秀的石墨材料企业加入，通过科技计划、创新平台等优惠政策加强产业联盟成员之间实质性合作，支撑石墨深加工关键共性技术突破
基于产业联盟的产业自主创新引导机制	围绕碳纤维制备与应用的全面进口替代，基于产业联盟制定碳纤维产业技术路线图，并积极支撑产业联盟运作行业或国家标准	面向国际化创新态势与竞争要求，制定铝镁合金产业技术路线图，进一步明确产业联盟带动整个产业升级实现方式	突出资源优势向产业创新优势逐步转化过程，制定产业技术路线图，突出产业联盟在石墨生加工关键共性技术系列化开发与运用
产业联盟创新扩散机制	规范产业联盟技术标准及相关专利对外授权管理，加强政府对产业技术标准推广应用	将代表国际定价水平的技术成果向整个产业扩散，尤其加强对国外联盟成员的技术扩散支持	通过政府科技计划、创新平台以及科技金融等优惠政策，构建石墨产业关键共性技术扩散与运用的外在动力机制

9.3　基于产业联盟的战略性新兴产业自主创新能力提升对策

9.3.1　实施分类管理

产业联盟存在类型及产业创新功能之分，相应地，对战略性新兴产业自主创新能力提升路径也存在最优问题。因此，有别于以往不加区分地、盲目地发展联盟，甚至让产业联盟承担提升产业自主创新能力的所有重任的做法，随着产业联盟深入发展，在"十二五"期间乃至更长时间，要对发展产业联盟、推动产业创新的事业引入实施分类管理思路与方法，加强政府宏观引导、调控和政策支持的差别化、精细化、情景化管理。围绕现实中的产业联盟的核心创新优势、战略性新兴产业创新能力提升需要以及创新环境，构建将产业联盟优势转化为产业自主创新能力的最优路径，并且选择切实高效的管理机制与方法，这也是本书研究对政府管理与相关政策制定的重要意义所在。

9.3.2　加强科技计划支持与管理

1. 将产业联盟组织纳入科技计划支持对象

为了支持一批高水平产业联盟持续发展，应将产业联盟纳入科技计划的支持对象。在国家科技计划的编制论证过程中，建立与产业联盟联盟的会商制度，规划和支持一批行业共性、关键瓶颈技术研发和产业化项目。同时可以考虑设立产业联盟专项计划或专项基金，对产业联盟给予稳定支持。

2. 加强产业联盟主体间衔接管理

产业联盟的产学研合作各方的主管部门不同，运行机制也不同，导致在产学研主体衔接上，合作各方都缺乏系统有效的管理。高校和科研院所对科研的前期工作，即项目选题、申报等有一整套管理制度和办法，有相应的管理机构；企业则对成熟的科技产品的工艺、生产、销售及售后服务等有一整套管理制度和经验。但是对于科技成果鉴定以后的中试，以及开发、推广、应用、落实合作伙伴、沟通信息或牵线搭桥等高校和科研院所与企业之间的协调管理则缺乏有效的制度和机制。这一环节恰恰是产业联盟结合的交叉点或临界点，是推进科技进入经济必不可少的一环。科技计划在实施过程中可借鉴国外经验，采用"政府＋科研院所＋企业＋联合体"的管理模式，通过对联合体的管理来达到对科技计划的管理，加强产业联盟主体间有效衔接管理。

3. 对产业联盟各方采取不同的资助方式与组织模式

对于"学"方而言，要更多地采用前补助的形式，采取政府部门直接操作资金的模式；而对于"研"方而言，采用前补助和后补助结合的资助方式，可采取政府部门直接操作资金的模式，也可委托社会组织运作；对于"产"方而言，可以采取后补助、奖励和购买性支出的资助方式，委托私人部门以商业化模式运营，政府不参与日常经营管理和投资决策。同时，随着"学""研""产"创新链条的逐步推进，风险逐步降低，正外溢性逐步减弱，科技计划的资助比重也应逐步降低。

4. 创新扩散纳入科技计划项目管理全过程

将创新成果扩散效果作为产业联盟承担的重大科技计划项目管理重要内容，贯穿于科技项目管理的全过程。首先，在项目申报时，需要将预期创新成果扩散效果作为一项重要任务写入项目任务书，并且允许配置相应的科研资金，同时政府部门有权利拥有关键共性技术等的知识产权；其次，在项目实施环节，对科技项目形成的阶段性研究成果，积极鼓励向所属产业进行有偿或无偿扩散；最后，在项目验收阶段，将创新成果扩散效果作为项目绩效的重要考核指标。

9.3.3　加强联盟平台建设

1. 产业联盟科技平台认定管理

加强产业技术联盟需要的各类平台的认定，是支持产业联盟快速成长的关键。根据黑龙江省各类科技平台的发展基础，三类科技平台具体认定管理工作重点为：

研发平台认定管理。首先,加强重点高校和科研院所重点实验室和工程中心的资格审查,使这些研发平台符合产业技术联盟创新发展要求;其次,对重点企业研发中心进行省级研发平台认定,达到以认定促建设与升级的作用。

产业化平台认定管理。战略性新兴产业拥有一批国家级和省级产业化基地、孵化器、大学科技园,应当按照产业技术联盟平台认定标准对这些平台进行条件审核,使其更好地支撑产业联盟发展需要。

公共服务平台认定管理。这是很多产业联盟平台建设的薄弱环节,首选根据联盟创新服务需要,重点加强技术检测、测试等公共服务平台的选择与认定工作。

2. 产业联盟科技平台专项资金管理

当前我国还没有针对产业联盟创新需要建立科技平台专项资金及其管理制度,因此,在进行产业联盟各类科技平台认定的基础上,需要设立科技平台专项资金,用于平台基础设施建设、升级和创新活动开展。根据平台的"公共品"外部性程度不同,一般地,公共服务平台需要政府提供全额资金支持,而研发平台和产业化平台则要求联盟成员的配套资金。另外,随着专项资金的设立,需要形成更具操作性的资金使用管理办法[57]。

总之,通过建立和完善产业技术联盟科技计划和科技平台管理方法和流程,可以更好地保证政府扶持政策落到实处,提升产业联盟创新效率。

9.3.4 加强产业联盟国际化合作

产业联盟在于集中优势资源形成战略性新兴产业的标志性创新成果,进而突破产业创新瓶颈、提升产业创新层次以及实现产业可持续创新。全球经济科技一体化,要求产业联盟必须瞄准全球创新前沿,充分利用全球创新资源,积极参与全球创新活动。首先,提高产业联盟的对外开放性,鼓励产业联盟吸纳世界著名的跨国公司、科研院所或高校加入,进而成为产业联盟带动战略性新兴产业参与全球创新活动的关键力量。其次,在全球范围内招聘具有参与联盟创新活动的优秀技术或管理人才团队,提升产业联盟创新与管理水平。最后,鼓励产业联盟或其成员加入世界顶级产业联盟,提升产业联盟的国际化合作水平。

9.3.5 完善法律法规环境

产业联盟属于契约式联盟,良好的法律法规环境是产业联盟健康发展及其创新辐射作用有效发挥的前提和基础。针对产业联盟发展需要,重点考虑反垄断法、知识产权法完善以及技术转移规则建立。

首先，反垄断法的任务就是防止市场上出现垄断，以及对合法产生的垄断企业进行监督，防止它们滥用市场优势地位。产业技术联盟通常包含一批同领域的优势企业，这种大范围的强强联合必然形成一定的市场垄断现象，因此有效界定反垄断认定条件，对于产业联盟持续发展乃至创新扩散影响重大。

其次，对应于产业联盟创新及其扩散的多主体、多层次活动，完善知识产权相关法律法规，构建全方位、多层次的知识产权保护体系。具体地，对于产业联盟内部，保证知识、技能实现联盟成员间有效流动与共享，同时还要重点关注各个联盟成员的利益，明确创新成果产权归属与有效保护；在产业联盟创新成果向产业内其他创新主体进行扩散时，要防止知识产权侵权或"搭便车"现象。

最后，应当规定产业联盟创新成果转移的非排他性、非歧视性原则，以便发挥产业术联盟对整个产业的创新扩散与辐射带动效应。

9.4　本　章　小　结

本章选择黑龙江省新材料产业及其产业联盟进行实证研究，首先，分析黑龙江省新材料产业以及产业联盟发展情况，对基于这些产业联盟的新材料产业自主创新能力提升效果进行评价，并剖析当前基于产业联盟的新材料产业自主创新能力管理现状和存在问题；其次，围绕提升路径选择、管理机制构建和过程管理方法选择，提出通过产业联盟提升黑龙江省新材料产业自主创新能力管理策略；最后，从一般性角度进一步给出基于产业联盟的战略性新兴产业自主创新能力提升对策建议。

第 3 篇　创新生态系统管理篇

第 10 章 战略性新兴产业创新生态系统演进路径与动力研究

　　创新生态系统作为当前和未来创新的新范式，得到了理论界和实践界的普遍认可，而且其核心理念也开始从企业、区域、国家层次向产业层次拓展[58]，这不仅为战略性新兴产业创新与发展提出了新要求，更为其可持续发展提供了新思路与新方向，从创新生态系统视角探究战略性新兴产业如何以及为何能够持续发展与转型升级，成为当前亟待解决的核心问题。

　　TD 产业是新一代信息技术产业的重点领域，TD 产业基于 3G 和 4G 标准化过程也推动了该产业领域创新生态系统不断建立、发展、升级的过程，蕴含了我国情境下战略性新兴产业创新生态系统发展和升级所遵循的规律。为此，基于创新生态系统理论思想，以 TD 产业长周期演进为典型案例，探究我国战略性新兴产业创新生态系统演进机理，具有重要的理论价值与现实指导意义。

10.1　理论框架与研究方案设计

10.1.1　理论框架设计

　　关于创新生态系统是什么？Ander 的定义最具代表性，他认为创新生态系统是指为实现共同的创新战略价值主张而伙伴间建立的一系列多边创新依存关系集合，即一项技术创新能否最终成功不仅依赖于创新成果本身的技术性能，而且还依赖于该技术创新成果所处的创新生态系统，也就是支撑该技术成果完成特定价值使命的其他相关技术创新[59]。因此，战略性新兴产业创新生态系统是指为了实现辐射带动产业技术创新战略价值主张而创新成员间建立的多边创新依存关系集合。

　　动态演化性是创新生态系统最为显著的特征[60]，战略性新兴产业创新生态系统演进路径可以界定为在创新战略价值主张引导下的核心技术以及外围配套技术协同创新的战略导向与实现过程。与其他生态系统类似，创新生态系统成长也遵循 S 形生命周期曲线，且其升级换代就是不断由新 S 形曲线替代旧 S 形曲线的过程[61]。战略性新兴产业主要致力于持续培育和升级发展，因此，无论经历多少个 S 形曲线，产业创新生态系统的演进路径都可以归结为两类：代际演进路径和代内演进路径，其中，代际演进路径是指在创新战略价值主张变革下的产业新创新生态系统取代旧创新生态系统的路径，而代内演进路径则是指在既定的创新战略价值主张下的产业创新生态系统不断成长与完善的路径。当然由于两类演进路径的创新战略价值主张以及相应技术创新实现过程不同，在演进路径起点、战略导向和过程等方面存在差异性。

产业创新生态系统为何能够持续演进则是演进动力问题。首先，创新生态系统的首要任务就是更为有效地开展创新活动，创新驱动是产业创新生态系统演进的内在动力；其次，创新生态系统有别于传统的创新体系的特征就是要时刻考虑创新的价值实现[62]，也就是面向市场的"有用"创新，市场拉动力必然成为产业创新生态系统演进的重要外部动力；最后，致力于产业关键共性技术和核心技术的创新[63]，其创新活动具有一定的公共外部性，政府政策引导也尤为重要。因此，产业创新生态系统是在创新驱动力、市场拉动力以及政策引导力综合作用下实现持续演进。由于三类演进动力的具体形式以及作用和组合方式不同，也是塑造代际和代内两类不同演进路径的根源[64]。

综上，可以得到产业创新生态系统演机理的理论分析框架如图 10-1 所示。

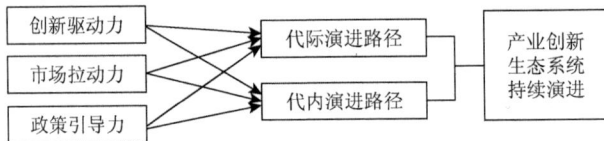

图 10-1   战略性新兴产业创新生态系统演进机理的理论分析框架

10.1.2   研究方法与数据资料整理

战略性新兴产业创新生态系统如何在代际和代内进行演进以及不同驱动力为何在两类演进路径中产生不同动力作用机制，则需要选择科学的研究方法和数据资料进行深入研究和论证。

案例研究作为社会科学的重要研究方法，其优势在于通过对事物发展历史性描述和现象整体呈现来揭示事物的内在发展规律和事物之间的复杂作用关系。探究战略性新兴产业创新生态系统演进路径及动力是典型的"如何"（how）和"为何"（why）问题，并且具有很强的情境性、动态性和复杂性，符合案例研究的相关条件。因此，采用案例研究方法，选择我国 TD 产业作为案例研究对象，研究 TD 产业创新生态系统演进路径及动力。

10.2　产业创新生态系统演进路径

根据图 10-1 的理论框架，产业创新生态系统演进路径需要从代际演进和代内演进分别进行理论分析和案例论证，并且主要通过路径演进起点、演进战略导向和演进过程等路径核心要点分析来探究战略性新兴产业创新生态系统如何进行代际和代内演进。

10.2.1　产业创新生态系统代际演进路径

1. 代际演进路径描述

产业创新的关键在于打造产业核心技术平台[65]，这也是产业创新生态系统的核心构成和形成标志。产业核心技术平台是由相互关联的一系列核心技术模块组成[66]，因此，产业创新生态系统代际演进路径也就是基于核心成员系列核心技术创新突破的产业核心技术平台更替的战略导向与实现过程。代际演进路径涉及产业新旧创新生态系统的更替，因此，从代际演进起点来看，产业原有的创新生态系统的技术性能的改进余地小，一些核心企业提出了更具吸引力的新创新战略价值主张，并且有突破新一代产业关键核心技术的意愿、能力和资源条件。从代际演进战略导向来看，产业创新生态系统的更新换代顺应技术变革、市场需求的发展趋势，并且把打造新的产业核心技术平台纳入核心企业乃至整个产业的创新战略。从代际演进过程来看，首先，产业创新生态系统持续保持开放性，在新的创新战略价值主张下不断吸纳具有技术变革能力和创新资源优势的异质性新企业加入；其次，具有创新实力和战略眼光的一些核心企业持续高强度创新投入，并通过强化伙伴间的创新共享与协作来加速产业核心技术创新突破[67]；最后，逐步建立起相对于原有的创新生态系统更具创新战略价值潜力和技术性能优势的新产业核心技术平台，实现由"路径依赖"向"路径创造"的创新战略变革[68]，推动产业创新生态系统升级换代。

2. 3G 创新生态系统初建

TD 产业 3G 创新生态系统初建实质上是由国外垄断的 2G 向我国主导的 3G 创新生态系统的代际演进。从演进起点来看，全球 2G 创新生态系统被发达国家垄断，我国电信企业无论从创新价值获取和创新能力提升都被"边缘化"，大唐提出建立中国主导的 3G 标准价值主张，并获得华为、中兴等企业积极响应，同时这些核心企业具备了一定的 3G 技术能力，尤其是大唐已经率先掌握了智能天线等核心技术。从演进战略导向来看，在 20 世纪末，全球通信领域顶级企业致力于 3G 技术标准开发，如美国主导的 CDMA2000，欧洲主导的 WCDMA，全球技术变革和市场需求均纷纷转向 3G，我国定位于 TD-SCDMA 产业创新与发展就是顺应这样的发展大趋势，并且致力于中国主导的 3G 技术标准突破。从演进过程来看，积极吸纳国际企业西门子加入，随后联想、华立集团、南方高科、中国电子、中国普天等企业也陆续加入；以大唐为代表的核心企业在集中投入攻克 3G 关键技术模块中发挥了引领作用，如将购买西门子的 TDD 和 SCDMA 基础或核心专利向其他合作伙伴共享，将全部的技术文档转让给普天、中兴等企业，大唐为 TD-SCDMA 核心技术研发前期投入自有资金高达 6 亿元；早先的核心企业联合开发的 CDMA 系列核心技术模块成为支撑我国 TD-SCDMA 国际标准的核心技术平台，实现了 TD 产业 3G 创新生态系统初建。

3. 3G 向 4G 的创新生态系统代际演进

TD 产业创新生态系统由 3G 向 4G 的升级换代也遵循了同样的路径。从演进起点来看，全球 3G 网络部署缓慢，其创新战略价值实现远低于预期[69]，我国的 3G 网络部署更是比发达国家晚了将近 10 年，尽管 TD 产业 3G 创新生态系统创新战略价值主张难以按照预期实现，但是通过 3G 技术标准的攻克，产业整体的创新能力得到提升，使得 TD 产业向 4G 创新生态系统演进不仅蕴含着更具吸引力的创新战略价值空间，而且有着一定的创新能力和资源条件提供支持。从演进战略导向来看，在我国推进 TD 产业向 3G 创新生态系统建立的过程中，发达国家及其跨国公司已经开始着手 4G 技术标准的开发，而且整个市场需求也希望网速更快、服务更完备的 4G 创新生态系统的出现，同时 TD 产业核心成员华为、中兴等企业也纷纷着手 4G 基础专利的早期研发，因此，TD 产业升级到 4G 创新生态系统是顺应发展环境的必然选择。从演进过程来看，TD 产业继续吸纳国外企业加入推动 LTE 核心技术开发，如 2008 年大唐和爱立信成立了 LTE 联合研究中心，重点攻克由 TD-SCDMA 向 LTE TDD 平滑演进的技术难关。2008～2013 年华为、中兴也进行了持续高强度研发投入，华为每年将 15%的销售收入用于 4G 核心技术研发，全球汇集了 11 个研发中心、4000 多名研发人员来攻克 TD-LTE 端到端解决方案；中兴每年将收益的 10%投入到 4G 前沿技术研究，并在欧洲、美国、中国深圳和中国南京等地先后建立 8 个研发中心。通过这些核心企业的努力完成了一系列核心技术模块突破，构筑了 OFDM 核心技术平台，支撑了 TD-LTE 标准于 2010 年入选为国际 4G 标准，实现了 TD 产业创新生态系统的再次实现升级换代。

基于以上路径描述和案例分析论证可以得出理论观点一：

产业创新生态系统代内演进路径实质上就是创新战略价值主张变革下基于核心企业核心技术创新突破的产业核心技术平台更替的战略导向与实现过程，具体地，演进起点为旧创新生态系统，其技术性能拓展空间小，而新的创新战略价值主张吸引力大和创新突破可行性强；演进战略导向就是创新战略价值主张顺应技术、市场环境发展的大趋势；演进过程则是沿着"吸纳异质性的新成员→核心成员持续投入和主导创新协作→新的产业核心技术平台逐步建立"来推动新旧创新生态系统之间的更替。

10.2.2　产业创新生态系统代内演进路径

1. 代内演进路径描述

创新生态系统持续发展不仅取决于一系列相关核心技术的性能，而且还取决于外围配套技术的完备性，这也是产业创新生态系统代内演进面临的挑战。产业创新生态系统代内演进路径本质上就是在既定的创新战略价值主张下，基于伙伴间协同创新的产业核心技术性能持续改进和外围配套技术协同完善的战略导向与实现过程。具体地，从代内演进起点来看，创新战略价值主张已经成为所有企业的共识，产业创新生态系统核心构成——产业核心技术平台已经建立，且其技术性能有进一步提升的空间，相关的配套技术有待进一步完善。从代内演进战略导向来看，创新生态系统所处的发展环境平稳，面临的创新变革压力小，一方面核心企业致力于产业核心技术平台持续改进；另一方面基于已有的产业核心技术平台，更多企业参与配套技术以及最终产品与服务的开发。从代内演进过程来看，产业创新生态系统体现了"三位一体"的成长过程：首先，通过吸纳更多互补性企业不断加入以及推动技术创新成果在产业内不断采用，尤其是一些企业不断地通过各类增补方式"主动"打通产业核心创新平台与市场需求之间的通道，逐步形成支撑技术研发、工程化、产业化的完整创新生态系统；其次，通过服务模式或商业模式创新来挖掘客户让渡价值、扩大总体创新价值以及在伙伴间有效分配创新价值，进一步吸引更多企业加入创新生态系统；最后，产业创新生态系统向产业辐射，并可以通过跨界融合、市场拓展实现持续规模化和多样化成长。

2. 3G 创新生态系统代内演进

在 TD 产业核心企业对 CDMA 系列核心技术模块实现突破之后，尽快推进我国主导的 3G 技术标准持续改进与产业化成为整个产业的共识，既定的 3G 技术标准创新战略价值主张并没有改变，基于 CDMA 产业核心技术平台的整体技术性能提升成为 3G 创新生态系统代内演进起点。从演进战略导向来看，自 TD-SCDMA 确立为国际 3G 技术标准到我国 3G 牌照颁发的时间跨度内，整个环境都处于对3G 的"期待"期，通过整体技术性能提升来促进 3G 创新生态系统快速成长成为 TD 产业创新战略，具体地，核心企业大唐、华为、中兴等不断改进支撑 3G 标准的核心网络技术，从 R4 基本版本发展到 R7（HSPA＋）版本，并在 HSPA＋阶段实现了传输速率 7 兆比特每秒；同时基于 3G 核心技术平台逐步向配套技术环节延展，吸纳更多企业开展配套技术创新，如 TCL、英华达等加入开发 3G 移动终端，安捷伦、雷卡、泰克和罗德–施瓦茨等致力于测试仪表，中国移动也加强网络设备兼容性技术开发。从演进过程来看，由核心网终端逐步拓展到无线网、UIM 卡、终端与网络兼容等配套技术，提升了 TD 产业 3G 创新生态系统的宽度和深度；内容供应商（新浪、搜狐、腾讯等）成为 3G 技术体系的重要采用者，并将最终产品和服务传递给了 3G 终端用户，从而成为打通 3G 核心网络技术与消费者之间通道的关键增补力量；当然，新浪微博、搜狐视频、腾讯微信以及中国移动的可视电话、数据上网、彩铃等服务增值挖掘和商业模式创新，一方面深度挖掘 3G 用户的顾客让渡价值，吸引更多企业加入，另一方面 3G 跨界发展和广泛应用，也促进了 3G 创新生态系统的多样性和规模化成长。

　　3. 4G 创新生态系统代内演进

　　同样的，在基于 OFDM 系列核心技术模块的 4G 创新生态系统产业核心技术平台建立之后，4G 技术标准创新战略价值主张成为 TD 产业的共识，TD-LTE 标准整体技术性能改进成为推进 4G 创新生态系统代内演进的起点。从演进战略导向来看，尤其在 TD-LTE 牌照被同时颁发给三大电信运营商之后，整个技术发展潮流和市场需求完全转向 4G，TD 产业要不断通过对核心技术持续改进来升级 4G 技术标准，在 R10 基础版本的基础上引入 CoMP（协作多点传输）技术、增强载波聚合技术等形成了增强版本 R11，继续通过实现 LTE-Hi（热点增强）技术、TDD 动态时隙配置等形成 R12 版本和 R13 版本；同时，TD 产业创新生态系统的配套技术也成为创新的重点，如华为、中兴等推出 TD-LTE 移动终端，还有一些企业积极推动 4G 技术与金融、交通、医疗、国防等跨界融合技术创新。从演进过程来看，不断吸纳互补性企业参与核心技术性能的持续改进和外围配套技术的不断完善，实现由最初的"无线网络"为主演进到"宽带接入移动化、移动通信宽带化"的多网合一的创新目标；基于 4G 技术的强大渗透力形成了"跨界链接"，开展服务模式和商业模式创新，尤其在"互联网＋"的背景下，吸引云计算、大数据、可穿戴设备、物联网等相关利益主体开展新型数字化服务，带动远程医疗、导航系统、智能家居、安防监控等的广泛应用；同时，创新生态系统也由国内市场向国际市场拓展，截至 2016 年底已有 85 个 TD-LTE 网络在 46 个国家实现商用。

　　基于以上理论分析和案例论证可以得出理论观点二：

　　产业创新生态系统代内演进路径本质上是在既定的创新战略价值主张下，基于协同创新的产业核心技术性能持续改进和外围配套技术协同完善的战略导向与实现过程，具体地，其演进起点为创新战略价值主张已经成为整个产业的共识，整体技术性能有进一步提升的空间；演进战略导向为既定的创新战略价值主张以及技术性能整体提升与所处的平稳环境相匹配；演进过程则沿着"吸纳互补性企业开展协同创新→创新价值有效创造、分配与传递→跨界融合、市场拓展"推进现有创新生态系统持续规模化、多样化成长。

10.3　产业创新生态系统演进动力

根据图 10-1 理论框架，产业创新生态系统是在创新驱动力、市场拉动力以及政策引导力综合作用下实现演进，但是三类动力在创新生态系统的代际演进和代内演进的具体形式及作用方式存在哪些差异，为何塑造了截然不同的代际演进和代内演进路径，则需要以下的分析论证。

10.3.1　创新驱动力

尽管创新生态系统的使命是创新，然而产业创新生态系统在不同演进路径的创新驱动力类型以及作用方式存在差异性，分别为代际演进的突破性创新驱动力和代内演进的渐进性创新驱动力。

1. 代际演进的突破性创新驱动力

突破性创新是以重大技术变革为标志的创新，通过对原有技术体系的颠覆推动产业创新生态系统的更新换代。具体地，产业核心企业集中优势创新资源开展突破性创新，并通过相互关联的一系列产业核心技术模块的重大突破来构建更具技术优势和价值潜力的新的产业核心技术平台，驱动创新生态系统的更新换代。

事实上，从 3G 和 4G 技术标准建立来看，TD 产业创新生态系统的代际演进实际上就是突破性创新驱动过程，以大唐为代表的核心企业集中力量研发出 SCDMA 技术，打造 TD-SCDMA 核心技术平台，驱动 TD 产业创新生态系统进入 3G 时代。同样的，大唐、华为、中兴等研发出 OFDMA 技术，也被视为"准 4G"技术，紧接着又研发出融合 LTE TDD 的技术，打造 TD-LTE 核心技术平台，驱动 TD 产业创新生态系统由 3G 向 4G 的成功代际演进。

2. 代内演进的渐进性创新驱动力

渐进性创新是对现有技术改进引起的渐进的、连续的创新，产业创新生态系统代内演进是典型的渐进性创新驱动。首先，通过渐进性创新来不断提升产业核心技术平台的技术性能和丰富各类组件、配件技术，从而完善创新生态系统；其次，基于产业核心技术平台的最终产品的多样化渐进性创新能够有效建立创新成果与消费者之间的联系，不断拓展产业创新生态系统的边界，实现代内持续快速演进。

无论是 3G 标准还是 4G 标准确立之后，其核心网络技术（TD 产业核心技术平台）仍在不断通过渐进性创新来提高技术性能，3G 标准依次经历 R4～R7 等版本，其本质上是 TD-SCDMA 核心网络技术的渐进性创新驱动所形成的；4G 标准起始于 R8 和 R9 版本（也叫"准 4G"），并且通过 TD-LTE 核心网络技术持续渐进性创新，推动 4G 核心网络技术沿着 R10～R13 版本持续改进。相关配套技术也通过渐进性创新不断涌向，如与 3G 核心网络技术相配套的系统保障、测试仪表、终端软件等创新，除此之外，4G 相关配套技术还在"互联网+""移动互联网"战略导向下实现跨领域应用性技术创新。总之，通过核心网络技术和配套应用技术渐进性创新，驱动了 TD 产业创新生态系统分别在 3G 和 4G 代内的持续快速演进。

基于以上创新驱动力的分析论证可以得出理论观点三：

创新是产业创新生态系统的战略使命，更是产业创新生态系统演进的内在推动力，具体地，通过产业内核心企业开展突破性创新推进创新生态系统的代际演进，而产业内更多企业参与的渐进性创新则有助于创新生态系统的代内成长。

10.3.2　市场拉动力

创新生态系统提供承载更多顾客让渡价值的创新性产品与服务，然而市场对创新生态系统的认可也是循序渐进的过程，具体地，代际演进主要被潜在市场需求拉动，而代内演进则逐渐转向显性市场需求拉动。

1. 代际演进的潜在市场需求拉动力

代际演进的技术创新具有不连续性和不完全预知性，使得未来市场需求是不明确的、潜在的，具有观望和等待的特征，甚至一些需求需要通过突破性创新来挖掘和创造。当然这种潜在的市场需求也会产生积极的拉动作用，首先，当市场需求越来越难以通过现有的创新生态系统获得满足，会不断地孕育新的潜在需求并要求新的创新生态系统出现；其次，随着新创新生态系统雏形的形成，尤其是一些核心技术获得突破，潜在市场特征（如规模、结构等）也会逐步明晰，反过来拉动新创新生态系统产生与发展；最后，处于朦胧（或叫模糊）状态的市场需求对渴望获取未来竞争主动权的产业内核心企业特别有吸引力，甚至会通过夸大未来市场需求潜力来激发更多企业转向加入新创新生态系统并完成代际转换。

早在 2003 年北京市举行的"3G 在中国"2003 全球高峰会上，信息产业部电信研究院专家就指出,经过导入期及成长期之后,预计我国 3G 总用户数达到 1.98 亿~2.66 亿的水平,占移动用户数量的 36%~40%,运营收入将实现 1 万亿,设备收入达 6000 亿元,终端市场收入达 4000 亿元;当时华为的无线产品部副总裁车海平也预言,2010 年以后 3G 将成为 2G 的替代性网络。3G 能够带来巨大的市场需求几乎成为当时 TD 产业的共识,拉动了 3G 创新生态系统快速建立。

　　同样的,早在 2010 年科技网站 PC World 就载文称,4G 网络将在五个技术领域内获得"杀手级"应用,包括移动视频直播、移动/便携游戏、基于云计算的运用、"增强现实"导航以及应急反应和远程医疗。对潜在需求的乐观预测也加速了向 4G 的演进,2011 年的世界移动通信大会上,印度、欧洲等多个国家和地区的主流移动运营商宣布,将采用中国主导的 4G 标准技术建设商用网络,据当时预测,到 2015 年全球 4G 用户数将突破 9000 万。当然 3G 产业化进展缓慢和市场表现不佳也使得更多消费者寄希望于 4G。

　　2. 代内演进的显性市场需求拉动力

　　随着产业创新生态系统核心技术平台的确立以及不断被市场所熟知,客户需求也越来越明确并呈现多样性,对创新生态系统持续发展和完善产生重要的拉动作用。首先,潜在市场需求逐步变为显性需求,要求产业创新生态系统提供完整的客户解决方案,不仅要求核心技术不断改进,而且还需要外围配套技术持续完善,要求创新生态系统实现范围经济和规模经济效应来满足顾客的现实需求;其次,客户需求多样化也需要产业吸纳更多企业开展多领域渗透与交叉融合,基于已有的产业核心技术平台来开发并传递多样化的最终产品与服务,从而实现产业创新生态系统在代内的全面拓展。

　　具体地,TD 产业创新生态系统在 3G 阶段内的演进中,顾客对丰富的视频、数据流量等业务的显性需求逐渐显现,拉动了 TD 产业 3G 创新生态系统快速成熟,不仅要求 3G 产业核心技术平台的不断改进,而且促进了华为、中兴等智能手机业务的发展,中国移动也积极布网和推出新服务,截至 2011 年底,TD-SCDMA 基站数量达到 22 万个,终端用户数量达到 5121 万,已经建立起面向客户需求的全面创新解决方案的创新生态系统。

　　伴随着我国"互联网+"战略的提出,用户对"移动互联网"的需求进一步明晰,TD 产业创新生态系统 4G 代内演进方向就是要满足用户的新需求——宽带无线通信、高水平智能终端以及云平台和大数据系统应用,切实拉动 4G 创新生态系统的规模化、多样化、跨领域、全球化发展。截至 2015 年底,全球 TD-LTE 基站数量已达 130 万个,约占全球 LTE 基站数量的 43%,用户数占 4G 总用户数的 45%。此外,交通、教育、医疗、国防等跨界领域的市场需求也不断拓展 TD 产业 4G 创新生态系统的边界。

基于市场拉动力的分析论证可以得出理论观点四：

市场需求是产业创新生态系统演进的重要拉动力，而且市场对创新生态系统的认可是循序渐进的过程，新的潜在市场需求拉动核心企业建立新创新生态系统并取代旧创新生态系统，而不断扩大的显性市场需求则拉动更多企业加入已有创新生态系统来推动其实现代内快速成长。

10.3.3 政策引导力

总的来说，政府通过创新供给侧政策、创新需求侧政策和环境侧政策（创新环境侧政策或需求环境侧政策）来引导创新生态系统发展[70]，但引导代际和代内演进的政策存在差异。

1. 代际演进的创新供给侧政策及创新环境侧政策引导力

在产业创新生态系统代际演进中，其使命就是重大技术变革，因此创新供给侧政策引导力是关键，环境侧政策也以营造鼓励新技术涌现的创新环境为主[71]。产业创新生态系统创建或更替，均是通过核心企业和整合优势创新资源来攻克产业关键共性技术和核心技术，政府加大创新投入来弥补投入不足，助力突破产业关键共性和核心技术瓶颈，为产业创新生态系统的更替奠定基础。在创新环境侧政策方面，主要通过制定面向突破性创新的目标规划、知识产权保护等方面的政策，为产业创新生态系统的创新变革提供环境保障。总之，无论是创新供给侧政策还是创新环境侧政策，政府的适时介入和积极支持起到创新突破的"风向标"作用，不仅为产业创新生态系统开展突破性创新提供人财物支持，而且有助于引导更多创新资源向产业汇集，促成更多新企业加入并协同攻关。

事实上，TD产业3G创新生态系统的首次创建以及3G向4G的代际演进，政府的创新供给侧政策和创新环境侧政策起到了重要引导作用，具体见表10-1。

表 10-1　TD 产业创新生态系统代际演进的典型政策及其引导作用

代际演进	政策类型	典型政策时间及名称	政策核心要点	典型政策的引导作用
2G 向 3G 代际演进	创新供给侧政策	2000 年批准大唐电信作为"863 产业化基地"	大唐电信成为研发 TD-SCDMA 标准核心技术的基地	促进了 TD 产业创新生态系统关键技术研发，并加大相关研发设施建设
		2003 年政府加大对 TD-SCDMA 研发的资金支持	政府每年给予本地厂商不低于 6 亿元的资金支持研发 TD-SCDMA 技术标准	为 TD-SCDMA 核心技术的研发提供资金支持，引导跨国公司参与核心技术创新，如西门子与华为成立了合资公司鼎桥通信，爱立信与中兴合作致力于 TD-SCDMA 核心技术研发，摩托罗拉、飞利浦也相继投资 TD 产业

代际演进	政策类型	典型政策时间及名称	政策核心要点	典型政策的引导作用
2G 向 3G 代际演进	创新环境侧政策	1998 年举行"香山会议"	提出将 TD-SCDMA 技术确定为 3G 候选技术方案	引起高层对 3G 技术足够重视,营造开展 3G 技术自主创新的氛围
		2000 年列入"十五"发展规划	信息产业部将 3G 作为"十五"规划发展的重点,同时 3G 也是"十五"期间国家发展计划委员会确定的"十二大高技术工程"之一	突出 3G 在政府主管部门工作重心地位,并在制度上保证面向 3G 重大技术突破的政府持续投入
3G 向 4G 代际演进	创新供给侧政策	2002 年将 4G 研发列入 863"十五"规划	重点研发 4G 标准的核心技术	攻克 TD 产业 4G 创新生态系统的核心技术,助力 3G 向 4G 代际演进
		2003 年成立上海无线通信研究中心	重点研究 4G 的关键技术以及进行标准化推进工作	加大 4G 创新人才培养与投入,并加强 4G 核心技术的创新
		2007 年信息产业部成立 4G 推进组	推进 TD 在国际标准化方面的顺利演进	提高并推动 TD 产业创新生态系统核心技术研发的国际化水平
	创新环境侧政策	2001 年"FuTURE"计划	着重对 B3G/4G(后三代/四代)的研发搭建交流平台	广泛吸收有志于研发 B3G/4G 核心技术的单位参加,推动中国与世界 B3G/4G 领域的技术融合与协同发展
		2006 年列入国家"十一五"发展规划	规划中的无线带宽通信部分强调要加强 TD 的研发	引导优势创新资源投向 4G 创新生态系统核心技术研发

2. 代内演进的创新需求侧政策及需求环境侧政策引导力

在产业创新生态系统代内演进中,随着创新生态系统逐渐成熟,能够更好地满足市场需求并实现创新价值成为战略核心,因此,需求侧政策引导力变得越来越重要,并通过具体的产业化试点示范、产业基础设施配套、政府采购以及贸易管制等激发潜在需求和引导消费。值得注意的是,有别于一般的需求侧政策,创新需求侧政策促进了下游配套主体对上游核心技术模块或架构采用[72],通过这种逐层采用拉动配套技术完善,从而促进产业创新生态系统代内快速成长。此外,环境侧政策也转向了塑造有利于创新性技术产品与服务消费的需求环境作为引导重点[73],并主要通过税收、金融、产业促进等政策进行引导。

无论是 3G 还是 4G 的代内演进,政府政策类型和引导重点均转向了创新需求侧及需求环境侧,具体见表 10-2。

表 10-2　TD 产业创新生态系统代内演进的典型政策及其引导作用

代内演进	政策类型	典型政策时间及名称	政策核心要点	典型政策的引导作用
3G 代内演进	创新需求侧政策	2008 年北京奥运会使用 TD-SCDMA 网络	在北京、上海等 8 个城市率先建设 TD 网络建设,覆盖了绝大多数奥运主、协办城市	通过应用示范扩大并引导对 TD 产业创新生态系统的市场需求
		2009 年发放 3G 牌照规则	将 TD-SCDMA 颁发给最具市场竞争力的中国移动	通过产业准入制度确保了 TD-SCDMA 的需求规模,塑造有利的创新需求环境

续表

代内演进	政策类型	典型政策时间及名称	政策核心要点	典型政策的引导作用
3G 代内演进	需求环境侧政策	2009 年颁布《鼓励软件产业和集成电路产业发展若干政策》	强调从事 TD-SCDMA 等通信配套软件开发的企业可以享受"两免三减半"的政策	引导配套技术开发,营造 3G 创新生态系统代内开展低成本产业化的良好环境
4G 代内演进	创新需求侧政策	2014 年济宁政府与移动合作共建信息消费试点	推动落实建设 4G 网络、智慧医疗、教育、交通等 16 个领域的信息化合作	通过打造"信息消费"示范城市,扩大 4G 创新生态系统的市场需求
		2014 年"一带一路"倡议的 TDD 合作	通过政要互动推广 TDD 相关合作,如 TDD/4G 合约,赠送 TDD 手机	积极拓展 TD 产业 4G 创新生态系统的海外市场需求
	需求环境侧政策	2013 年、2015 年发布 4G 牌照	2013 年将 TD-LTE 牌照颁发给中国移动、中国电信和中国联通,2015 年将 FDD 牌照发给了中国电信和中国联通	通过产业准入制度确保了 TD-LTE 的需求规模,塑造了有利的创新需求环境
		2015 国务院发布《关于积极推进"互联网＋"行动的指导意见》	强调做实产业基础,加强知识产权战略储备,加强法律法规建设等方面	为加快 TD 产业 4G 创新生态系统产业化进程以及在多个产业应用提供制度保障

基于政策引导力的分析论证可以得出理论观点五:

政府政策介入对产业创新生态系统演进产生重要的引导作用,不仅对创新投入产生直接引导作用,而且还可以通过营造环境来间接引导,具体地,通过创新供给侧政策及创新环境侧政策引导创新生态系统的代际演进,而创新需求侧政策及需求环境侧政策引导创新生态系统的代内成长。

10.4　本章小结

通过理论分析和 TD 产业案例论证,对产业创新生态系统如何以及为何能够实现持续演进的问题研究,可以得出:①产业创新生态系统演进路径分为代际演进路径和代内演进路径;②产业创新生态系统演进受到创新驱动力、市场拉动力和政策引导力的综合作用;③创新驱动力、市场拉动力以及政策引导力有效匹配与适时转换,促进产业创新生态系统代内快速成长和代际成功转型,实现产业创新生态系统沿着最优路径持续演进。

总之,通过典型案例研究,探讨并揭示产业创新生态系统的演进路径和演进动力,可为我国战略性新兴产业创新生态系统快速构建、成长和转型提供理论支持与决策参考。

第 11 章　战略性新兴产业创新生态系统代际演进速度分析

产业创新生态系统的更新换代成为发展的重点,其更替快慢取决于演进速度,快速推进产业创新生态系统的更新换代,助力加速推动产业创新生态系统实现转型升级,成为产业创新生态系统实现创新突破与赶超的关键。

11.1　产业创新生态系统代际演进速度分析框架

11.1.1　产业创新生态系统代际演进速度内涵

创新生态系统主要是面向需求实现创新的一系列创新解决方案,为了打通需求和技术之间的通道,具备吸引力的价值主张显得尤为重要,价值主张主要包括价值创造、传递、分配三个方面,创新生态系统成员若想实现价值主张则需要开展一系列的技术创新,不仅在核心技术方面实现创新,还需要其他关键部分的开发和应用,也就是与核心技术相匹配的配套技术的创新。

创新生态系统的代际演进就是新旧创新生态系统的更替过程,即新创新生态系统取代旧创新生态系统的战略导向和实现过程[74]。集中体现为新价值主张取代旧价值主张、新技术体系取代旧技术体系以及旧技术体系更新换代三个方面。创新生态系统的演进遵循 S 形生命周期成长曲线,且其持续演进就是不断由新 S 形曲线替代旧 S 形曲线的过程,产业创新生态系统在进行新一轮变革升级的演进中,逐渐向新 S 形曲线过渡[75],如图 11-1 所示。

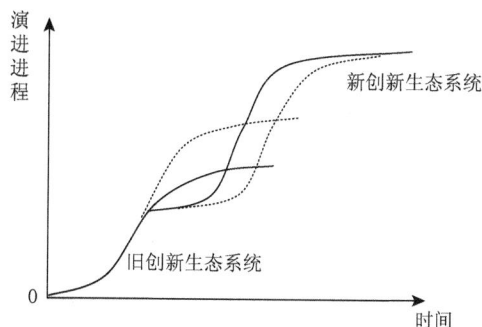

图 11-1　新旧创新生态系统演进曲线

产业创新生态系统代际演进遵循一般创新生态系统代际演进规律，即产业新创新生态系统取代旧创新生态系统的过程，但对于特定的产业创新生态系统的代际演进，在原有产业创新生态系统的企业构成和优势资源基础上，继而实现持续发展，因而产业创新生态系统的代际演进主要表现为新旧创新生态系统之间竞争与继承关系并存。产业创新生态系统代际演进的快慢是指产业新创新生态系统取代旧创新生态系统所需要的时间，即新旧创新生态系统间的更替速度。

11.1.2　产业创新生态系统代际演进速度影响因素框架

根据对产业创新生态系统代际演进速度理论内涵分析，得出战略性新兴产业创新生态系统代际演进速度影响因素模型，如图 11-2 所示。

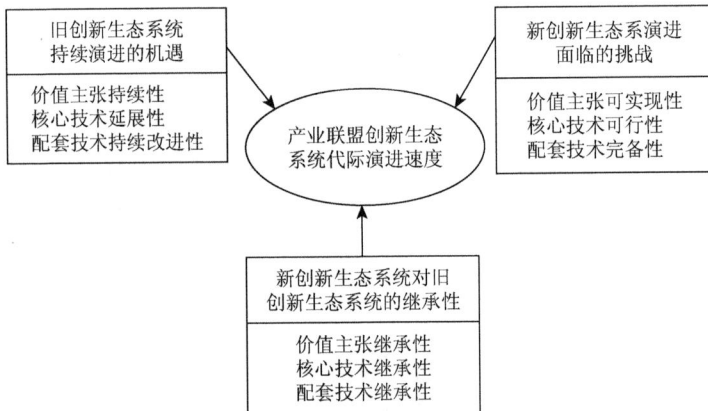

图 11-2　战略性新兴产业创新生态系统代际演进速度影响因素模型

11.2　产业创新生态系统代际演进速度影响因素分析

创新生态系统代际演进速度的快慢，即新创新生态系统更替旧创新生态系统的更替速度不仅取决于旧创新生态系统持续发展的机遇，还取决于新创新生态系统演进面临的挑战，以及新创新生态系统对旧创新生态系统的继承性。

11.2.1　旧创新生态系统持续演进的机遇

对于旧创新生态系统而言，其可拓展的机遇大，延长了旧创新生态系统的发展时间，减缓了向新创新生态系统的代际演进速度。旧创新生态系统持续演进的关键在于原有创新生态系统中，其价值主张持续性、核心技术延展性、配套技术持续改进性三个方面。

首先，价值主张持续性。成员普遍认可原有的创新生态系统技术体系仍有巨大的价值创造空间，具有技术持续性改进能力的核心企业拥有价值分配主导权，在价值传递过程中，顾客让渡价值较为丰厚，具有较为全面的"价值锁定效应"，从而确保原有创新生态系统的持续演进。

其次，核心技术延展性。产业致力于持续升级产业关键核心技术平台，通常由有能力和意愿的核心企业来不断改进原有产业核心技术平台，实现持续性升级，提高旧创新生态系统的竞争力，为其继续发展提供可能，从而减慢向新创新生态系统的代际演进速度。

最后，配套技术持续改进性。产业内多数企业依附于核心企业来开展协同创新，更多的配套技术基于原有的产业核心技术平台来实现改进升级，其改进空间大则有助于原有核心技术性能的充分发挥，并且为原有创新生态系统配套体系的升级提供可能，致使旧创新生态系统能够持续演进，拓宽其演进机遇，延长原有创新生态系统的生命。

11.2.2　新创新生态系统演进面临的挑战

对于新创新生态系统而言，其所面临的挑战大小同代际演进速度呈负相关关系，即新创新生态系统所面临的挑战大，代际演进速度慢。

首先，与旧创新生态系统相比，新创新生态系统能实现价值主张对创新主体的吸引力。若新创新生态系统能在很大程度上具备较大的价值创造潜力、更高效率的价值传递以及更具广泛性的价值分配方案，吸引相关领域企业加入其中，并且使处于劣势和被动角色的其他企业更加积极参与推广新的价值主张，从而加速向新创新生态系统的演进。

其次，核心技术可行性所面临的挑战。核心企业集中优势资源，在攻克核心技术研发过程中所遭遇的技术瓶颈，严重影响产业创新生态系统核心技术平台的构建，核心技术研发过程中所面临的挑战越大，则构建新创新生态系统的时间越长，从而延长更替旧创新生态系统所需的时间。

最后，与核心技术匹配的外围配套技术完备性的挑战，一些配套企业在围绕实现核心技术应用过程中，来确保与核心技术匹配的外围配套技术完备性，若外围配套技术有所缺失，则需要等待更长的时间来实现创新，从而减缓代际演进速度。

11.2.3　新创新生态系统对旧创新生态系统的继承性

产业创新生态系统要实现可持续发展，需要不断由新创新生态系统取代旧创新生态系统实现代际演进，代际演进的成功与否还取决于新创新生态系统对旧创新生态系统的继承性；继承性高，则向新创新生态系统的代际演进速度快，集中体现为新创新生态系统对旧创新生态系统价值主张、核心技术、配套技术的继承性。

首先，新创新生态系统对旧创新生态系统价值主张的继承性，处于新旧创新生态系统的成员在分别实现所在创新生态系统价值主张的过程中，价值在创造、传递、分配过程中是否发生了重大变革，若差异较小，则企业的价值获取方式受到的威胁小，旧创新生态系统中的价值主张的实现形式能够延续到新创新生态系统中，新创新生态系统中企业在实现价值创造、传递、分配的过程中，能够延续应用旧创新生态系统中的实现方式，有助于增加企业构建新创新生态系统的积极性，从而加速向新创新生态系统的演进。

其次，新创新生态系统对旧创新生态系统核心技术的继承性，若核心企业在构建新创新生态系统中，能够沿用旧创新生态系统中部分核心技术，则大大缩短了核心企业研发新创新生态系统核心技术所需的时间，从而加快更替旧创新生态系统的速度。

最后，新创新生态系统对旧创新生态系统配套技术的继承性，新创新生态系统在实现核心技术应用的过程中，其他配套企业若能实现与核心技术匹配的配套技术顺利继承旧创新生态系统成熟的配套技术体系，则需要更少精力用于构建创新生态系统所需的配套组件创新，减少构建新创新生态系统所需的时间，提升向新创新生态系统的代际演进速度。

11.3　2G 向 3G 代际演进速度影响因素分析

创新生态系统在由 2G 向 3G 代际演进过程中，其代际演进速度迟缓，3G 的一再推迟，使得 3G 创新生态系统更替 2G 创新生态系统的速度慢，根据代际演进速度影响因素理论模型，其原因主要受 2G 创新生态系统持续演进的机遇、3G 创新生态系统演进所面临的挑战、3G 对 2G 创新生态系统的继承性共同作用。

11.3.1　2G 创新生态系统持续演进的机遇

我国 TD 产业的一些企业起初作为 3GPP（第三代伙伴计划协议）中的一员来参与发达国家主导的 2G 创新生态系统，参加 2G 创新生态系统价值主张的实现以及技术体系的创新。2G 创新生态系统在演进中有可观的拓展机遇,其持续演进机遇体现在价值主张持续性、核心技术延展性、配套技术持续改进性。

2G 创新生态系统的价值主张持续性具有很好的拓展机遇,通过在 2G 时期不断持续改进技术体系,持续拓展 2G 创新生态系统,使得 2G 时期的价值创造空间较大。在延续 2G 时期主要通过短信和语音业务等来实现价值分配的基础上,不断丰富价值分配方案,如基于满足用户对数据的需求,增加网页浏览、个人识别模块(personal identifier module,PIM)的应用等。一方面,有助于留住潜在 3G 用户的顾客让渡价值;另一方面,参与 2G 推广的很多企业来说,不存在较大的技术障碍来介入技术研发中,从而在接下来的价值分配过程中获得较大的利益,致使 2G 创新生态系统的价值主张拓展机遇较好。

在发展成熟的 2G 时期创新生态系统中,以全球移动通信系统(global system for mobile communications,GSM)网络为核心网络的 2G 时期创新生态系统的核心技术得到充分延展,构成向 2.5G 演进的关键技术,如在 2G 的核心技术 GSM 话音通信系统基础上进行研发,实现无线分组数据传输功能,传输速率达到 115 比特率,促使无线多媒体、电子邮件、蓝牙等应用的实现,顺利实现向 2.5G 创新生态系统的拓展。接下来,为了实现 2.5G 时期通用分组无线业务(general packet radio service,GPRS)的需要,在构建 GPRS 网络过程中,不断对 2G 时期相关的配套技术升级,加大对 2G 创新生态系统的拓展机遇。一方面,在 2G 时期的 GSM 网络基础上持续改进,以便有助于大幅度提升传输速度,并达到无线传输的效果;另一方面,在 2G 原有 BBS(基站子系统)中添加新的硬件单元,来实现在移动网络中完成呼叫连接、无线信道管理等功能的设备,通过对 2G 原有设备的升级,来支持实现 2.5G 时期 GPRS 业务所需的软件及硬件。通过对核心技术和配套技术的升级,拓展 2G 的 GSM 无线数据业务空间,如互联网接入、无线应用协议等业务,可实现 3G 部分性能(如无线网络业务)的实现,因而对 3G 创新生态系统提出更高的功能要求。

因此,在价值主张持续性、核心技术延展性和配套技术持续改进性方面,2G 创新生态系统拥有很好的拓展机遇,从而减缓了向 3G 创新生态系统的代际演进速度。

11.3.2　3G 创新生态系统演进面临的挑战

3G 时期的 TD 产业创新生态系统在替代 2G 创新生态系统的过程中,其所面临的挑战包含价值主张可实现性、核心技术可行性、配套技术完备性,这三个方面的挑战影响着更替 2G 创新生态系统的速度。具备战略眼光的核心企业通过对 3G 是否能够实现价值主张进行预期判断,从而影响其发展 3G 的 TD 产业创新生态系统的速度。首先，3G 时期的 TD 产业创新生态系统具有较高的价值创造潜力，1998 年初，信息产业部的主任宋直元在"香山会议"上明确指出，我国移动通信要摆脱缺乏自主知识产权的困扰，要积极制定属于自主研发的通信标准，并推广成为国际标准，致力于对 TD-SCDMA 标准研发以及产业化的推动，鼓励华为、中兴等企业积极参与来实现较高的价值主张。其次，3G 不能很好地实现价值传递，具体地，截至 2001 年，由于 2G 时期我国移动终端用户数量为 1.3 亿，普及率达到 10%左右，并且用户数量以每月 500 万的速度高速增长，2G 具有广阔的发展空间，一些企业更愿意停留在发展 2G 创新生态系统，向顾客传递价值的效率较低。最后，3G 创新生态系统具备更广泛性的价值分类方案，新的服务模式以及业务的产生，如数据流量的服务模式，网页浏览、可视电话等业务的兴起，吸引其他组织参与到价值分配当中，对原有企业的利益分配产生了威胁，不利于伙伴间进行价值分配。例如，三大运营商中，中国移动垄断利益受到了威胁，中国联通、中国电信运营商提供 3G 业务，因而参与到价值分配中，对中国移动的利益产生了威胁。虽然 3G 创新生态系统拥有较高的价值创造潜力，但在价值传递和分配过程中，不能增加企业加快发展 3G 创新生态系统的积极性，从而减缓了 3G 的代际演进速度。

3G 时期 TD 产业创新生态系统在构建过程中，其核心技术和配套技术均面临着巨大挑战，影响着 3G 的代际演进速度。具体地，在核心技术方面，核心企业在研发 3G 核心技术的过程中，主要面临着我国没有自主知识产权的核心技术的困扰，大唐、中兴等只能通过引入西门子 TDD 技术，并在此技术基础上继续开发而形成 TD-SCDMA 标准的核心技术智能天线技术、同步 CDMA 技术等，核心技术发展的不成熟使得 3G 一再推迟。

在配套技术方面，中国移动在进行 TD-SCDMA 网络的建设过程中，遭遇了一系列的困难。例如，高难度的网络优化，低覆盖率而引发的掉话现象，网络堵塞致使数据下载和网页浏览速度慢，严重影响用户体现效果。TD 网络室内覆盖难度大，智能天线技术在室内不能很好地发挥其作用，导致 TD-SCDMA 网络所依靠的智能天线来增强无线网络信号效果差的难题。配套技术的缺陷严重影响了 3G 业务的运营，成为向 3G 演进的障碍。此外，很多与 3G 相匹配的配套应用发展的不成熟制约了 TD 产业 3G 创新生态系统的发展。3G 的技术不成熟，使得 3G 标志业务，如无线上网、视频通话、手机电视、可视电话等的实现未能形成规模，减缓了 3G 创新生态系统的发展步伐，严重影响了更替 2G 创新生态系统的速度。

因此，TD 产业 3G 创新生态系统在演进中，价值主张实现性概率较小，核心技术和配套技术体系发展成熟度较低，使得 TD 产业创新生态系统在 3G 阶段面临巨大的挑战，从而延长了更替 2G 创新生态系统所需的时间。

11.3.3　3G 对 2G 创新生态系统的继承性

2G 向 3G 创新生态系统的代际演进速度还取决于 3G 对 2G 创新生态系统的继承性高低，当继承性较高时，则加速向 3G 创新生态系统的代际演进，继承性主要体现在价值主张继承性、核心技术继承性、配套技术继承性三个方面。

在价值主张继承性方面，3G 创新生态系统对 2G 创新生态系统的价值创造、价值传递、价值分配继承性均较差。首先，由于 3G 与 2G 创新生态系统的核心技术属于不同的技术体系，一些企业在实现价值创造过程中关注的重点有所差异。3G 创新生态系统重点基于数据流量、无线网络来实现价值创造，而 2G 创新生态系统基于短信、语音业务来实现价值创造，3G 对 2G 创新生态系统的价值创造继承性较差。其次，2009 年《中国移动互联网与 3G 用户调查报告》指出，现有 2G 和 2.5G 网络的终端用户短时间不愿意转移到 3G 网络中去，其中仅有 20%的客户表示会考虑使用 3G 手机，致使一些企业很难从 3G 用户中获取价值，因而向顾客传递的价值较少。最后，由于 3G 对 2G 创新生态系统的价值创造、传递继承性较差，多数企业基于 3G 创新生态系统所产生的价值进行分配，对 2G 创新生态系统价值分配继承性较差。综上，3G 创新生态系统对 2G 创新生态系统的价值主张继承性较差。

在核心技术继承性方面，3G 时期，大唐、中兴等致力于研发属于我国自主知识产权的技术标准，因此，3G 时期 TD 产业创新生态系统的核心技术 TD-SCDMA 拥有我国自主知识产权，与 2G 时期 GSM 分别属于不同的技术体系，对 2G 的技术继承性较差。

在配套技术继承性方面，中国移动在进行 3G 网络建设中，对 2G 网络的继承性较差，2G 网络主要用于实现语音通话、短信等较为单一的业务，而 3G 网络需要重点实现多媒体、无线上网等特色业务，因此在配套技术方面与 2G 网络属于不同的配套技术体系，对 2G 网络的继承性较差。

总之，3G 对 2G 创新生态系统的价值主张继承性、核心技术继承性、配套技术继承性均较差，从而延长更替 2G 创新生态系统所需的时间。

11.3.4　综合分析

2G 向 3G 创新生态系统代际演进阶段中，三种影响因素均减缓了代际演进速度，具体如图 11-3 所示。表现为 2G 创新生态系统拥有很好的拓展空间，且在价值主张持续性、核心技术延展性、配套技术持续改进性方面均增加了 2G 创新生态系统的拓展机遇，从而延长了向 3G 创新生态系统演进所需的时间。3G 创新生态系统持续演进所面临的挑战较大，在价值主张可实现性、核心技术可行性、配

套技术完备性均面临巨大的挑战，减缓了更替 2G 创新生态系统的速度。3G 对 2G
创新生态系统的继承性方面，无论是价值主张继承性、核心技术继承性，还是配
套技术继承性均不尽如人意，导致 3G 对 2G 创新生态系统具有较低的继承性，不
能加快向 3G 创新生态系统的代际演进。

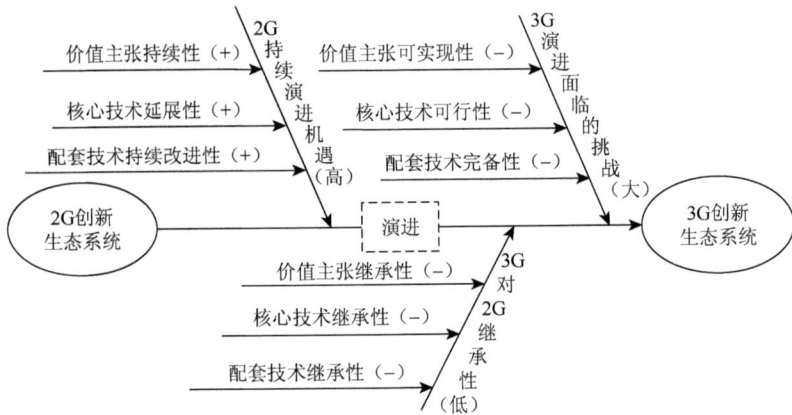

图 11-3　2G 向 3G 创新生态系统代际演进速度影响因素

11.4　3G 向 4G 代际演进速度影响因素分析

　　TD 产业创新生态系统在由 3G 向 4G 的代际演进过程中，其代际演进速度较
快，4G 的到来，加快了 3G 向 4G 的代际演进，TD 产业 4G 创新生态系统更替 3G
的速度如此之快，究其原因主要受 3G 创新生态系统持续演进的机遇、4G 创新生
态系统演进所面临的挑战、4G 对 3G 创新生态系统继承性的共同作用。

11.4.1　3G 创新生态系统持续演进的机遇

　　TD 产业创新生态系统在由 3G 向 4G 的演进过程中，虽然 3G 网络已经实现
大范围覆盖，但由于价值主张持续性出现问题以及核心技术、配套技术在后续发
展中困难重重，逐渐丧失发展机遇。在价值主张持续性方面面临困境，3G 创新生
态系统的技术体系不成熟，致使 3G 时期的标志业务，如数据流量、视频等业务
的实现面临着一系列的挑战，如业务提供和管理方式不够灵活，各种终端的应用
不尽如人意，其运营模式不够成熟，致使价值创造的空间较小。2009 年《中国移
动互联网与 3G 用户调查报告》指出，3G 业务资费较高、终端操作烦琐、界面不
人性化等问题，致使核心企业很难在 3G 创新生态系统上持续创造价值，因而严

重影响了向用户传递价值的效率以及企业间价值分配中不能获得较高的利益，尽管"移动＋互联网"是未来发展的趋势，但还需要时间的考验，延长了价值主张持续性拓展所需的时间。

在核心技术方面，华为、中兴等通过大范围组建 3G 试验网，逐渐发现 3G 核心技术方面的缺陷所引发的一系列问题，如 3G 的数据传输速率低且不稳定、信号覆盖差、网络安全方面也存在很大隐患、认证协议易被攻击等，导致 3G 核心技术持续演进面临困境。TD-SCDMA 网络中配套技术的缺陷影响了网络质量，2009 年《中国移动互联网与 3G 用户调查报告》指出，技术标准的差异导致 3G 与 2G 网络之间不能良好的实现切换和漫游服务，成员企业德州仪器、英华达、中创等设备厂商缺乏统一的标准，致使不能确保网络之间互通。因此，基于 3G 时期的核心技术和配套技术一系列缺陷，严重影响了 3G 时期的 TD 产业创新生态系统今后的持续演进。

因此，TD 产业 3G 创新生态系统在价值主张持续性以及核心技术、配套技术方面的缺陷，使得 TD 产业创新生态系统在 3G 时期的拓展机遇较差。

11.4.2　4G 创新生态系统演进面临的挑战

TD 产业 4G 创新生态系统在替代 3G 创新生态系统的过程中，所面临的挑战包含 4G 价值主张可实现性、核心技术可行性、配套技术完备性，这些挑战影响着替代 3G 的速度。4G 创新生态系统的价值主张对一批核心企业的加入具有较高的吸引力，早在 2005 年就预期 4G 将会创造巨大价值，市场需求巨大，以大唐牵头，协调国内多家厂商积极参与提出 4G 关键技术研发方案。4G 不仅价值创造空间巨大，而且价值的实现形式更加多样化，使得价值传递更加高效，2010 年，科技网站 PC World 载文称，4G 网络将承载五个技术领域内实现"杀手级"应用，移动视频直播、移动/便携游戏、基于云计算的运用、"增强现实"导航以及应急反应和远程医疗。移动业务形式的多样化使得不同企业能够以多种形式向顾客传递价值，利于提高价值传递的效率。此外，在价值分配方面，参与企业不仅得益于国内 4G 创新生态系统所产生的价值，还将价值获取范围拓宽到国际市场中，2011 年的世界移动通信大会上，印度、欧洲等多个国家和地区的主流移动运营商宣布，将采用中国主导的 4G 标准技术建设商用网络，据当时预测，到 2015 年全球 4G 用户将突破 9000 万，预示着参与企业不仅从国内，还将从国外获得丰厚的价值，有利于企业间进行价值分配，总之，4G 创新生态系统的价值主张具有可实现性。

在构建 4G 时期的 TD 产业创新生态系统中，其核心技术和配套技术均具有可行性和完备性。具体地，在核心技术可行性方面，2004 年 3GPP 会议上，对 4G 提出了提高数据传输速率、频谱利用率，并降低运营和建网的成本等的需求，而当时大唐等联合其他成员，共同研发 3G 核心技术（CDMA 技术）具备优势，因此大唐等继续发挥其协同创新能力，为 4G 核心技术（OFDM 技术）的研发提供了可能性。

在配套技术完备性方面，随着更多企业的逐渐加入，不断提升 TD 产业的整体竞争力，此外基于 3G 时期移动用户的积累，致使移动用户数量持续增长，并且随着以往网速过慢、资费、智能终端价格昂贵等问题逐一解决，移动互联网配套产业逐步完善，其影响力逐渐扩大，此时，同 3G 相比，4G 时期的 TD 产业创新生态系统的配套技术体系更加成熟、完善。2011 年 7 月，中兴率先完成 TD-LTE 网络的测试，指出 4G 网络建设中的相关配套技术具有较高的完备性，因而加速向 4G 创新生态系统演进。

因此，TD 产业创新生态系统向 4G 持续演进中，无论是在价值主张可实现性、核心技术可行性还是配套技术完备性，都具备向 4G 演进的优势，有助于加速向 4G 创新生态系统的代际演进。

11.4.3　4G 对 3G 创新生态系统的继承性

TD 产业 4G 创新生态系统对 3G 的继承性主要体现在价值主张、核心技术、配套技术方面。4G 创新生态系统对 3G 创新生态系统的价值主张具有很好的继承性。4G 创新生态系统的技术体系是基于 3G 演进而来，因而使得参与企业在实现价值创造过程中，参考了 3G 中实现价值创造的方式，具有更快传输速率的 4G 更好地继承了 3G 时期的内容供应商、电信运营商的产品与服务所创造的价值。在价值传递方面，2017 年，工信部官网发布的《通信业经济运行情况》表明，3G 用户正在持续向 4G 用户转换，4G 用户持续增长，总数量达到 8.49 亿，基于 3G 用户大量向 4G 转换，伴随着 3G 创新生态系统所产生的价值传递到 4G 创新生态系统中，价值传递得到了有效继承。正因 4G 对 3G 创新生态系统的价值创造、传递继承性较高，促使 4G 参与企业仍得益于 3G 创新生态系统所产生的价值，利于价值分配。因此，4G 对 3G 创新生态系统价值主张的继承性较高。

4G 对 3G 的核心技术和配套技术均具有良好的继承性，4G 时期 TD 产业创新生态系统的核心技术 TD-LTE 技术对 3G 时期的 TD-SCDMA 技术方面继承性高，2010 年 3 月，中国移动携手大唐共同基于 3G 核心技术的基础上，研发了 4G 核心技术，一方面，保留了 3G 中的关键优势技术，即保留 3G 时期的核心技术智能天线技术；另一方面，在保留优势关键技术的基础上加以研发，即在 SA（智能天线）基础上形成 SA + MIMIO 的先进多天线技术，构成 4G 核心技术。

在 4G 网络运营中的配套性技术继承性方面，大唐提出基于 TD-SCDMA 网络平滑演进的方案，该方案提升了网络升级的速度，使得 4G 网络在实现了向下兼容 3G 网络基础上，还解决了 3G 网络的时延问题，实现了 4G 网络同 3G 网络协同组网工作，此外，还维持 3G 网络中的天线系统延续应用到 TD-LTE 网络建设中，降低了建网成本。

总之，TD 产业 4G 创新生态系统在价值主张、核心技术、配套技术均对 3G 拥有较高的继承性，从而缩减了更替 3G 创新生态系统所需的时间。

11.4.4 综合分析

TD 产业创新生态系统在由 3G 向 4G 的代际演进过程中，三方面因素均有助于 3G 加速向 4G 创新生态系统的代际演进，如图 11-4 所示。3G 创新生态系统持续拓展的机遇较差，其中，在价值主张持续性、核心技术延展性、配套技术持续改进性方面均不利于 3G 创新生态系统的持续演进。4G 创新生态系统演进所面临的挑战较小，价值主张可实现性、核心技术可行性、配套技术完备性均较高，均有助于 3G 加速向 4G 创新生态系统的代际演进。4G 对 3G 创新生态系统在价值主张、核心技术、配套技术方面均具有较高的继承性。三方面因素共同作用加速了 TD 产业创新生态系统向 4G 演进的步伐，加快了更替 3G 创新生态系统的速度。

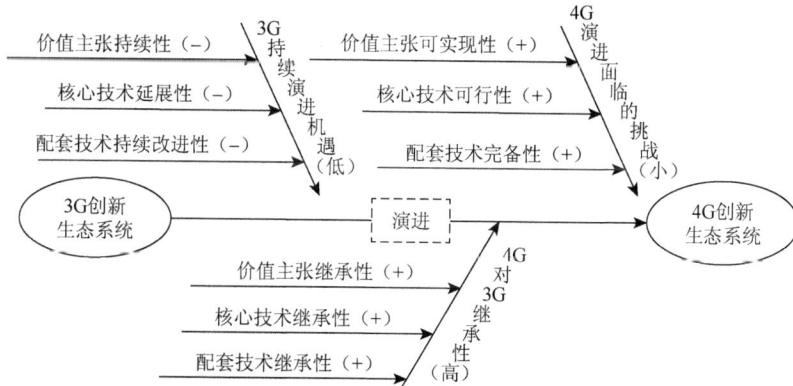

图 11-4 3G 向 4G 创新生态系统代际演进速度影响因素

11.5 本 章 小 结

确定产业创新生态系统代际演进速度影响因素框架，并从旧创新生态系统持续演进的机遇、新创新生态系统面临的挑战、新创新生态系统对旧创新生态系统的继承性三个方面对产业创新生态系统代际演进速度影响因素进行分析。通过 TD 产业创新生态系统由 2G 向 3G、3G 向 4G 的代际演进进行了实证研究。

第 12 章　战略性新兴产业创新生态系统发展模式研究

在明确战略性新兴产业创新生态系统演进机理的基础上，采用什么样的发展模式是推动产业创新生态系统持续快速发展的重要管理手段。新能源汽车产业不仅是我国重要的战略性新兴产业，而且也是在全球竞争背景下，我国发展较为成功的新兴产业。以比亚迪、吉利为代表的核心企业积极构建并发展具有中国特色的新能源汽车创新生态系统，推动我国新能源产业快速发展与持续升级。为此，本章以我国新能源汽车及其核心企业比亚迪为例，归纳战略性新兴产业创新生态系统发展模式及演变趋势，并面向未来创新需要提出更具效率的发展模式。

12.1　产业创新生态系统发展模式演变及趋势

12.1.1　渐进性小生境整合嫁接模式

发达国家跨国公司主导的全球创新分工客观上国内企业提供了学习和提升技术能力的机会，同时我国车企在传统汽车产业走向成熟大背景下通过并购重组获得更多创新资源和相关技术，在致力于打造传统汽车节能减排的创新体系时也促进了特定新能源汽车车型相关技术逐步成熟，从而通过技术嫁接形成了可以支撑新能源汽车产品化的创新链。整合嫁接形成的创新链在推出新能源汽车产品之后，会充分利用车企原有的传统汽车经销商甚至相近需求的潜在用户，从而促进原先的采用链转化为新能源汽车采用链[76]。从这个推动转化的过程也可以看出，采用链的被动形成是造成整个创新生态系统脆弱的关键。比亚迪正是通过创新链整合嫁接电池技术和传统经典车型 F3 技术体系推出了首款新能源汽车 F3e，并且试图将对 F3 有类似需求的潜在客户转化为 F3e 的用户，具体如图 12-1 所示。

12.1.2　基于核心技术产品的开放式平台发展模式

创新生态系统是应对复杂系统创新的一种基本制度安排，其网络架构的主要联结机制是企业间创新的基础技术平台。承接小生境下的创新链整合功能以及对关键技术模块重点突破逐步打造新能源汽车产品平台，不仅更好地集成原有汽车、

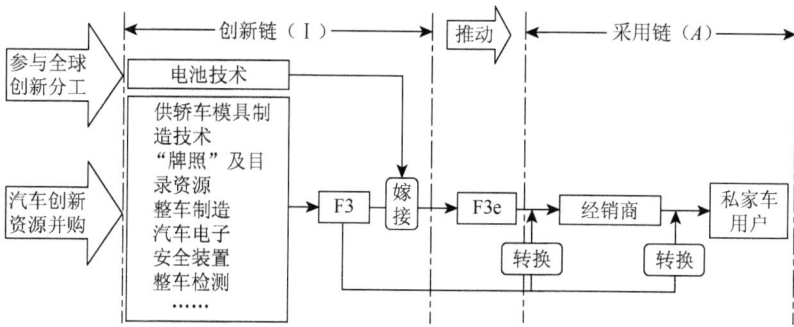

图 12-1　小生境下（比亚迪）新能源汽车创新生态系统发展模式

新能源等相关技术，而且可以通过平台的辐射带动拓展已有的新能源汽车技术，构建新能源汽车产品系列化开发体系，从而形成了基于产品平台的新能源汽车创新链。随着政府对新能源汽车逐步重视，尤其是政府的补贴、采购行为，在小生境采用链的基础上不仅拥有了真正的私家车用户，而且增补了公交、出租营运商，一些车企在考虑用户使用便利性方面，试图增补充电桩服务试点。当然在开放式产品平台阶段，新能源汽车创新链持续升级与采用链不断增补是互动升级过程[77]。以比亚迪为例，一方面，在有针对性地并购整合基础上，对磷酸铁锂电池、永磁同步驱动电机、电控以及整车制造等关键共性创新进行重点突破，构建新能源汽车产品平台以及 F3DM、E6、K9 等系列化开发体系，形成了一定特色的创新链；另一方面，吸引长沙市政府及深圳市鹏程电动汽车出租有限公司购入 K9 与 e6，并在大梅沙及福田地下车库建立充电站并委托中国南方电网有限责任公司（简称南方电网）试点运营，增补了采用链。开放式产品平台下（比亚迪）新能源汽车创新链、采用链及作用机理如图 12-2 所示。

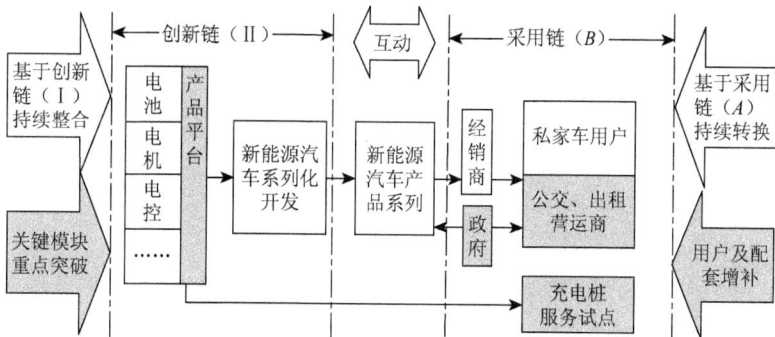

图 12-2　开放式产品平台下（比亚迪）新能源汽车创新生态系统发展模式

白色底面的内容主要描述对小生境阶段的继承性，阴影底面的内容主要描述开放式产品平台阶段的发展性

12.1.3　新能源汽车创新生态系统未来发展趋势分析

随着新能源汽车创新生态系统发展，其边界、功能、构成、需求及创新都将随之发生变化。

1. 边界由小到大

新能源汽车创新生态系统边界向着由小到大的发展趋势变化。创新生态系统内的创新主体及产品数量与种类不断增加，创新边界扩大；新能源汽车用户数量及种类增多，应用地理空间扩大，使得应用边界范围拓展。

2. 功能单一到多样

新能源汽车创新生态系统不断丰富创新性技术产品种类来满足不同用户需求，根据用户多样性需求进行产品用途多样及配套多样性的开发，获得多样性产品，由此系统由单一产品应对单一需求逐步向多样性产品应对多样性需求发展。

3. 构成由简单到复杂

随着新能源汽车创新生态系统快速发展，技术创新所需的人才、资金、知识的等创新资源增多，此时，置于经济全球化的创新主体可将合作选择视野扩展至全球，突破地域与时间限制，同时搜索合作伙伴，合作方式更为多样，这也促使了创新生态系统更加复杂。

4. 需求更加明显

创新生态系统是面向用户需求的一整套解决方案，新能源汽车创新生态系统发展以技术创新为导向逐步以需求创新为导向演进。多样化的技术创新性技术产品为用户提供更多选择，而开发符合个性化，有针对性需求的新能源汽车产品成为技术创新的关键，如政府、物流及储运的需求随着能源匮乏及新能源汽车技术成熟其需求更加明显。

5. 协同创新加强

创新主体为获得在新能源汽车产业中的竞争优势，不断加大技术创新效率进行快速创新的过程使得创新主体间的分工更为明确，模块化效用增强，创新过程中的默会知识逐步被配套创新者掌握，同时技术的快速发展提供多样性选择使得创新主体间的依赖性及密切性增强，因此新能源汽车制造商之间以及与配套商进行协同创新。

12.2　产业创新生态系统全面拓展模式构建

12.2.1　创新生态系统未来发展模式构建分析

1. 创新生态系统价值蓝图形成及价值主张的建立

价值主张是创新生态系统的价值承诺。创新生态系统的有效创新需要将价值主张转化为执行力。而价值蓝图是价值主张的整体性反映，由创新链和采用链交合组成。价值蓝图着重于合作互补者及其在系统中具体位置及相互联系，从而使系统内部依赖关系更加明确。其勾画出所需传递的价值命题的元素排列及具体布局，之后便是确定各创新体之间关系及所产生的变化，并对其进行包括定位、联系在内的评估。以比亚迪为核心企业的新能源汽车创新生态系统价值蓝图构建如图 12-3 所示。

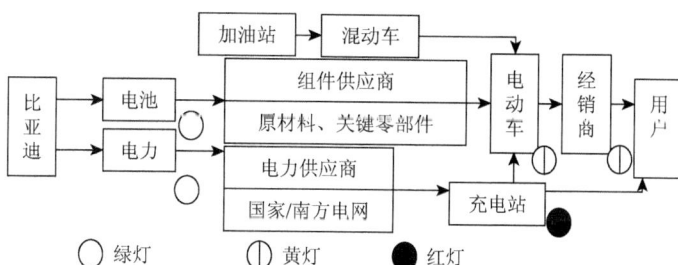

图 12-3　（比亚迪）新能源汽车全面拓展模式价值蓝图

在此我们对价值蓝图中存在的包括合作创新风险以及价值采用风险在内的创新盲点进行进一步分析，并通过减小风险更好地控制与驾驭合作伙伴的集体见解，从而为整个创新生态系统服务。

价值蓝图（图 12-3）中，绿灯代表可实现；黄灯代表有风险，具备了一定计划，但能实现；红色代表没有明确计划，风险大基本无法实现。

在比亚迪新能源汽车系统价值蓝图中，对存在的风险以及创新盲区分析如下：

（1）购买电动车的经济性。现阶段由于技术限制，纯电及混电车成为发展主流，而电池技术（能量密度）不成熟限制了电池单次使用时间及寿命，加之充（换）电等基础设施的不健全，限制了行驶里程，使其相对使用价值未凸显。为此，我们通过对比亚迪两款车型，即传统燃油汽车 G6 和纯电动汽车 e6，对比分析购买电动车的经济性，见表 12-1。

表 12-1　　比亚迪 G6 与 e6 的经济性对比分析　　　　　单位：万元

汽车品牌	车型	裸车价格	税后价格	政府补贴后价格
G6	1.5TT 尊贵型	9.98	11	11
e6	豪华版	30.98	31	19

注：传统燃油车购买增值税为 10%，纯电动汽车无购置税，中央政府补贴 6 万，深圳市政府补贴 6 万

按照比亚迪相关测试数据，G6 能耗（6.3 元/升的 93#汽油）0.2 元/公里，与 e6 最终差价为 8 万元。以此推算 8 万元可以行使 40 万公里。由于我国汽车技术限制，其经济寿命一般为 10 万~15 万公里。按比亚迪每百公里 22.5 千瓦时，居民用电 0.6 元/千瓦时计算，10 万公里的行驶成本为 100 000/100×22.5×0.6 = 1.35 万元，（据工信部《车辆生产企业及产品报告》，为 22.5 千瓦时）其综合成本为 19 + 1.35 = 20.35 万。假设私家车用户 10 万公里更换新车（排除其他费用），G6 总成本为 13 万元，7.35 万元的差价限制了 e6 经济性，但该问题可以通过规模生产降低成本解决，为绿灯。

（2）续航里程的有限性。比亚迪 G6 每百公里（在市区）约消耗 9.5 升 93#汽油，以其油箱容积 65 升，则续航约为 600 公里，而比亚迪 e6 在满电时续航为 260 公里。有限的行驶里程限制了出行范围及时间，任何路况下传统燃油汽车都可行驶，而电动汽车由于续航里程短，基础设施分布点较少，不便性较强，且在较为极端的情况下（极冷或者极热）电池的性能稳定性缺乏，不安全性增加，但该问题可以解决，为绿灯。

（3）充（换）电等基础设施的不健全。充电点的有效密度分布以及充电时间的长短都成为影响充电设施完备程度的因素。据统计，截至 2013 年底，全国累计建成充（换）电站 492 座，各类充电桩 2.3 万个（含站内充电桩）。直到 2014 年 5 月底，国家电网才出台政策明确支持社会资本参与充（换）电设施的建设，而与此同时，私人充电设施建设流程不规范、汽车充电电价标准在各地区差别较大及有效运营方式匮乏，更无法弥补因电池技术的限制带来的缺陷。

日本、美国和欧洲的充电设施发展迅速，建设及使用效率高，分布合理。一方面，现阶段电池能量技术的限制，电池充电时间过长，使长途旅行中断，而广泛的充电基础设施的分布是新能源汽车发展的动力之一；另一方面，充电技术影响电池寿命，高功率快充会降低电池使用寿命，并使得安全性降低，有效地充电技术成为关键。

在充电标准方面，各地政府为响应国家关于号召电动汽车产业的政策都进行不同程度的推广，致使各地区直流充电接口与通信协议标准混乱，国家关于充电标准的政策理论尚未完善与统一。该问题具有长期性，且不好解决，为红灯。

（4）电池对汽车转售价值的影响。电动车技术尚未成熟，未形成规模效应，从而导致电池成本偏高。

比亚迪 S7 与唐价格差距较大，S7 为 12 万元，唐为 30 万～60 万元，而电池成本占多半，昂贵且易被淘汰。随着新能源汽车技术的发展，电池的能量密度提高以及安全性、稳定性都将有所上升，充电时间将会缩短，规模化生产，成本将会大幅度下降，据相关资料统计，每千瓦时的电池成本可能会从 4000 元（2011 年）降到 2200 元（2015 年），电池组成本将由 9.6 万元下降到 5.2 万元。依据相关资料，一辆新车的价值对于用户则是使用 3～6 年后的剩余价值。电池技术限制提高了电动汽车相对成本，相较之下燃油汽车二次转售时竞争力使其相对收益降低，该问题具有一定难度，为黄灯。

（5）有限的续航里程限制了省钱程度。使用方便性受有限的续航里程影响，同时也降低了其潜在的经济效益。

据比亚迪官网资料显示，比亚迪 e6 每百公里耗电 19.5 千瓦时，按居民用电 0.6 元/千瓦时计算，则其每百公里的使用成本约为 11.7 元，G6 每百公里消耗约 11 升汽油，按 93#汽油 6.6 元/升计算，则其每百公里的使用成本约为 72.6 元。e6 经济性较强，用户开的时间越久，省得越多，而电动车使用范围及时间的限制，降低了省钱程度，相对经济优势下降，该问题可以通过技术解决，为黄灯。

（6）电网能力不足。中国现阶段以煤炭为主的电力能源结构仍有"电荒"现象，电力急缺，而新能源汽车增加会出现多电力需求，从而导致煤炭需求增加，进而违背了发展新能源汽车节能减排的初心。

电动汽车充电主要集中在上下班通勤的高峰时段，大多数用户会在上班前或者下班前充电，各地政府虽采用"智能电网"技术，但不成熟，集中式充电使电网电力负载加大，而电力需求的突然骤增将对电网产生冲击性压力，进而压垮发电和运输网络，造成停电事故。而只有国家电网等有雄厚实力的发电/配电方，才能让电动汽车的大规模采用成为可能，该问题扩展性在于新能源汽车进入主流市场才会使其凸显，因而为绿色，反之为红色。

（7）新能源汽车配套服务体系不完善。对充电等基础设施占用的土地资源规划缺乏统一规范，与传统燃油汽车相比，新能源汽车的维修保养、电池回收及车险投保问题没有统一的相关政策规定，无相应配套体系。在进行充电等基础设施建设过程中，如公共服务领域的城市道路交通规划；在私人领域的社区建设方面，同样也没有明确制造商、经销商、用户所承担的责任与义务，对车辆以及充电设施的后续维护体系更没有相应规定，该问题有一定难度，但可以解决，为黄灯。

2. 进驻创新生态系统适宜时空的选择

创新生态系统的早先进入者通过对系统以自身为主导的生态架构标准的构

建，占有稀缺资源。比亚迪对创新生态系统结构及各主体生态位深入分析，同时构建"先行者矩阵"来更好地把握和掌控进驻适宜时间与地点的得益关系。

在比亚迪新能源汽车创新生态系统中，通过对比亚迪的合作创新风险以及自身执行力风险两个方面进行分析。在合作创新风险方面，对价值蓝图（图12-3）的分析可知直流电接口与通信协议标准尚未统一，基础设施建设不完善、国家技术规划层面不成熟、关于新能源汽车发展的相关政策理论不完善以及相关技术尚未实现商业化及规模化，执行需要较长时间，因此存在的合作创新挑战较高，进而降低了对新能源汽车创新者以及汽车用户的效益回报速度；在自身执行力风险方面，现阶段虽然动力电池技术有限，比亚迪本身的"铁电池"技术位于电池行业发展前列，又基于其汽车行业的成功拥有技术比较优势。同时，虽然比亚迪产品已实现系列化，但是品牌溢价能力较低。此外，部分电机和电池所需部件、材料需进口，同时在控制器基础硬件、芯片、绝缘栅双极晶体管（insulated gate bipolar transistor，IGBT）和信号处理放大部件等核心关键零部件方面仍依赖进口。合作创新及自身执行力风险使得新能源汽车不能进行规模化生产，进而使其成本过高，限制了新能源汽车的发展。结合上述分析，本节提出比亚迪新能源汽车先行者发展矩阵图，如图12-4所示。

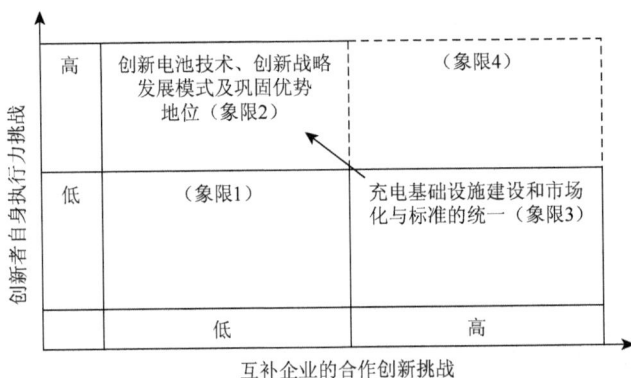

图 12-4　比亚迪先行者发展矩阵图

综合分析可得，比亚迪现阶段处于象限 3 中，比亚迪在加强自身动力电池研发的同时，等待"系统"合作创新风险不断降低，其应把自身有限资源与精力置于自身执行风险的解决上。待合作创新风险降低之后，进入象限 2，比亚迪应通过提供一系列解决方案将执行挑战的难度加以提高，从而有效降低其竞争对手之前的努力，提高对手所面临的障碍，以实现未来的成功。

3. 在创新生态系统中的生态位定位

在创新生态系统内，创新者对自身角色及与其他创新者角色关系的确定至关重要，从某种意义上来讲，在系统内作为领导者还是作为跟随者决定了其主导地位和从属地位的确立，亦成为享有资源分配与收益的前提。

现阶段为新能源汽车发展初级阶段，前期创新资源投入成本过高，但比亚迪凭借其雄厚的技术创新实力成为系统的领导者。因此比亚迪在给终端用户及其他系统参与者创造价值的同时实现其自身价值增值，进而使领导者地位巩固。在创新生态系统发展初级阶段，领导者作为系统建立者进行早期资本投入，在满足自身价值实现的同时让跟随者获得最终回报。领导者通过设计与生态系统匹配的战略模式促进系统内各方共赢。

通过三步骤对创新者生态位评估，其一作为评判自身实力的标准（对于领导者），其二作为是否跟随领导者的评判标准（对于跟随者）。

（1）评估整体战略规划的质量。首先，确定系统合作创新风险；其次，确定在价值采用链中自身获益及位置；再次，自身绘制价值蓝图，确定其与其他价值蓝图认识的一致性；最后，评估并清晰创新者忽略部分或盲区，从而增加其自身继续跟随或者退出生态系统选择的可行性。

比亚迪在其系统不断发展的过程中应不断审视与更新，不断探索自身及其他参与者价值蓝图忽略部分与盲区，从而为用户提供更完整的价值主张。

（2）基于价值蓝图对系统领导者面临风险及预期盈余的分析。系统各创新者对生态系统领导者努力过程中所面临的风险进行分析，清晰认识其基于资金、劳动力、时间及设备所构成的有限约束资源所产生的预期盈余，把握各潜在生态领导者的资源规模和基础以及预期盈余的大小，进一步对生态领导者面对风险进行的努力以及实现程度做出正确评估。对于采用链的部分成员而言，充电汽车的使用增加了其转换成本，如对出租车驾驶者的培训及汽车配套维修成本，对诸如此类都应进行补贴，从而让参与者得到预期盈余。

（3）确定生态系统内跟随者的竞争者。随着技术创新步伐的加快，在各跟随者竞争力增强情况下，有效领导者数量减少，不同跟随者竞争数的多寡决定了其获益渠道宽窄度。技术创新的快速增长使得跟随者在其生态系统内大量聚集，领导者依据创新速率，通过高质低价等标准对跟随者进行评比，排他性、系统内降低的竞争压力以及领导者的垄断地位构成跟随者为其竞争的基础。

随着系统快速发展，零部件供应商、分销商等合作创新者，必然会出现较强同业竞争者，比亚迪应通过制定与实施一系列系统机制对合作创新者进行有效评估和选择，对其进行适度的任务分配并据此协调相互之间利益实现高效发展。

12.2.2　创新生态系统全面拓展模式设计

基于小生境与开放式平台的成功发展，新能源汽车未来发展模式应当是对原有创新生态系统整体架构主体及联结规则的重构与耦合——全面拓展模式，为此，基于前两阶段发展模式对全面拓展模式及其合作创新链与价值采用链（"双链"）的协同机制进行设计。

1. 全面拓展模式的总体设计

（1）全面拓展模式提出。创新生态系统全面拓展模式是从不同目标市场以及不同应用范围出发，实现新能源汽车创新主体技术与配套技术深度融合，率先开发具有完善配套设施环境、成熟度较高的发达国家市场，而后拓展至全球市场，并且将应用范围逐步拓展到公共交通、出租、商用、物流等多个领域，使得系统内各创新体协同有序、耦合并进，实现全面拓展。

全面拓展模式的独特性在于技术创新匹配性、用户需求针对性、应用拓展全面性。配套技术深度融合，使得合作创新选择具体化，国外市场高成熟度、强接续重塑能力成为其产生条件。

该模式由强调产品平台主导下的各类创新主体协同转化为创新主体与需求主体协同升级、技术成熟度和市场成熟度的协调一致。新能源汽车产业是能源、环保、制造、运输等交叉融合的战略性新兴产业，不仅创新主体多样性，其需求及配套主体也比较复杂，如最终消费者、政府部门、公共交通部门等均会成为直接或间接的用户主体，比亚迪不仅要持顺各参与主体剩余价值，而且还要有效掌控由这些主体营造的消费理念，实现创新生态系统与创新生态环境因子的有效匹配。面向用户以空间拓展与应用范围的耦合需求是全面拓展阶段的最佳分析单位，从而能主动吸纳各类市场主体，实现多样性创新与多样性需求对接。

（2）全面拓展模式优势重构。平台阶段的新能源汽车用户主要为公交及出租车运营商，运营商通过融资性租赁、经营性租赁以及买方信贷等金融模式解决了出租车运营商的资金压力，通过油电差价获取利润，且车辆维护及充电设施建设等由比亚迪负责，提高了出租车公司和司机的预期。但是其局限性在于由出租车领域到私人领域进行拓展过程中，私人领域用车无盈利性，以及前述一系列问题的存在阻碍了比亚迪新能源汽车的有效部署与大规模推广。因此在全面拓展阶段，通过创新生态系统发展模式转换进行重新配置，其关键在于将电池与汽车分离。即兴建换电站，内置智能系统软件。其中电池所有权归制造商，出租车所有权归出租车运营商。

兴建换电站优势在于三个方面：一是得到出租车运营的相关数据与经验，从而对汽车本身设计及换电站建设与运营进行调整与优化；二是提高对私家车发展与普及的设计把握度；三是通过换电站的运营，高效运用充电站分流，如为更多充电站占据土地，减少在私家车发展过程中的阻碍。

内置智能系统软件优势在于五个方面：一是新能源汽车的内置软件覆盖了整个出租车运营系统，对于电池被充、供电或者置换情况，通过监控电池的充电状态以及电池所需能量对具体时间进行预测；二是对配电网络的负载极限时间以及闲置时间进行监测；三是通过上述信息的利用，基于出租车电池的状态（如电池满电、缺电、急需电等）有选择地进行充电操作，如满足有急充电需求的电动车；四是通过利用其信息系统和其汽车内部的充电需求可视性，公用电力部门启用智能电网解决方案；五是通过运用信息来控制电网功率，如在电力需求超过供应时（天热的上下班高峰时段）可用储能电池补给。

制造商的盈利模式优势在于三个方面：一是出售电动汽车本身产生的利润；二是在出租车运营公司进行融资租赁时对银行抽取佣金；三是在与国家电网等公用电力部门进行合作时按"行驶里程"进行计价收取费用，并与国家电网分享利润。

基于战略价值继承，通过将价值蓝图元素作为起征点，重新审视元素活动间安排，角色及联系，承接转换系统架构及资源进行重构，实现全面拓展。从六个维度分析创新生态系统重构表现及优势，见表 12-2。

表 12-2　新能源汽车创新生态系统重构表现及优势

维度	重构表现	重构优势
分离	汽车与电池进行分离，解决了消费者"电池经济学"难题	汽车价格高得以解决。出租车公司可购无电池成本电动车，因电池成本占总成本的 30%～50%，设取值 40% 计算，一辆 e6（豪华版）成本 31×(1−40%) = 18.6 万元，减去中央政府与深圳市政府补贴的 12 万元，则为 6.6 万元。其价格低于 G6，价格过高问题得到解决
替代	通过电池分离（汽车）交换模式替代传统思路的充电模式，使系统行之有效	电池得以回收与利用。电池所有权归比亚迪，消除了出租车运营商电池报废与转售价值问题。对于比亚迪，其自产电池成本较低，不用承担溢价成本；且可将出租车回收电池与电动公交上电池进行置换作二次利用，或将已提出折旧电池转卖到公用事业和工业品市场，作为一种廉价电力存储和备用电源解决方案
移植	异于传统发展电动车思路，由消费者支付电费的计算负担转由公司与电力供应商进行承担，让消费者"千瓦里程"移植至"行驶里程"	兴建换电站，换电时间低于加油时间，（通过机械臂将旧电池从车下方取出，换满电电池）在分布方面，集中式与分布式相结合减少建设成本，其网点建设与密度分布可结合比亚迪充电里程，同时根据建设部《城市道路交通规划设计规范》（1995 年）中的加油站服务半径规定进行设计，计算好换电站建设间隔，保证完整地理覆盖及满电电池随到随取。续航里程增长，省钱程度提升
合并	完成了电池、充（换）电基础设施、电网电力三者的有效结合，使得公用事业机构不需在配电及容量方面投资，并使提升就业率成为可能	

续表

维度	重构表现	重构优势
扩添	通过操作整个系统和对电池所有权，在添加能量管理系统基础上又扩添电池交换站，解决续航里程问题	对出租车充电需求管理是通过比亚迪支配型软件操作系统控制来实现。此系统能真正实现智能人机交互。内置软件能够根据目的地和具体时刻来预计出租车能源需求，并通过智能导航对换电网点进行精准定位。且能实现社交应用，包括实时语音通话与查看对方位置（包括客户和其他出租车驾驶者），能够进行更好的路况判断与选择，且通过智能语音提高驾驶安全性。通过"电动汽车＋联网服务"策略进驻到智能移动交通领域
减除	通过对其操作及配电系统、充（换）电基础设施以及电池实时充电计划表的绑定，为公用电力部门除去建设智能电网基础设施需要，解决电网超载问题	

　　制造商拥有电池的所有权及车内的操作系统，通过购买电力，对充电、换电基础设施进行优质管理，并运行车内的操作系统，便能够较好地处理公共电力负荷方面的问题。通过平衡汽车与电网容量的电力需求，可以使得公用电力部门出售更多电力，且无需对基础设施进行升级与维护，更可维持客户满意度。此种出租车换电模式的成功运营能够吸引合作者进驻创新生态系统。

　　事实上，在全面拓展阶段政府及公共服务部门大力支持新能源汽车以及消费者绿色出行的背景下，比亚迪通过新的商业模式承接其新能源汽车系列化开发优势，以获得欧盟整车型式论证（Whole Vehicle Type Approval，WVTA）为标志，致力于国际市场的"圈地"和国内市场的"深耕"，推进"7＋4"全市场战略布局，提供整套电动车充换电解决方案，实现新能源创新生态系统沿着基于全面拓展的转化路径走向成熟。

2. 新能源汽车创新生态系统全面拓展模式"双链"结构

　　如图 12-5 所示，在新能源汽车创新生态系统进入全面拓展成熟期，采用链拓展成为主流，比亚迪不仅通过转化和增补提高用户基数，而且通过换电模式中公交及出租车运营商盈利性进一步辐射其他应用领域，拓展到政府公务、物流、储运等以及特殊领域，市场也由国内向国外拓展；配套设施由换电设备与充电设备组成，涵盖了换电站、充电桩、充电塔和充电站多种配套服务方式，用户可充电可换电，其关键在于通过换电商业模式创新来促进充换电设施大规模建设与运营；政府、认证机构以及标准化组织也被纳入采用链，并通过新能源汽车市场准入、购买以及配套设施共享等方式来促进最终用户购买，拓展形成采用链。

　　采用链的拓展必然会拉动新能源汽车促进创新链功能进一步完善，不仅需要承接整合嫁接、平台升级的创新环节，更需要在新能源汽车多用途开发以及配套设置开发的战略指导下使创新链的功能不断完善，如增加电能储存、软件应用及车联网信息系统，诸如此类，比亚迪通过各项功能的增加为用户提供个性化产品，使用户建立归属感并使之产生共鸣，塑造品牌与使用者身份之间连接意识，通过

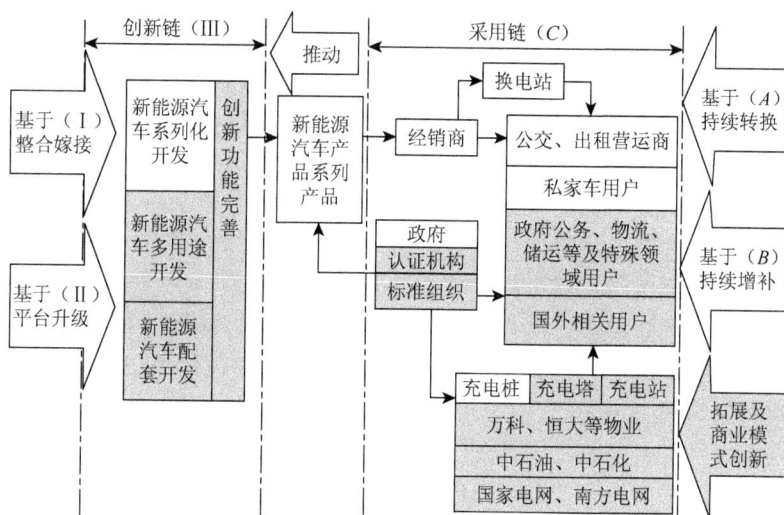

图 12-5　（比亚迪）新能源汽车创新生态系统全面拓展模式

白色底面的内容主要描述对前两阶段（图 12-1 和图 12-2）的继承性，阴影底面的内容
主要描述全面拓展阶段的发展性

时间及资金的投入及便捷性使得用户黏性提升，增加用户转换成本并根据该阶段
使用者意见的反馈，促进产品设计与创新。事实上，新能源汽车的"双链"作用
机理也遵循了采用链拉动创新链的战略逻辑。

12.3　产业创新生态系统发展模式转化

12.3.1　创新生态系统发展模式转化方向

以用户需求为价值导向，结合政策规制，新能源汽车创新生态系统遵循了"小
生境→开放式平台→全面拓展"的发展路径，基于原有产业累积的技术创新优势，
通过对新能源汽车技术的转移与嫁接形成小生境，之后对关键核心技术的集聚与
传递形成开放式平台，最后通过对开放式平台技术与产品的接续与重塑开启全面
拓展模式，全面拓展则又遵循了"最小可行足迹→多层级扩张→系统接续"的转
化方向。

首先，基于良好的产品设计及高创新集成力，比亚迪改变汽车结构，并通过
电池与汽车的分离换电模式实现对出租车的有效运营，进行小规模部署并获得小
范围商业化成功，从而使得最小可行足迹的价值主张得以展现；其次，成熟的商
业化与可靠运行的历史使其作为系统发展与转换立足点，通过多层级扩张将所需
商业元素进行渐进性添加强化初始价值主张，产品及服务得到广泛部署，如增加

充电等基础设施，把适用范围扩展至政府部门、公交车运营公司、物流公司等；最后，比亚迪将系统结构进行转换，表现为原有系统内成功的商业元素（如组件商、经销商及用户）被转移到被转换系统中，如使其成功构建，基于系统接续，增加充电站及燃料站等，系统风险被降至最低，完整的系统价值得到规模部署，直至全部价值主张的推出与成功确立，产品及技术创新得到高效推广。

全面拓展模式转换发展的优势在于最小可行足迹减少了合作伙伴需求的不确定性，弱化了系统风险，使合作伙伴对比亚迪主导的系统价值主张得到认可，增大了合作伙伴的预期盈余，此多层级扩张过程减少了过渡期的挑战，增大了后续系统接续构建成功度。在用户需求价值导向下，新能源汽车创新生态系统发展模式转化方向如图 12-6 所示。

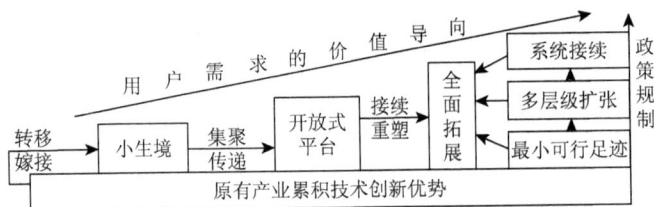

图 12-6　（比亚迪）新能源汽车创新生态系统转化方向

12.3.2　创新生态系统发展模式转化策略

1. 主动创造需求

新能源汽车产业处于发展初级阶段，市场需求尚未被开发且潜力巨大，通过与政府合作及对特定需求领域的进驻，让用户形成使用"惯性"，待部分用户需求习惯稳定后，针对用户需求反馈主动进行针对性技术创新，实现需求与技术的对接与转移，同时不断拓展。

2. 主动利用政府政策

政府政策对新能源汽车产业发展具有较强正向引导性，应主动将创新政策作为"引导者"随其进行关键技术创新，获得产业政策"保护者"的"保护"，将自身置于优质的政策支撑环境中，利用需求政策"牵引者"满足用户需求，为产业发展助力。

3. 主动构建实现方式

基于知识产权，以专利为表征的技术标准战略联盟已成为创新者应对复杂化、系统化技术创新竞争的战略手段，甚而影响技术规则与经济规则的制定。构建技术标准战略联盟，具体表现为以自身为主导的企业技术标准联盟，或与政府及国家标准化组织机构联合成立战略联盟，形成"联盟私有技术协议"，从而成为国际通用市场标准的建设者甚至主导者，同时建立对技术标准联盟合作伙伴的专利价值评估体系，获得绝对竞争优势，主导产业发展范式。

4. 主动加强技术创新

新能源汽车产业的高技术性主要体现在电池、电机、电控等关键技术上，针对性地加强在此方面的 R&D 投入，增加资金、技术及人才等生产要素的充裕度，更快实现新能源汽车系列化、多用途及配套开发，通过有效技术创新获得更多系列产品。

5. 积极提供保障措施

有效地保障措施成为创新生态系统模式运行的基础。采取包括创新主体保障、组织制度保障及构建流程保障在内的保障措施。创新主体保障在于多方凝聚吸引参与主体，如组件供应商（原材料、关键零部件）、经销商（原燃油汽车经销商的转换）、用户、政府及金融机构等。组织制度保障在于不断明晰权责匹配的多部门组织体制以及浓厚的创业环境和激励制度。构建流程保障在于结合生态位定序构建流程，且遵循由小到大的发展逻辑："建立价值蓝图（价值主张）→把握合适进驻时间与地点→创新者定位"，结合良好的发展机制促进创新生态系统有序发展。

12.4　本　章　小　结

新能源汽车创新生态系统发展模式具有路径依赖性与可持续性的双重特性。渐进性小生境整合嫁接模式与基于核心技术产品的开放式平台发展模式是对我国新能源汽车初期历史发展经验的科学性总结，在对新能源汽车产业未来发展趋势进行分析的基础上，针对系统未来阶段的发展设计提出全面拓展模式。在构建全面拓展模式过程中，首先建立系统价值蓝图以及价值主张，其次为加入创新生态系统的企业（如比亚迪）进行合适时空的选择与确立，最后为生态位定位，为系统进一步整合拓展与循环重构奠定基础。而与小生境及开放式平台两个演进阶段不同的是确保构建流程实现的载体及相互之间的作用方式——通过对系统重构获得优势，具体表现为分离、替代、移植、合并、扩添及减除六个层面，设计新能源汽车创新生态系统全面拓展模式的"双链"结构，并从主动创造需求、主动利用政府政策、主动构建实现方式、主动加强技术创新及积极提供保障措施五个方面提出转向全面拓展模式的策略，实现创新生态系统可持续发展。

第 13 章　战略性新兴产业创新生态系统发展机制设计

13.1　产业创新生态系统合作伙伴动态选择机制

在面对知识信息网络化、以专利保护为主的知识产权制、技术创新加快、市场联系紧密性加强等经济因素所致的全球化快速发展与变革过程中，"单打独斗"技术创新范式已日趋困难。多方企业间的适度有效合作已成为世界范围内获取优势的必然选择。产业创新生态系统通过多伙伴协同共生战略进行技术创新，实现多方发展，进而为客户提供整体化解决方案。

系统内各方企业合作创新有利于后发国家打破发达国家主导企业技术壁垒，突破自身发展局限。具体表现：在成本方面，通过 R&D 合作降低技术创新成本，预测风险发生方式及发生程度；在资源利用方面，通过资源共享与互补实现对资源的有效利用，产生规模经济；在自身发展方面，在合作发展过程中对知识、技术、资源、市场等因素的有效整合，实现各方发展同时形成自身主导的"技术标准"生态位，不断强化产业的主导地位。

13.1.1　合作伙伴动态选择流程设计

产业内核心企业需要通过科学的管理流程对创新生态系统合作伙伴进行选择。基于自身战略价值目标、创新生态位及创新环境，对合作伙伴六项能力进行动态跟踪与相关信息的收集与整理，其中六项能力包括合作伙伴的技术管理能力、资源互补力、知识产权、伙伴声誉度、抗风险性及目标兼容性和同步性，并以此为依据标准选择合作伙伴，之后辨识合作伙伴现有关系，对其关系进行调整，然后确立合作伙伴关系，最终确定各合作伙伴在系统中生态位并进行合作。

基于与合作伙伴进行战略项目合作过程的绩效和进度，如发生终止，重新确立合作伙伴关系，再进行合作；如未发生终止，在完成合作后，对于能达到系统预期价值目标的合作伙伴，可根据创新生态系统战略发展需要与合作伙伴选择继续合作，延续创新行为，鼓励合作伙伴，实现下一阶段目标。创新合作伙伴动态选择流程，如图 13-1 所示。

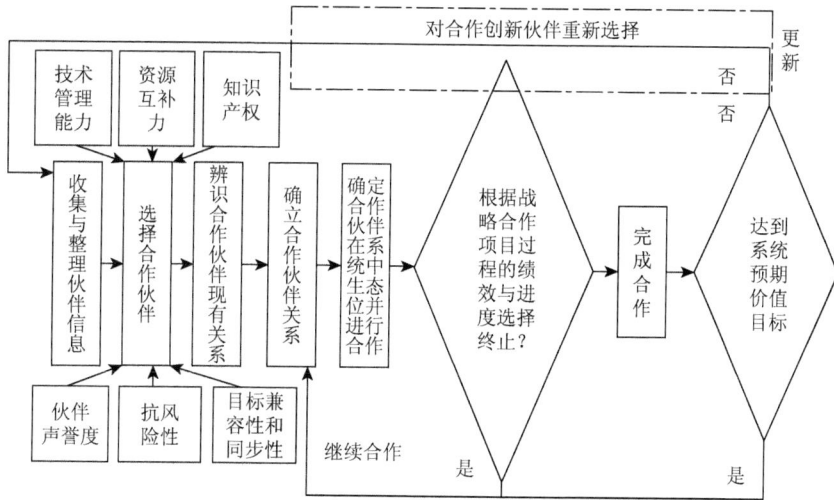

图 13-1　战略性新兴产业创新生态系统合作伙伴动态选择流程

13.1.2　合作伙伴动态选择影响因素

产业创新生态系统的建立伴随着参与企业对自身所获价值的预期。参与企业逐利所致合作方式与合作伙伴选择不确定，导致系统战略偏差及多样性风险。因此要提供一套完整技术创新解决方案，同时需要考虑合作伙伴相互之间的协同优势或战略配合。

1. 技术管理能力

创新生态系统以全新视角审视系统合作伙伴间关系，因此需明确技术与资源的同质性和异质性，同时进行有效均衡配置，减少管理风险。技术管理能力主要为合作伙伴在技术方面的人员、资金及资产投入和相应的制度安排，具体包括合作伙伴的专有技术研发经费及其比重、专有技术开发人员及固定资产数量及其比重、与其他合作伙伴进行协同研发的管理水平等，优质的技术管理能力能够提升技术创新的效率。

2. 资源互补力

在资源互补力方面，包括市场开拓能力、组织管理能力、合作伙伴资源水平等。市场开拓能力包括销售费用及人员投入比重、产品的开发周期等。组织管理能力包括内部协调能力、激励体制完善程度及组织学习创新能力。合作伙伴资源水平包括企业技术资源存量，领导者素质及创新精神，与外部社会环境、政策法律的关系资源等。综上为合作伙伴拥有的创新环境资源，因而相对应的为创新环境风险。

3. 知识产权

以专利为表征的知识产权能够显示参与企业的技术创新实力，且在很大程度上决定了合作企业在系统中的的控制权与影响力。合作伙伴专利申请数量及质量都很重要，如对于新能源汽车，在电池技术方面的原材料组成、电池能量密度、其安全性、充放电等。在电机技术方面的发电机技术、机电耦合驱动技术及其系统集成设计在关键零部件技术方面的 IGBT、核心控制芯片等，都需要强大的专利技术支持。合作伙伴还可以通过知识产权保护创新资源，并以此增高进驻系统壁垒，是收取其他合作伙伴"租金"的重要手段，也降低了选择合作伙伴的技术风险。

4. 伙伴声誉度

声誉度更多是从创新"道德"视角审视合作伙伴信誉水平及其对待机会主义败德行为的态度及措施，具体反映为面向公众的品牌知名度及行业内影响力，而其大小在一定程度上反映了其与其他企业合作的历史"习惯"，可以使创新主体全面了解合作伙伴，弱化产品在市场中的推广风险，更好为自身增强软实力。

5. 抗风险性

产业创新生态系统内各成员的技术、资金、人员的有效配置能降低重置成本，促进资源的有效利用继而降低各成员系统创新风险。通过对合作伙伴以往与其他企业合作情况的分析，包括毁约退出率、成功实施率以及在合作项目中资源投入比重及其对于自身发展的战略性重要程度的分析，更好的同创新者分担 R&D 成本，赢得市场先机，降低生产风险。

6. 目标兼容性和同步性

影响合作伙伴与整体的创新生态系统价值目标兼容性和同步性的因素包括制度因素、技术因素及财务因素。制度因素包括合作伙伴组织管理体制、企业理念和组织文化以及品牌形象等。技术因素包括对组件进行有效设计和通过不同联结规则进行的专业化细分产生的产品架构，除此之外基于对合作伙伴历史战略目标及阶段战略规划的制定及实现分析，便于明晰其与创新生态系统价值目标契合度、兼容性和同步性，而目标的有效兼容更在于财务利益分配的有效性。

要实现合作伙伴间协同耦合，合作伙伴间要具备一定的技术管理能力和资源互补力、有效的知识产权、系统价值目标兼容性和同步性、抗风险性及伙伴声誉度六个方面基准影响因素。对上述六个方面基准影响因素进行分析，进而为合作伙伴的选择评估模型建立奠定基础。

13.1.3　合作伙伴选择评估模型

以新能源汽车产业为例，为了促进新能源汽车创新生态系统合作伙伴及其合作方式的有效选择，通过层次分析法（analytic hierarchy process，AHP）与密切值分析法（osculating value process，OVP）的有机结合[78]，运用 AHP-OVP 评估选择模型对合作伙伴进行选择。

新能源汽车创新生态系统内具有多个创新合作伙伴。在此，我们假定核心企业是比亚迪，有三家备选伙伴。根据 13.1.2 节分析，合作伙伴的评价准则及相应风险为技术管理能力（创新管理风险）、资源互补力（创新环境风险）、知识产权（技术实力风险）、伙伴声誉度（市场风险）、抗风险性（生产风险）及目标兼容性和同步性（财务风险）六项，在此我们通过 AHP-OVP 评估选择模型对系统合作伙伴选择模型进行构建。

1. 建立系统层次结构模型

将比亚迪新能源汽车创新生态系统合作创新伙伴选择为其模型的目标层；准则层为前述六项评价准则；合作者 X、Y、Z 为合作对象层，如图 13-2 所示。

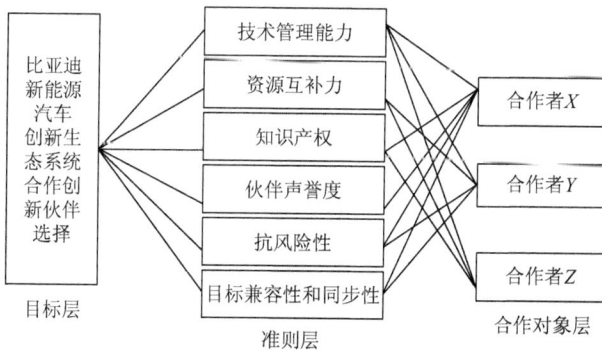

图 13-2　产业创新生态系统合作创新伙伴选择模型层级结构图

2. 确定合作对象层细分六项因素指标的权重系数

由比亚迪管理层与相关技术专家组成专家委员会，根据三个合作对象企业在六项基准因素下的影响度两两比较，确定评分值，建立判断矩阵。根据 AHP-OVP 评估选择模型，计算各备选合作对象对准则层重要度权重及一致性检验参数，见表 13-1。

表 13-1 检验参数

技术管理能力的层次单排序				
创新管理风险	X	Y	Z	排序结果
X	1	1/5	1/3	0.111 3
Y	5	1	3	0.589 6
Z	3	1/3	1	0.219 0

注：$\lambda_{max} = 3.006$，CI $= 0.003$，CR $= 0.006 < 0.1$

资源互补力的层次单排序				
创新环境风险	X	Y	Z	排序结果
X	1	3	1	0.428 6
Y	1/3	1	1/3	0.142 8
Z	1	3	1	0.428 6

注：$\lambda_{max} = 2.999\ 9$，CI $= 0$，CR $= 0 < 0.1$

知识产权的层次单排序				
技术实力风险	X	Y	Z	排序结果
X	1	2	5	0.581 6
Y	1/2	1	3	0.309 0
Z	1/5	1/3	1	0.109 5

注：$\lambda_{max} = 3.003\ 7$，CI $= 0.001\ 85$，CR $= 0.003\ 6 < 0.1$

伙伴声誉度的层次单排序				
市场风险	X	Y	Z	排序结果
X	1	2	9	0.6
Y	1/2	1	7	0.35
Z	1/9	1/7	1	0.05

注：$\lambda_{max} = 3.02$，CI $= 0.001$，CR $= 0.002 < 0.1$

抗风险性的层次单排序				
生产风险	X	Y	Z	排序结果
X	1	1	2	0.4
Y	1	1	2	0.4
Z	1/2	1/2	1	0.2

注：$\lambda_{max} = 3$，CI $= 0$，CR $= 0 < 0.1$

目标兼容性和同步性的层次单排序				
财务风险	X	Y	Z	排序结果
X	1	5	2	0.58
Y	1/5	1	1/3	0.11
Z	1/2	3	1	0.31

3. 应用密切值分析法进行综合评价

由于各选择基准因素指标的数值越大越好，运用 AHP-OVP 评估选择模型公式转化为指标矩阵，计算结果见表 13-2。

表 13-2　层次分析法结果汇总及规范化矩阵

基准因素	各项目层次分析法结果			规范化指标矩阵		
	X	Y	Z	X	Y	Z
技术管理能力	0.0888	0.6694	0.2426	0.1227	0.9331	0.3382
资源互补力	0.4286	0.1428	0.4286	0.6883	0.2293	0.6883
知识产权	0.5816	0.3090	0.1095	0.8711	0.4628	0.1640
伙伴声誉度	0.6	0.35	0.05	0.8615	0.5026	0.0718
抗风险性	0.4	0.4	0.2	0.6667	0.6667	0.3333
目标兼容性和同步性	0.58	0.11	0.31	0.8698	0.1650	0.4649

注：$\lambda_{max} = 3.003$，CI = 0.002，CR = 0.003＜0.1

由 AHP-OVP 评估选择模型公式可得最优点（A^+）和最劣点（A^-），分别为：$A^+ = (0.9331, 0.6883, 0.8711, 0.6667, 0.8615, 0.8698)$ 和 $A^- = (0.1227, 0.2293, 0.1640, 0.3333, 0.0718, 0.1650)$。

然后经过计算得出最优点距离（d_i^+）和最劣点距离（d_i^-）分别为：$d_i^+ = (0.8104, 1.0015, 1.3238)$ 和 $d_i^- = (1.3936, 10212, 0.5891)$。

进而得出：$d^+ = \min\{d_i^+\} = 0.8104$，$d^- = \max\{d_i^-\} = 1.3936$。

从而可得各对象密切值：$C_i = (0, 0.5030, 1.2108)$，由于 $C_1 < C_2 < C_3$，说明被选对象 X 企业为选取的合作创新伙伴。

13.1.4　合作伙伴选择动态更新机制

产业创新生态系统发展不同阶段的系统价值对合作创新伙伴进行动态更新。

1. 动态更新依据

在小生境阶段，各方企业为起步期，合作伙伴较为充分的技术创新资源及模仿创新能力成为遴选合作伙伴的关键依据。

在开放式平台阶段，基于在小生境阶段获得的经验及技术创新能力，通过对"必要专利池"的建设，寻求与政府及相关机构的合作来参与制定事实标准，获取制高点的竞争优势。因此，除合作伙伴的自主创新实力成为重要遴选因素外，良好的知识产权管理与发展体制、协同创新、资源互补，成为实现共同系统目标的依据。

在全面拓展阶段，各方企业已具备一定实力，对合作伙伴选择依据更为复杂多样化。创新环境竞争激烈使得各企业为寻求系统保护而参与到系统创新中，而很多企业惰性或技术创新实力"先天性不足"等原因可能会产生"搭便车"的现象，这就需要对其组织声誉进行预测；系统的增速发展使得组织结构快速变化，复杂多样化则加剧系统风险，因此抗风险性成为重要依据；合作伙伴基于自身生态位及系统价值结合的理解，对技术创新资源的利用方式与系统的兼容一致性都成为重要依据。因此，基于系统价值目标及生态位定位，在不同阶段开展合作创新的同时也要不断更新合作伙伴选择标准。

2. 动态更新流程

产业创新生态系统的可持续发展通过对合作伙伴动态更新实现（图 13-1）。在对合作伙伴动态更新过程中，可基于自身系统目标及战略规划，同时结合对系统内外合作伙伴六项选择基准因素的分析，对与系统发展进度未契合及与价值目标相违背的合作伙伴及时清除，同时对系统外符合系统规则合作伙伴进行及时吸纳，以此实现对系统内外合作伙伴的柔性调整。首先，在各方合作共同驶向系统目标过程中，动态更新是对初始选择产生的合作伙伴合作契合度以及系统价值目标完成度的进一步深度筛选与又一轮考验；其次，对合作伙伴更新换代，持续保持系统活力，同时实现对系统整体架构的更新升级，可在系统完成预期目标前提下创造更多系统价值；最后，外部新合作伙伴的加入可刺激系统内原有创新企业积极进行创新，打破其自身的创新"惯性"，弱化系统风险，加速系统内创新资源流动速率与创新速率，进而更好地实现系统目标。

13.2 产业创新生态系统战略任务协调机制

基于共同目标的战略任务协同机制的本质意义在于产业创新生态系统内各创新主体能够通过创新协作获得异质性创新资源。同时能够提高技术创新的效率与创新动力，提高创新生态系统整体利益。

13.2.1　创新任务分配机制

产业创新生态系统中各主体间权益分配关键是其利益妥协及与系统利益相对同步。参与企业均享有任务分配决策权，且其大小取决于自身技术创新资源及对系统贡献度，合理的任务分配机制可优化组织资源分配标准，增强各创新主体积极性，提高整体创新效率。

1. 创新生态系统任务分配依据

合理的任务分配依据可提升产业创新生态系统的效率，同时增强合作伙伴对其信服度。

（1）自主知识产权增强任务分配主导优势。技术与产品发展受益于知识信息在全球产业间的流动及高度融合。基于技术形成的自主知识产权成为提高核心竞争力的重要砝码，并成为构建创新生态系统占据优势生态位的战略基础，更成为对主导价值创造与分配的谈判力量，且能增强创新主体对"任务分配"的"参与决策权"。例如，比亚迪拥有的专利数量逐年增加，将其传统汽车领域拥有的专利制度与文化过渡移植到其新能源汽车领域，逐步冲破跨国车企"控制技术标准主导系统"的发展模式，并获得高于其他参与者的系统地位，通过吸纳合作伙伴推动新能源汽车创新生态系统发展。

（2）用户基础规模及其网络效应的有效性。合作伙伴用户基础规模的大小反映了其技术创新在市场中的认可度及有效性。用户基础规模的扩大对系统网络外部性的发挥具有正向促进作用。

产品对用户的使用价值随着使用相同产品的用户数量增多而增大，关系网络随之建立，达到价值同增，实现"网络外部效应"。例如，新能源汽车及充电设备随着用户数量增多而增加，其边际成本会迅速降低，用户边际效应提升，此过程使系统参与主体获得规模成长且加速技术扩散，提升整个产业技术水平与生产效率，增进消费者剩余，从而使得产业整体福利水平获得提升。可增加产品价值变现性，吸引更多合作者、配套商、消费者参与其中。与此同时，汽车属于高耗费品及其所带来的后续服务高价值，用户转换成本增加、消费惯性形成，增强了合作伙伴对系统主导企业的依赖性及归属感，使主导者实现"赢者通吃"。同时使创新主体保持差异化同时又可具备配套兼容能力，从而为合作伙伴创造多样化选择福利，使其获得更好的分配任务。

（3）品牌效应及其产品市场地位。良好的品牌形象对"任务分配决策权"影响甚多。品牌的形成与巩固源于创新主体技术创新跨越时空的累积与沉淀。基于自主知识产权，创新主体拥有对技术创新的把控权，能够产生更好地满足用户需求的创新性产品;强大的用户基础规模及其网络外部性能使得产品市场地位提高,通过用户及配套企业归属感的建立形成对品牌的忠诚度进而引导其消费惯性与兼容配套惯性的形成,增强创新主体自身"任务分配决策权",更好地提升整个产业创新生态系统的网络声誉与价值。

（4）政府及相关机构的支持力度。政府部门对创新主体支持力度的大小在一定程度上决定了创新主体对任务分配决策权参与度的大小。创新主体对间接行政权力的拥有可使其享受更多行业内优惠政策,如土地、财政等方面,尤其在产业发展初期,政府的引导力能支持产业创新主体以较少成本获得较多技术及市场的创新资源,从而使得创新主体以此为基础拥有任务分配权。

合作伙伴技术创新资源的综合匹配效用随创新环境而改变。核心企业对其他企业匹配度深刻认知可增强对相互适应演进设计规则主导权的把控程度。

2. 创新生态系统创新任务分配方法

以新能源汽车为例,采用矩阵分割方式对创新任务进行细化,如图 13-3 所示。

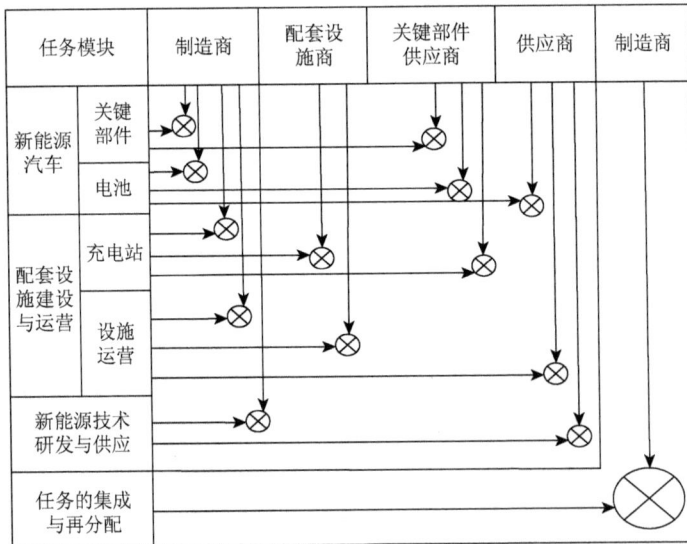

图 13-3　新能源汽车创新生态系统任务分配结构矩阵

图 13-3 矩阵展示了一个互联、有序、匹配的系统任务分配方法,其中小标志符号代表了系统主体需要参与完成的任务模块,不同的任务模块由一类或者几类不同的新能源将汽车创新者负责,大标志则代表了核心企业对任务的集成与再分配过程。

13.2.2　创新任务进度控制机制

对创新生态系统的创新任务进行分割与分配后，对其实现进度进行控制，进而及时有效调整并完成创新生态系统的总体目标。

1. 进度控制规则

（1）动态控制规则。创新生态系统具有动态发展性，其发展的每一阶段必然会出现实际发展与预期发展不一致情况，因此战略偏差也是随之动态出现，对其控制进行动态适度调整，更好地达到预期发展要求。

（2）系统整体规则。从小生境到全面拓展模式，都是由小到大不断演化，核心企业对创新生态系统的控制应从整体性把握，在不同阶段参与主体不同，随着创新生态系统的发展（如基础设施完备性、后续服务商服务水平等）其重要程度不断提升，且任何一个商业元素都不能有所遗漏与缺失。

（3）开放循环规则。系统在不断扩张发展过程中，新元素的不断添加、旧元素的剥离与减除等使得控制过程具备开放性，同时控制方式的循环使用及控制过程的循坏发生是控制的内在要求。

（4）协调有序规则。创新资源的有限性以及产业发展的时期阶段性，要求创新主体在合适的时间阶段有序的合理分配有限资源，基于时空对创新资源的协调以获得最大的创新成果。

2. 进度过程控制

创新主体对系统进行有效地跟踪与调整的关键是通过优化进度控制过程，实现对系统整体的优化。核心企业在对创新任务进度进行控制过程中，基于预期价值目标，结合技术创新源与管理创新源两个方面开展实施进度计划，并对计划实施情况进行动态监测与控制，及时准确地了解相关信息，并对计划实际实施与预期实施情况进行对比与分析。

通过对比分析结果采取匹配应对措施，其分析结果包括与预期计划相符及与预期计划相违两种情况。对于与预期计划相违的任务要进行误差分析，并及时提出相应解决对策，之后再次按照预期目标更新进度计划，重复"实施→监控→对比分析"循环流程；对于与预期计划相符的任务要进行总结分析，并续接执行计划，通过以上两种情况以此实现对系统任务的有效进度控制，如图 13-4 所示。

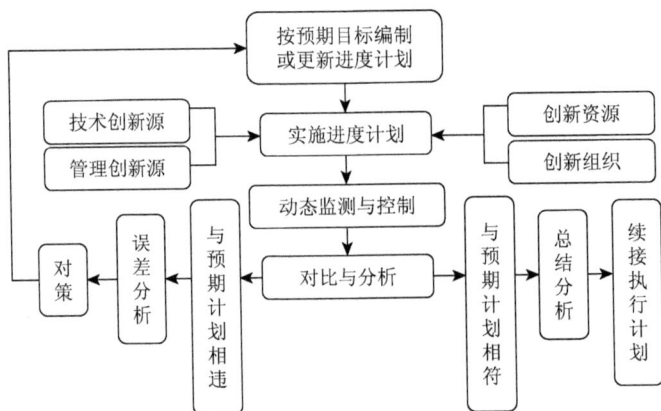

图 13-4　战略性新兴产业创新生态系统任务进度过程控制

13.3　产业创新生态系统利益协调机制

各利益相关者的有效协调机制是战略性新兴产业创新生态系统有效运行的基础与保障。在此，由美国经济学家弗里曼"影响组织目标的个人或团体"的利益相关者定义可知：任何能够影响创新生态系统价值目标实现或者能够被创新生态系统实现价值目标过程影响的创新主体与创新生态环境均为利益相关者，如新能源汽车产业具体包括制造商、政府、用户、经销商、科研院所、充电设施建设商、组件供应商及服务商等，以下主要分析新能源汽车制造商与政府及组件供应商及服务商、经销商和用户之间的利益关系，并以此为基础进行利益动态协调分配。

13.3.1　主体利益分析

创新生态系统中的各创新主体试图通过自身的技术创新资源存量来改变既有的利益分配格局，获取更好的生态位，实现自身更好发展。

1. 制造商

制造商通常是新能源汽车方案的提供者，也是产品的最终供给方。作为创新主导者，最终目的是制定创新生态系统的价值主张，持续获得创新收益，占据最优生态位，具体为增加其新能源汽车的销量，占据更大市场，排挤竞争对手。虽然产业基础设施、政策不完善，基于一定的技术实力及国家优惠政策（税收、权限开放等），我国的新能源汽车制造商获得了一定发展。

2. 政府

政府作为公共利益推动者是社会资源配置的主导体。作为应对能源与环境问题的解决方案新能源汽车产业应运而生，从某一角度讲，其发展关系着国家能源战略及汽车产业的振兴，能够扩大内需和促进经济增长，以及国家竞争优势的提升。因此，政府行为必不可或缺。

政府行为能够对制造商及用户及其他利益相关者的决策产生影响。从社会福利角度讲，政府为推动产业发展，会对符合资质的企业减免税收及针对性的补贴，更可促进用户消费。政府政策也促进了制造商与其他相关企业、用户之间的合作，继而让各方获得收益。

3. 组件供应商及服务商

关键零部件供应商、原材料供应商及后续服务商是组成新能源汽车的重要部分。随着新能源汽车产业发展，多方均会受益，如使得传统汽车产业零部件供应商获得扩张业务的机会。组件供应商及服务商对整车制造商的选择取决于其所获收益大小及持续性，更在于对创新生态系统整体竞争优势的借用权。收益则表现为供应商自身拥有资源、创新主导者分配制度及其效益。基于较低的转换成本及良好的收益，其持续性更在于创新主导者对创新生态系统发展战略模式的设计与优化。

4. 经销商

新能源汽车经销商是制造商与用户间的纽带，更是用户直接接触者。对于经销商而言，其一因新能源汽车作为新车种类，市场接受度较低，推广难度较大；其二因国家补贴政策增加了经销商成本，使其利润下降，具体为补贴政策直接由卖方执行，经销商还要与制造商办理手续回收补贴，增加操作复杂性。一方面居民生活质量提升对传统燃油汽车需求加大，另一方面新能源汽车技术不成熟，配套不完善成本较高，因此经销商为获利，可能会选择积极推广燃油汽车，进而增加新能源汽车推广难度。

5. 用户

代步及社会地位彰显等都成为汽车的功能，而方便出行仍是用户消费的首因。用户作为理性的消费者，价格与质量为首要影响因素，即最低支付成本获得最高商品价值。新能源汽车推广过程中政府补贴政策的最终对象就是消费者，如减免车辆购置税，部分地区城市在摇号政策方面更是对其放宽。

现阶段，其一符合国家资质的企业数量有限及政府的补贴政策使消费者议价能力下降；其二除基本的购车费用外，购买之后相关的在燃料（汽、柴油），零配件、维修保养等方面的综合耗费成本及后续服务不成熟成为其考虑购车的主要因素；其三因新能源汽车电池技术、零配件及关键总成等技术不成熟，对未来投资大于现在投资预期收益也会影响用户选择。

13.3.2　利益动态协调分配过程

有效的利益动态分配机制的激励作用能够提升各参与者对技术创新的积极性，也可增强有效协调性与提高技术创新效率，完善系统发展模式。为此，给出产业创新生态系统利益动态分配过程，如图 13-5 所示。

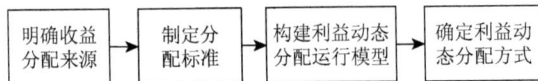

图 13-5　战略性新兴产业创新生态系统利益动态分配过程

1. 明确收益分配来源

新能源汽车创新生态系统的收益主要来源于技术创新实现收益。对于产业创新生态系统内各创新主体，需明确收益分配来源。对于政府则为产业发展税收，制造商及其他合作创新者则为各自贡献回报收益，用户收益则为减少用车成本，创新生态系统整体收益则包括技术创新发展、能源节省及环境保护。明确收益分配来源是制定分配标准、构建利益动态分配运行模型和确定利益动态分配方式的前提。

2. 制定分配标准

标准制定使得所有利益相关者都能获取利益，实现共赢。在公平层面则为收益与贡献度的对等。对合作创新者在投入资源与承担风险以及其所产生创新效益综合评比，进行匹配的利益补偿，以达到利益分配结构最优，此过程为合作创新前提，也是价值采用链的核心。

3. 构建利益动态分配运行模型

在明确收益分配来源与制定分配标准的基础上，构建利益动态分配运行模型，如图 13-6 所示。

4. 确定利益动态分配方式

科学合理且具备针对性的利益分配方式能够充分调动合作创新者进行技术创新的积极性，可使系统创新快速发展。本节通过运用约束条件下基于 Shapley

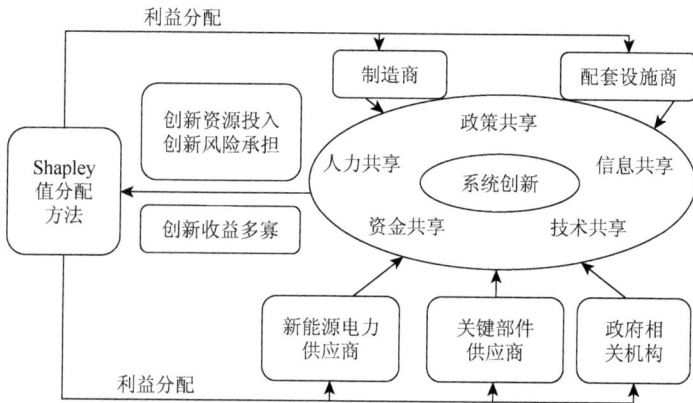

图 13-6　新能源汽车创新生态系统利益动态分配运行模型

值分配方法实现合作创新利益的最佳分配，该方法不同于平均分配或者投资成本比例分配，其优势在于对合作伙伴在系统的经济效益产出过程中的重要程度进行分配[79]。

基于对合作创新能力约束的 Shapley 值分配方法，合作创新利益分配模型为

$$\phi_i(v) = \sum_{m \in m_i} \frac{(n-|m|)!(|m|-1)!}{n!}[v(m) - v(m/i)] + \Delta\phi_i(v)$$

在新能源汽车创新生态系统中，通过上述理论分析可得如下情形。

（1）基本假设。通过假设得出以下条件。

第一，创新生态系统由制造商、政府、组件供应商及服务商三个主体构成，分别用代号 1、2、3 表示则可得 $I - (1,2,3)$。

第二，创新者之间的协议具有可强制执行性，即该博弈为合作博弈。

第三，合作创新利益分配原则基本成立，满足 Shapley 值要求的有效性、对称性和可加性基本公理。

第四，合作创新利益分配包括经济效益和社会效益，在此只简单考虑经济效益，用资金来表示收益，并认为合作创新风险平均分配。

第五，各创新主体单独进行创新的收益均为 8 万元；若 $I = (1,2)$ 合作创新，则可获收益 $\upsilon_{12} = 40$ 万元；若 $I = (1,3)$ 合作创新，则可获收益 $\upsilon_{13} = 30$ 万元；若 $I = (2,3)$ 合作创新，则可获收益 $\upsilon_{23} = 20$ 万元；若 $I = (1,2,3)$ 合作创新，则可获收益 $\upsilon_{123} = 54$ 万元。创新主体 1 参与创新形式的集合为

$$M_1 = \{I(1), I(12), I(13), I(123)\}$$

第六，创新主体的创新能力在自主创新效用与合作创新效用达到最优化时为最佳点，成员合作创新效用加权后的值称为合作创新能力因子，计为

$$k_i = (k_1, k_2, k_3) = (0.2, 0.5, 0.3)$$

（2）相关分析。所有合作创新利益若简单地按收益进行平均分配，则每个创新者可获利 18 万元，而此平均分配方法不能对共同参与合作创新的不同主体的积极性进行调动，且创新主体 1、2 认为 36 万元小于 1 和 2 合作创新产生的预期收益，可能不愿加入创新生态系统。因此，我们采用 Shapley 值分配方法来解决上述的问题，即在分配过程中兼顾合作创新能力对合作创新的效用的情况下，使所有成员都能够获得自己的预期收益，提高其参与积极性。

按 Shapley 值分配方法求 $f(v)$ 的值，创新主体 1 的分配利益 $\varphi_1(v)$ 计算结果见表 13-3。

表 13-3　创新者 1 的分配利益 $\varphi_1(v)$ 的计算结果

M_1	$I(1)$	$I(1,2)$	$I(1,3)$	$I(1,2,3)$
$v(m)$	8	40	30	54
$v(m/1)$	0	8	8	20
$v(m) - v(m/1)$	8	32	32	34
$|m|$	1	2	2	3
$w(|m|)$	1/3	1/6	1/6	1/3
$w(|m|)[v(m) - v(m/1)]$	8/3	16/3	11/3	34/3

将表格中的最后一行相加，得 $\phi_1(v) = 23$ 万元，同理可求出 $\phi_2(v) = 18$ 万元，$\phi_3(v) = 13$ 万元。

其中，$\phi_1(v) + \phi_2(v) + \phi_3(v) = 54$ 万元 $= V_{123}$，并且 $\phi_1(v)$、$\phi_2(v)$、$\phi_3(v)$ 均大于 8 万元，$\phi_1(v) + \phi_2(v) = 41$ 万元 $> V_{12}$，$\phi_2(v) + \phi_3(v) = 31$ 万元 $> V_{23}$，$\phi_1(v) + \phi_3(v) = 36$ 万元 $> V_{13}$

可见，创新者的合作创新效益显然优于单独创新或者两两创新。因此，通过 Shapley 值分配方法可以调动系统合作创新者的积极性，保证合作创新的顺利进行。

合作创新能力因子：

$k_i = (k_1, k_2, k_3) = (0.25, 0.35, 0.4)$，$\Delta k_1 = -\dfrac{1}{12}$，$\Delta k_2 = -\dfrac{1}{60}$，$\Delta k_3 = \dfrac{1}{15}$，$\Delta \phi_1(v) = 54 \times \Delta k_1 = -4.5$，$\Delta \phi_2(v) = 54 \times \Delta k_2 = 0.9$，$\Delta \phi_3(v) = 54 \times \Delta k_3 = 3.6$

可得：$\phi_1' = 18.5$ 万元，$\phi_2' = 18.9$ 万元，$\phi_3' = 16.6$ 万元。

13.4　创新生态系统演进风险识别与控制机制

战略性新兴产业创新生态系统不同演进阶段会伴随着不同的风险，这也是产业创新生态系统持续升级需要跨越的"创新鸿沟"。为此以新能源汽车创新生态系统演进三阶段为例进行创新生态系统演进风险识别与创新生态系统风险控制。

13.4.1　创新生态系统演进风险识别

1. 小生境模式下的系统脆弱性风险

小生境模式虽然已经形成了一个最小且完整的新能源汽车创新生态系统，但其完整性是建立在技术模块组合简单且产品类型单一基础之上的，创新参与主体数量少、联系松散，由此产生的创新生态系统在面对激烈的内外部环境因素变动时极易凸显其系统脆弱性，整个新能源汽车创新生态系统的稳定性不足。

（1）不确定性风险。小生境阶段的新能源汽车电池、电机、电控等核心技术不成熟，市场需求前景不明朗，供应商所提供的组件及配套产品的技术成熟度不高、生产成本较高以及持续改进的动力不足，用户对新能源汽车技术的信任度不高，致使整个创新生态系统运行不确定性风险增加。

（2）选择性风险。新能源汽车创新生态系统中组件、配套商的充裕性及技术的多样性很大程度上形成了新能源汽车的创新空间，更决定了创新生态系统对环境选择机制的适应性。小生境阶段的电机、电控等关键核心以及其他配套技术不成熟，新能源汽车产品开发单一，难以应对全球新能源汽车产业技术变革，不能更好地满足用户的多样性需求。

（3）支付风险。新能源汽车发展初期，无论是整车制造商还是各类配套商均需要承担高额的研发成本，致使新能源汽车的销售价格较高、相对采用价值较低；对于新能源汽车用户，还需要考虑由于配套设施不完善形成的高额使用成本，这都会产生支付风险。

总之，小生境阶段的三种风险之间相互影响，表现为不确定性风险会增加选择性风险，选择的单一性降低了网络外部效用，使得各创新参与方无法获得新能源汽车充分发展带来的规模效应及低成本优势，从而造成创新生态系统内各主体间的创新协作关系松散，创新生态系统吸引其他创新主体加入的动力不足，从而造成创新生态系统整体脆弱性风险。

2. 开放式平台模式下的盲目扩张风险

（1）信息不对称风险。随着新能源汽车的电机、电控等关键技术成功突破，新成员加入系统的动力增加，然而一些加入者利用专利不公开的合法性及蓄意隐匿自身弱势等手段进行自我创新优势"粉饰"，导致比亚迪在信息不对称情况下进行盲目吸纳，造成创新资源投入浪费，甚而拖累整个创新生态系统的发展。

（2）创新协作异质性风险。一些新吸纳的成员其创新资源异质性会对系统产生"水土不服"，降低创新主体之间的创新协作性和兼容性。因此与其开展合作创新也会造成创新资源浪费、创新效率降低和创新成本提高，进而折损包含用户在内的整个创新生态系统的剩余价值。

（3）创新资源竞争风险。开放式平台阶段的系统更倾向于同时涉足混合动力技术、纯电动技术及其产品的系列化开发，加剧不同产品类型开发对创新资源的"利己性"争夺，极易造成创新效率低下，并导致符合未来潜在需求的"有用"创新性技术产品间接成本提高，进而影响新能源汽车的大规模商业化进程。电池、电机、电控等重大技术模块突破降低了新能源汽车技术不确定性。为了尽快提高其系统稳定性而进行了快速扩展，在摆脱小生境"生存"困境时所做的努力有可能引发开放式平台阶段的盲目扩张风险，即制造商与其他成员间信息不对称、创新协作异质性及创新资源竞争会造成整个创新生态系统的创新资源浪费、创新成本提高、商业化成功率降低。

3. 全面拓展阶段的匹配依赖风险

随着外部环境的激烈变化，维系产业创新生态系统持续竞争力的优势因素反而会面临"核心刚性"，具体地，针对性的需求与紧密的创新协作关系无疑增加了系统的资源投入专用性风险、供给锁定风险以及配套依附性风险。

（1）资源投入专用性风险。在系统中，为适应用户对新能源汽车技术及产品特定需求而开展的技术创新加大了创新资源投入专用性风险，而且由于获得与处理外部环境变化信息的滞后性还会进一步加大这一风险[80]，降低系统全面拓展时的创新资源分配的合理性和后续投入能力。

（2）供给锁定风险。需求依赖性限制了创新生态系统的创新空间，供需方之间长期深度合作形成创新供给"锁定"，在面对复杂创新环境和需求偏好改变时不能及时有效应对，使创新空间锁定在一定的需求区域或使用范围内，从而削弱新能源汽车创新生态系统的转换升级的灵活度。

（3）配套依附性风险。新能源汽车与传统汽车不同之处在于动力总成、电池、电控及电机技术的不同，而整车形态与架构设计方面还对传统汽车技术积累存在依赖，国内汽车产业在整车多样化设计及制造方面与发达国家存在差距，如在降低整车重量层面，日产优化的底盘结构及宝马研发的碳纤维专用底盘等都能提升续航里程。我国新能源汽车一些核心零部件技术层面尚未完成突破，动力电池隔膜、驱动电机 IGBT 等仍依赖于进口，也弱化了国内新能源汽车的竞争力。此外，新能源汽车作为新兴产业，用户需求的全面满足必然是除比亚迪新能源汽车产品成熟外，还需要充（换）电等配套基础设施齐全，而现阶段相关技术标准尚未建立（如充电通信协议等），支撑配套体系更未形成，地方保护导致各地新能源汽车的充电标准不一，使得比亚迪的配套依赖风险进一步增加[81]。

13.4.2　创新生态系统风险控制机制

针对新能源汽车创新生态系统演进过程中面临的系统脆弱性风险、盲目扩张风险及匹配依赖风险，可以围绕创新驱动发展策略、持续创造需求策略及利用政策环境策略三个方面进行应对。

1. 创新驱动发展策略

创新生态系统是新的创新范式，创新是创新生态系统升级与发展的核心驱动力，要想通过快速发展来解决各类矛盾，创新驱动必然是解决创新生态系统演进过程中各类风险的关键。

（1）建立兼容性协作平台。兼容性协作平台是指基于创新主导企业与配套企业的兼容性协作，致力于共同开展新技术及产品所形成的开放式平台，从而成为创新生态系统各类成员的聚集地。平台开发性有助于提升系统内成员的多样性以及成员之间创新协作关系的复杂度，利用非线性机制提升创新生态系统对外部不确定风险的应对能力。值得注意的是，新能源汽车关键核心技术模块的突破有利于集聚组件及配套企业，并通过核心产品平台衍生出多样化技术及产品，从而吸引更多用户关注并加入平台，而组件、配套企业及用户所形成的网络外部性则会对整个创新生态系统及平台企业进行"反哺"，从而提升新能源汽车创新生态系统的稳定性。

（2）开展面向全球需求的产品创新在进行新能源汽车产品开发与推广时，首先在全球范围内选择具备一定用户基础、配套设施比较完备的成熟市场，秉承"有需求的创新"原则，减少需求不确定性所致的盲目扩张与创新。为应对整个新能源汽车行业盲目扩张所导致的国内市场需求相对不足的境遇，比亚迪将创新视野拓展到全球，尤其是在环保领域起步较早且较为成熟的欧洲市场，并凭借通过欧盟 WVTA 不断拓宽在发达国家的市场份额，有针对性地实现 K9、e6 的开发与市场推广应用。而针对国内新能源汽车基础设施不完善以及包括续航里程在内的新能源汽车技术本身不成熟，研发出混合动力汽车秦，对于国内运动型多功能汽车（sport utility vehicle，SUV）车型的热爱推出唐，实现创新与需求的有效匹配。

（3）通过建立联盟型技术标准弱化创新依赖性。联盟型技术标准战略即跨国企业通过联盟协作，基于一系列专利许可协议将创新资源打包形成技术标准实现技术频繁升级的网络治理机制，其战略重点在于通过加强主导企业之间的协作黏性共同抵御外部创新主体的技术标准之争，并通过此种"捆绑"机制缩减外部依赖范围。比亚迪与汽车制造巨头戴姆勒的联盟便是技术标准战略的典型，在将戴姆勒纳入创新生态系统的过程中，比亚迪基于自身技术优势换取戴姆勒安全技术标准许可，不仅减少了在全球范围内推广产品的阻力，而且弱化了比亚迪与跨国车企的技术依赖性，同时结合政府对技术标准联盟的激励措施，有助于提升比亚迪国际主流技术标准的话语权。

2. 持续创造需求策略

新能源汽车创新生态系统演进过程中的各类风险很大程度上都与需求不确定、需求不足以及需求多样性等有关，因此主动创造需求是应对演进风险的重要策略。

（1）初步开启需求。新能源汽车的产生为用户出行提供了新的选择。在新能源汽车产业发展初期，用户会对先行者产生一定的"晕轮效应"，其关键在于向用户传递高技术先驱者的企业形象，吸引用户关注，初步开启新能源汽车需求。

（2）针对性地创造需求。通过初步开启需求，用户对新能源汽车技术及产品的关注度有所提升，并由完全的观望状态转为试用，以政府为购买主体的公共服务机构需求也成为市场需求的重心，新能源汽车创新生态系统可以重点满足公共服务的需求，通过与政府合作来创造需求，并借此向其他用户传递在新能源汽车领域被政府重点"推荐"的高科技形象。

（3）不断拓展需求。随着创新生态系统不断发展，需要充分掌握对已有创新的市场反馈以及潜在多样性需求信息，并可对市场需求进行细分，通过将技术及产品由单一应用领域传递到多应用领域，实现多功能需求覆盖，为用户提供更多选择，从而不断拓展需求。

3. 利用政策环境策略

（1）利用创新政策先行介入新能源汽车创新。国家新能源汽车创新扶持政策早在 2001 年就启动了"863"计划电动汽车重大专项，形成了"三纵三横"的研发布局，随后几年我国新能源汽车的各类科技计划项目支持力度不断提高。我国的一批新能源汽车就是基于承担各类科技计划形成的创新协作关系，通过对国家创新政策的有效利用可以规避创新生态系统发展初期的很多不确定性风险，并且有助于形成先行优势。

（2）利用产业政策奠定新能源汽车创新优势。政策中关于汽车行业"牌照"是企业具备汽车生产能力的"资格证"，拥有"牌照"及目录资源是成为进驻新能源汽车产业的有效凭证。产业政策准入规制增加，可为相关制造商的核心技术"正名"，如国家 2007 年 11 月颁布的《新能源汽车生产企业及产品准入管理规则》中规定，制造商至少掌握车载能源、驱动及控制系统之一的标准，为一些制造商先驱巩固在新能源汽车的创新优势地位。此外，很多地方政府部门将新能源汽车列入战略性新兴产业发展规划优先支持也成为重要契机。

（3）利用需求政策拓展新能源汽车创新空间。很大一部分新能源汽车政策的出台意在刺激需求、激活市场潜力，如可以充分利用在公共领域的示范推广政策，向政府主导的公共机构出售新能源汽车。通过提高补助、减免税收、降低购置成本等新能源汽车补贴政策，推动新能源汽车应用范围覆盖到客运、物流、私人等多个领域。

13.5　本章小结

战略性新兴产业创新生态系统的有效发展关键在于对一系列发展机制的有效设计。本章通过合作伙伴动态选择机制进行系统合作伙伴的匹配性选择，主要方式为通过建立层次结构模型对合作伙伴进行评估与优选。在创新战略基础上对创新合作伙伴进行创新任务的适度分配，从而对其实现有效控制，同时为提高运行效率，在适度任务分配基础上通过适度利益分配来提高创新主体积极性也至关重要，通过将各利益创新主体结合，对创新生态系统共同的风险进行识别，然后进行抵御与控制，从而实现创新生态系统的高效发展。

参 考 文 献

[1] 中华人民共和国中央人民政府. 国务院关于加快培育和发展战略性新兴产业的决定. [EB/OL]. http：//www.gov.cn/zwgk/2010-10/18/content_1724848. htm[2010-10-18].

[2] Kotelnikov V. Radical Innovation Versus Incremental Innovation [M]. Boston：Harvard Business School Press，2000.

[3] 王宏起，赵敏，王雪原，等. 科技资源共享服务平台集成管理研究——以黑龙江省科技创新创业共享服务平台为例[M]. 北京：科学出版社，2013.

[4] 武建龙，王宏起. 战略性新兴产业突破性技术创新路径研究——基于模块化视角[J]. 科学学研究，2014，（4）：508-518.

[5] 青木昌彦，安藤晴彦. 模块时代：新产业结构的本质[M]. 周国荣译. 上海：上海远东出版社，2003.

[6] 苏敬勤，吕一博，傅宇. 模块化背景下后发国家产业技术追赶机理研究[J]. 研究与发展管理，2008，（3）：30-38.

[7] 胡晓鹏. 模块化整合标准化：产业模块化研究[J]. 中国工业经济，2005，（9）：67-74.

[8] Wu J L，Wang H Q. Research on enhancement mechanism of R&D personnel competence in enterprises[C]. International Conference on Management and Sustainable Development，Wuhan，China，2011，3.

[9] 于欢欢. 区域高端装备制造业技术模块化创新机制研究[D]. 哈尔滨理工大学硕士学位论文，2017：17-50.

[10] 王亚伟. 产业集群内企业间的竞合机制研究[D]. 南华大学硕士学位论文，2010：15-35.

[11] 罗伯特·K. 殷. 案例研究：设计与方法[M]. 周海涛译. 重庆：重庆大学出版社，2004.

[12] 武建龙，王宏起，李力. 模块化动态背景下我国新兴产业技术创新机会、困境与突破——基于我国手机产业技术创新演变史的考察[J]. 科学学与科学技术管理，2014，（6）：45-57.

[13] 周江华，仝允桓，李纪珍. 基于金字塔底层（BoP）市场的破坏性创新——针对山寨手机行业的案例研究[J]. 管理世界，2012，（2）：112-129.

[14] Nolan P，Zhang J，Liu C H. The Global Business Revolution and the Cascade Effect：Systems Integration in the Aerospace，Beverages and Retail Industries [M]. Palgrave Macmillan，2007.

[15] 田中伟. 模块化环境下的中国产业升级研究[J]. 经济与管理，2011，（6）：58-62.

[16] 阿里巴巴电子资讯. 山寨手机市场概况和挑战分析[EB/OL]. http：//info. 1688. com/detail/1019310859.html [2011-8-17].

[17] 王宏起，田莉，武建龙. 战略性新兴产业突破性技术创新路径研究[J]. 工业技术经济，2014（2）：87-94.

[18] Chesbrough H，Kusunoki K. The modularity trap：innovation，technology phases shifts and the resulting limits of virtual organization[A]//Nonaka I，Teece D. Managing Industrial Knowledge[C]. London：Sage Press，2001.

[19] 新浪科技[EB/OL]. http：//tech.sina.com.cn/t/2013-01-05/14107948627.shtml[2013-1-5].

[20] 肖利哲，陈绍飞，武建龙. 企业人才战略灰色优化决策模型研究[J]. 科技管理研究，2016，（16）：124-128.

[21] Wu J L，Wang H Q，Tao W W. Study on patent forewarning evaluation index system of high & new technology enterprises [C]. Proceedings of the 3rd International Conference on Risk Management & Global e-Business，

Incheon，Korea，2009，10.

[22] Wu J L，Wang H Q. Study on evaluation index system of R&D personnel competence of enterprises [C]. Wuhan International Conference on e-Business，Wuhan，China，2011，5.

[23] Manu A. Innovation capability [J]. IIMB Management Review，2005，17（4）：115-123.

[24] Morgan S. Building collaborative innovation capability [J]. Research Technology Management，2006，49（2）：37-47.

[25] 兰飞. 产业自主创新能力演化及评价研究[D]. 武汉理工大学博士学位论文. 2009：20-22.

[26] 武建龙，王宏起. 企业动态核心能力培育机制研究[J]. 科技进步与对策，2010，（24）：16-19.

[27] Geroski P A. Models of technology diffusion [J]. Research Policy，2000，（29）：603-625.

[28] 王宏起，武建龙. 企业核心能力形成机理研究综述[J]. 软科学，2007，（1）：125-129.

[29] 胡树华，李秋斌，汪秀婷. 论国家汽车创新工程的有效实现途径——汽车产业关键技术创新联盟[J]. 中国科技论坛，2008，（2）：78-82.

[30] Wu J L，Yu H H. Evaluation of the Enhancing Effect of Industrial Alliance on Independent Innovation Capability of High-Tech Industry [C]. Proceedings of 2016 International Conference on Management Science and Engineering，Olten，Switzerland，August 17-20，2016.

[31] 武建龙，王宏起. 基于专利的高新技术企业集群创新网络结构分析方法及实证[J]. 中国科技论坛，2010，（8）：74-80.

[32] 朱海燕. 知识密集型服务业嵌入与内生型产业集群网络结构优化[J]. 经济地理，2010，（2）：273-279.

[33] 袁立科，张宗益. 社会资本对研发联盟形成的影响研究[J]. 中国软科学，2006，（8）：89-95.

[34] 赵红梅，王宏起. 社会网络视角下 R&D 联盟网络效应形成机理研究[J]. 科学学与科学技术管理，2010，（8）：22-27.

[35] 李力，王宏起，武建龙. 基于产业联盟的产业自主创新能力提升机理研究[J].工业技术经济，2014，（5）：24-30.

[36] 孟梓涵，武建龙. 基于产业联盟的高新技术产业自主创新能力提升路径研究[J]. 科技与管理，2014，（2）：44-48.

[37] 李纪珍. 产业共性技术：概念、分类与制度供给[J]. 中国科技论坛，2006，（3）：45-48.

[38] 虞锡君. 产业集群内关键共性技术的选择——以浙江为例[J]. 科研管理，2006，（1）：80-84.

[39] 王雪原，武建龙，董媛媛. 基于技术成熟度的成果转化过程不同主体行为研究[J]. 中国科技论坛，2015，（6）：49-54.

[40] 郭卫东. 技术预见理论方法及关键技术创新模式研究[D]. 北京邮电大学博士学位论文，2007：93-96.

[41] 李纪珍，邓衢文. 产业共性技术供给和扩散的多重失灵[J]. 科学学与科学技术管理，2011，（7）：5-10.

[42] 刘小斌，罗建强，韩玉启. 产学研协同的技术创新扩散模式研究[J]. 科学学与科学技术管理，2008，（12）：48-52.

[43] 王珊珊，武建龙，王宏起. 产业技术标准化能力的结构维度与评价指标研究. 科学学与科学技术管理，2013，（6）：112-118.

[44] Wu J L，Wang H Q. Study on operation modes and implementation tactics of patent pool [C]. International Conference on Management Science and Industrial Engineering，Harbin，China，2011，1.

[45] 蔡翔. 创新、创新族群、创新链及其启示[J]. 研究与发展管理，2002，（6）：35-39.

[46] 王宏起，武建龙. 企业主导优势及其选择方法研究[J]. 中国软科学，2010，（7）：151-157.

[47] 武建龙，王宏起. 企业动态核心能力识别方法及实证研究[J]. 科技进步与对策，2011，（4）：6-9.

[48] 武建龙，王宏起. 企业动态核心能力重构机制研究[J]. 科技进步与对策，2012，（1）：82-85.

[49] 黄静，武建龙，王宏起. 企业动态核心能力开发模式及实证研究[J]. 学习与探索，2017，（7）：150-153.

[50] 武建龙，王宏起，陶微微. 高校专利技术产业化路径选择研究[J]. 管理学报，2012，（6）：884-889.

[51] 唐宇. 高新技术企业 R&D 联盟创新管理机制研究[D]. 哈尔滨理工大学博士学位论文，2009：83-100.

[52] 于培友，靖继鹏. 企业战略联盟中的知识转移[J]. 情报科学，2006，（5）：758-761.

[53] 徐建中，武建龙. 联盟组合研究综述[J]. 软科学，2013，（7）：118-122.

[54] 许彩侠，金恬. 区域产业技术路线图制定中的协同机制研究[J]. 中国科技论坛，2012，（12）：38-42.

[55] 武建龙，王宏起，陶微微. 基于专利地图的企业研发定位方法及实证研究[J]. 科学学研究，2009，（2）：220-225.

[56] Du L F，Wu J L. Study on Performance Evaluation System of R&D Team of New Energy Enterprises [C]. International Conference on Sustainable Energy and Environmental Engineering，2012，10.

[57] 孙继红，武建龙，徐玉莲，等. 促进战略性新兴企业自主创新的税收政策重要性排序[J]. 科技与管理，2013，（4）：1-5.

[58] 武建龙，于欢欢，刘家洋. 创新生态系统研究述评[J]. 软科学，2017，（3）：1-4.

[59] Adner R. Match your innovation strategy to your innovation ecosystem [J]. Harvard Business Review，2006，84（4）：98-107.

[60] 李春发，陶建强，孙雷霆. 基于文献计量学的创新生态系统脉络梳理及理论框架构建[J]. 中国科技论坛，2017，（4）：35-40.

[61] Adner R，Kapoor R. Innovation ecosystems and the pace of substitution：Re-examining technology s-curves [J]. Strategic Management Journal，2016，37（4）：625-648.

[62] Hienerth C，Lettl C，Keinz P. Synergies among producer firms，lead users，and user communities：the case of the LEGO producer-user ecosystem [J]. Journal of Product Innovation Management，2014，31（4）：848-866.

[63] 宝明. 产业技术联盟：性质、作用与政府支持[J]. 中国科技论坛，2007，（7）：34-37.

[64] 武建龙，王野，王志浩，等. 产业联盟创新生态系统演进机理研究——以 TD 产业联盟为例[J]. 情报杂志，2017，（11）：200-206.

[65] 李新男. 创新"产学研结合"组织模式，构建产业技术创新战略联盟[J]. 中国软科学，2007，（5）：9-13.

[66] 苏敬勤，吕一博，傅宇. 模块化背景下后发国家产业技术追赶机理研究[J]. 研究与发展管理，2008，（3）：30-38.

[67] 王雪原. 创新资源配置管理理论方法研究——区域、平台、联盟与企业多层面视角[M]. 北京：机械工业出版社，2015.

[68] Mu Q，Lee K. Knowledge diffusion，market segmentation and technological catch-up：the case of telecommunications in China [J]. Research Policy，2005，34（6）：759-783.

[69] Ansari S，Garud R. Inter-generational transitions in socio-technical systems：The case of mobile communications [J]. Research Policy，2009，38（2）：382-392.

[70] Rothwell R，Zegveld W. Industrial Innovation and Public Policy：Preparing for the 1980s and 1990s [M]. London：Frances Printer，1981.

[71] 武建龙，于欢欢，王宏起. 面向企业创新创业的政策工具效果研究——来自 278 家企业的问卷调查[J]. 科技进步与对策，2016，（19）：88-93.

[72] OECD. Demand-Side Innovation Policies [M]. Paris：OECD Publishing，2011.

[73] 陈麟璨，王保林. 新能源汽车"需求侧"创新政策有效性的评估——基于全寿命周期成本理论[J]. 科学学与科学技术管理. 2015，（11）：15-23.

[74] Adner R，Kapoor R. Inovation ecosystems and the pace of substitution：e-examining technology s-curves [J].

Strategic Management Journal，2016，37（4）：625-648.

[75]　陈衍泰，孟媛媛，张露嘉，等.产业创新生态系统的价值创造和获取机制分析——基于中国电动汽车的跨
　　　案例分析[J].科研管理，2015，1（36）：68-70.

[76]　刘家洋.比亚迪新能源汽车创新生态系统发展模式与机制研究[D].哈尔滨理工大学硕士学位论文，2016：
　　　34-72.

[77]　王宏起，汪英华，武建龙，等.新能源汽车创新生态系统演进机理[J].　中国软科学，2016，（4）：81-94.

[78]　杨名，潘雄锋，刘荣.企业合作创新伙伴选择研究——基于 AHP-OVP 模型[J].技术经济与管理研究，2013，
　　　（1）：28-31.

[79]　卢艳秋，张公一，刘蔚.约束条件下基于 SHAPLEY 值的合作创新利益分配方法[J].科技进步与对策，2010，
　　　27（20）：6-9.

[80]　王宏起，郭雨，武建龙.战略性新兴企业专利风险评价研究[J].科技管理研究，2016，（1）：56-60.

[81]　武建龙，刘家洋.新能源汽车创新生态系统演进风险及应对策略[J].科技进步与对策，2016，（3）：72-77.